Christian A. Schwarz

Farbe bekennen

mit

Natürlicher Gemeinde-
entwicklung

Wie kann ich mein Christsein
kraftvoll leben und entfalten?

C & P

Farbe bekennen mit Natürlicher Gemeindeentwicklung basiert auf dem Vorgängerbuch *Natürliche Gemeindeentwicklung,* das die Ergebnisse des ursprünglichen Forschungsprojektes vorstellt.

Christian A. Schwarz
Natürliche Gemeindeentwicklung
Hardcover, 128 Seiten, durchgehend vierfarbig illustriert, mit ca. 100 farbigen Fotos und Grafiken
ISBN 3-928093-48-7 (C & P, Deutschland)
ISBN 3-906644-28-6 (Koinonia, Schweiz)

Arbeitsmaterial zu Theologie und Praxis der natürlichen Gemeindeentwicklung ist in ca. 40 Sprachen erhältlich. Titel und Bezugsadressen aller bisher vorliegenden fremdsprachigen Materialien finden Sie im Internet unter:

www.ncd-international.org

Registrierte Leser dieses Buches erhalten **kostenlosen Zugang zu der Website** www.ncd-international.org/community. Dort finden Sie:

- Sechs *Mini-Seminare* des Autors zu jedem Kapitel des Buches
- Vertiefende *Hintergrundinformationen* zu jedem Kapitel
- Die *Grafiken* des Buches zum Gebrauch in Ihren eigenen Präsentationen

Ihren **Zugangscode** finden Sie auf Seite 162.

© 2005 by Christian A. Schwarz, NCD Media

© der deutschen Ausgabe: C & P Verlagsgesellschaft m.b.H.
www.cundp.de • verlag@cundp.de
Diedersbüller Str. 6 • D-25924 Emmelsbüll
Tel. 0 46 65 - 8 35 • Fax 0 46 65 - 2 52
Layout und Grafiken: Christian A. Schwarz
Druck: M.C.E. HOREB, Viladecavalls (Barcelona) – Printed in Spain
Fotokopieren nicht gestattet
ISBN 3-928093-70-3

Farbe bekennen mit Natürlicher Gemeindeentwicklung

Inhalts-
verzeichnis

Kapitel 4: Der Minimumfaktor

Kapitel 5: Die Hilfsmittel

Kapitel 6: Ihr Ausgangspunkt

Einladung in eine weltweite Bewegung

Man kann sich nicht um Mitgliedschaft in dieser Bewegung bewerben, noch lässt sie sich durch Spenden unterstützen. Es ist eine Bewegung ohne Komitees und charismatische Gurus. Sie hat weder eine *Public Relations*- noch eine *Fundraising*-Abteilung. Ihre Grundlage besteht ausschließlich aus biblischen Prinzipien, Forschungsergebnissen und persönlichen Beziehungen. Klingt nicht gerade nach einer beeindruckenden Erfolgsgeschichte, oder?

Diese Bewegung breitet sich allerdings in rasantem Tempo aus. In den letzten sieben Jahren hat sie in über 40.000 Gemeinden Wurzeln geschlagen. Bis heute haben sich 70 Länder entschieden, eigene nationale Arbeitszweige zu eröffnen. Und Millionen von Christen haben bereits erlebt, worum es in dieser Bewegung geht: Menschen dabei zu helfen, dem dreieinigen Gott persönlich zu begegnen; das Potenzial freizusetzen, das Gott bereits in sie hineingelegt hat; und staunend zu beobachten, wie – als natürliche Begleiterscheinung dieses Prozesses – die eigene Gemeinde wächst.

Die NCD Community

Der Name dieser Bewegung wird so gut wie nie erwähnt – und doch hat sie einen unverwechselbaren Namen. Es ist die *NCD Community*. NCD steht für *Natural Church Development* (zu deutsch: natürliche Gemeindeentwicklung), die Kurzform für einen Zugang zur Lebens- und Gemeindepraxis, der grundlegende biblische Prinzipien mit Erkenntnissen verbindet, die das umfassendste Forschungsprojekt, das jemals auf dem Gebiet des Gemeindewachstums durchgeführt wurde, ans Tageslicht gebracht hat.

> Die NCD-Prinzipien sind die Farbe, die NCD-Hilfsmittel der Pinsel. Dieses Buch ist eine Einladung, zum Pinsel zu greifen und mit dem Malen zu beginnen.

Die *NCD Community* ist eine internationale Bewegung – weder westlich noch östlich, weder typisch für die nördliche noch für die südliche Hemisphäre dieser Welt. Sie ist eine interkulturelle Lernerfahrung. Und sie ist überkonfessionell: weder protestantisch noch römisch-katholisch, weder baptistisch noch pfingstlich, weder lutherisch noch presbyterianisch, weder landes- noch freikirchlich – oder sie ist alles zugleich. Es gibt unzählige Christen in diesen und vielen anderen Kirchen, die die Prinzipien der natürlichen Gemeindeentwicklung auf ihre eigene theologische und geistliche Tradition bezogen haben und von äußerst ermutigenden Ergebnissen berichten können.

Wie man Teil der Bewegung wird

Gleich zu Beginn dieses Buches möchte ich deutlich sagen, worum es mir geht. Ich möchte Sie dafür gewinnen, Teil dieser Bewegung zu werden, sofern Sie nicht den Eindruck haben, dass Sie es bereits sind. Wie können Sie beitreten? Kein Aufnahmeantrag, keine Anmeldung, keine Gebühren. Sie werden Teil dieser Bewegung, indem Sie ihre Prinzipien teilen. Und Sie teilen ihre Prinzipien nicht durch verbale Zustimmung, sondern indem Sie sie in Ihrem eigenen Leben und im Leben Ihrer Gemeinde anwenden.

An einer Stelle muss ich Sie allerdings warnen: Es wird schwierig sein, die *NCD Community* wieder zu verlassen, wenn Sie erst einmal Teil von ihr geworden sind. Das würde nämlich bedeuten, nicht mehr die Prinzipien anzuwenden, die Ihr eigenes Leben und das Leben Ihrer Gemeinde auf eine neue Ebene der Effektivität geführt haben. Im Laufe dieses Buches werden Sie entdecken, warum diese Prinzipien so gut funktionieren: Sie wurden nicht von uns Menschen geschaffen, sondern von Gott selbst.

Was sind universelle Prinzipien?

Im Laufe der letzten Jahre ist mir wiederholt ein ernsthaftes Kommunikationsproblem begegnet. Der Ausdruck „universelle Prinzipien" ist ein Begriff, der für mich randvoll geladen ist mit positiven Gefühlen. Unzählige Bilder von Begegnungen mit wunderbaren Christen auf allen fünf Kontinenten steigen in mir auf. Sobald ich diesen Begriff höre, sehe ich ihre Gesichter, erinnere mich an ihre Geschichten, an die Erfolge und Niederlagen, die wir gemeinsam erlebt haben.

Wenn ich den Begriff allerdings in meinen Vorträgen gebrauche, teilt so gut wie niemand meine Begeisterung. Für die Mehrheit der Menschen ist es nichts als ein abstrakter Begriff – farblos, wissenschaftlich, trocken, ein wenig zu erhaben. Niemand verbindet ihn mit inneren Bildern, Gesichtern, Geschichten.

Das zweite Kapitel von NCD

Als das ursprüngliche Buch *Natürliche Gemeindeentwicklung* im Dezember 1996 erschien, konnte es nicht von der *NCD Community* reden, da es zu diesem Zeitpunkt NCD als weltweite Bewegung noch gar nicht gab. Das Buch konnte lediglich unsere anfänglichen Forschungsergebnisse in Form von anwendbaren Prinzipien präsentieren.

Mittlerweile hat sich die Situation jedoch geändert. Durch Gottes Gnade hat sich NCD von der Abstraktion weltweiter Prinzipien zum pulsierenden Leben einer weltweiten Bewegung entwickelt. Die Konsequenzen sind weit reichend: Bei Forschungsergebnissen geht es um Korrelationskoeffizienten; in einer Bewegung geht es um Menschen. Forschungsergebnisse präsentieren Zahlen; in einer Bewegung sehen wir Gesichter. Forschungsergebnisse verifizieren oder falsifizieren Hypothesen; in einer Bewegung erzählen wir Geschichten. Diesen Wechsel bezeichnen wir als das „zweite Kapitel von NCD".

Was ist neu?

Farbe bekennen mit Natürlicher Gemeindeentwicklung behandelt den gleichen Inhalt wie das ursprüngliche Buch. Die wichtigsten neuen Merkmale des Buches, das Sie in den Händen halten, sind folgende:

- Es behandelt die natürliche Gemeindeentwicklung in erster Linie aus der Sicht des einzelnen Christen, anstatt – wie das Vorgängerbuch – das Thema durch die Brille des Pastors zu betrachten.

- Es betont die Bedeutung der NCD-Prinzipien für das persönliche Leben, anstatt sich auf die Umsetzung in Gemeinden oder christlichen Gruppen zu beschränken.

- Es stellt den „trinitarischen Kompass", der mittlerweile zum wichtigsten Werkzeug bei der praktischen Umsetzung der natürlichen Gemeindeentwicklung geworden ist, in den Mittelpunkt jedes Kapitels.

> **Die Prinzipien gelten in Ihrem persönlichen Leben, in Ihrem Einflussbereich, in Ihrer Welt.**

Meine Erfahrungen:

Im Laufe dieses Buches wird Ihnen diese Überschrift immer wieder begegnen. An diesen Stellen werde ich von Erfahrungen erzählen, die ich in meiner Arbeit gesammelt habe, in der Regel im Zusammenhang mit NCD-Konferenzen. Außerhalb des Kontextes der Buchkapitel mögen viele dieser Erfahrungsberichte bedeutungslos erscheinen, aber an dieser Stelle können sie die Anwendung der Prinzipien, um die es im Haupttext geht, illustrieren. Sie sollen deutlich machen, dass NCD nicht vor einem Computer-Bildschirm entstanden ist, sondern inmitten persönlicher Begegnungen mit Christen aus unterschiedlichsten Kulturen.

Natürliche Gemeinde-entwicklung bedeu-tet, dass Menschen einander begegnen, miteinander lernen, füreinander beten: Leiter aus allen fünf Kontinenten auf dem NCD World Summit 2004 im südafrikani-schen Pretoria.

• Es beschreibt ausführlich den Nutzen des interkulturellen Ansatzes, der – vielleicht mehr als alles Andere – in den letzten Jahren zum Markenzeichen der natürlichen Gemeindeentwicklung geworden ist.

In diesem neuen Buch möchte ich Ihnen so viel wie möglich von dem weitergeben, was ich in den letzten neun Jahren gelernt habe. Ich hoffe, dass ich etwas von der unbeschreiblichen Freude vermitteln kann, die ich in der Arbeit mit so vielen verschiedenen Christen innerhalb der *NCD Community* erleben durfte.

Farbe bekennen

Ich habe für das Buch den Titel *Farbe bekennen mit Natürlicher Gemeindeentwicklung* gewählt. In diesem Buch wird viel von „Farbe" die Rede sein, sowohl im wörtlichen wie im übertragenen Sinne. Stellen Sie sich vor, die Prinzipien der natürlichen Gemeindeentwicklung seien die Farbe, die NCD-Hilfsmittel (wie zum Beispiel dieses Buch) seien der Pinsel. Nachdem Sie nun Farbe und Pinsel zur Verfügung haben, möchte ich Sie einladen, herauszufinden, welche Farben in Ihrer Umgebung am meisten gebraucht werden, zum Pinsel zu greifen und mit dem Malen zu beginnen.

In diesem Buch geht es um Ihr Leben. Die NCD-Prinzipien sind zwar ursprünglich auf der Suche nach universell gültigen Prinzipien der Gemeindeentwicklung formuliert worden, doch wäre es irreführend, sie auf den gemeindlichen Bereich zu beschränken. Sie gelten in gleicher Weise für einzelne Christen. Sie gelten in Ihrem persönlichen Leben, in Ihrem Einflussbereich, in *Ihrer* Welt. Und sollte Ihr Einflussbereich eine Kleingruppe oder eine Denomination oder das politische Leben eines ganzen Landes sein – dann ist genau *das* der Bereich, in dem diese Prinzipien angewandt werden sollten.

Denn was ist Gemeinde? Gemeinde besteht aus Menschen. Was ist die Qualität einer Gemeinde? Die Qualität, die sich in den Köpfen, Händen und Herzen der Menschen zeigt. Wie können wir die Qualität der Gemeinde steigern? Indem wir die Qualität in unseren Köpfen, Händen und Herzen steigern. Das Ergebnis? Wachsende Gemeinden, die ihre Individualität entfalten, die ihren von Gott gegebenen Auftrag erfüllen, die die Gesellschaft prägen und transformieren. Gerne würde ich Sie als Teil dieser Bewegung begrüßen.

Mit herzlichen Segenswünschen

Christian A. Schwarz

Mehr im Internet:

Wann immer Sie diese Überschrift sehen, finden Sie eine Liste zusätzlicher Fragen, die im Haupttext nicht behandelt werden. Indem Sie im Internet Ihren **Zugangscode** *eingeben (Sie finden ihn auf Seite 162) können Sie sich auf die Seite* **www.ncd-international.org/community** *einloggen, auf der diese Fragen behandelt werden. Darüber hinaus enthält diese Website zusätzliche Hintergrund-Informationen zu den Themen dieses Buches.*

Am Ende jedes Abschnitts finden Sie diese Box mit einer Frage zur persönlichen Reflexion.

Worum es geht

1

In der ersten Phase von NCD haben wir uns darauf konzentriert, universell gültige Prinzipien der Gemeindeentwicklung ausfindig zu machen. Einige haben dabei übersehen, wofür dieser abstrakt klingende Ausdruck eigentlich steht: Lebensprinzipien, die für Christen in Afrika und Asien, in Australien und Europa, in Latein- und Nordamerika gleichermaßen gelten. Sie gelten unabhängig von Ihrer theologischen Orientierung und Ihrem gemeindlichen Lieblingsmodell. Sie gelten für Ihr persönliches Leben wie für das Leben Ihrer Gemeinde. Und sie gelten auch dann noch, wenn Sie sich entscheiden sollten, sie nicht anzuwenden.

Kapitel 1

Ihr Traum von Gemeinde

Wenn ich in diesem Moment neben Ihnen säße, brauchte ich nicht lange, um herauszufinden, was Sie bei Begriffen wie „Gemeinde-wachstum" oder „Gemeindeentwicklung" empfinden. Auch ohne dass Sie Ihre Gefühle in Worte fassen, würde ich sie wahrnehmen, indem ich Ihnen in die Augen schaue, Ihre Gesten beobachte und auf den Klang Ihrer Stimme höre. Diese Art von Information wäre mir im Blick auf das Thema dieses Buches außerordentlich wichtig.

Gespaltene Gefühle

Ganz ehrlich, was sind Ihre Gefühle? Wenn es Ihnen wie den meisten Christen geht, denen ich in den letzten Jahren begegnet bin, dann löst der Begriff „Gemeindeentwicklung" wahrscheinlich keine Begeisterungsstürme bei Ihnen aus. Es ist nicht unwahrscheinlich, dass Sie die gleiche Skepsis teilen, der ich häufig begegne, wenn ich auf dieses Thema zu sprechen komme. Viele von uns haben den unbestimmten Verdacht, bei diesem Thema gehe es um Marketing-Strategien oder drängerische, manipulative Methoden... um eine Konzentration auf die Quantität der Gemeinde... um das Nachahmen einer erfolgreichen Modellgemeinde... um den Import eines Ansatzes, der nicht wirklich in unsere Kultur passt... um die Lieblingsideen einiger erfolgreicher Pastoren, die nicht viel mit der Wirklichkeit unserer Gemeinde zu tun haben.

Wenn das Ihre Gefühle sein sollten, kann ich Ihnen versichern, dass ich zu 100 Prozent auf Ihrer Seite bin. Derartige Ansätze gibt es in der Tat und meine eigenen Gefühle ihnen gegenüber sind nicht anders als Ihre.

Stellen Sie sich einmal vor...

Ich möchte Sie allerdings zu einer kleinen geistigen Übung einladen. Stellen Sie sich vor, es gäbe einen Zugang zum Gemeindeaufbau, der nicht die neusten Marketing-Tricks lehrt, sondern auf einem gesunden **theologischen Fundament** beruht, mit dem Sie sich voll und ganz identifizieren können, und dass dieser theologische Kompass selbst die praktischsten Fragen des gemeindlichen Lebens durchdringt. Stellen Sie sich vor, dass dieser Ansatz nicht die Quantität betont (mehr Menschen, höhere Zahlen), sondern die **Qualität** des gemeindlichen Lebens ins Zentrum aller Überlegungen stellt.

Stellen sie sich einen Zugang zum Gemeindeaufbau vor, der nicht das Erfolgsrezept einer Modellgemeinde nachahmt, sondern darauf abzielt, die **Individualität** Ihrer Gemeinde zu entwickeln und ihre gottgegebene Kreativität zu fördern. Stellen Sie sich vor, dass dieser Ansatz nicht die Eigenarten einer bestimmten Kultur exportiert, sondern sich um **interkulturelle** Lernerfahrungen bemüht, in der alle Kulturen gleichermaßen geben und empfangen.

Stellen Sie sich einen Gemeindeaufbau-Ansatz vor, der nicht einfach die Lieblingsideen einiger erfolgreicher Pastoren propagiert, sondern auf umfassender **Forschung** in Tausenden von Gemeinden rund um den Globus basiert. Der wirklich universelle **Prinzipien**

> Die meisten Menschen haben keinerlei innere Bilder gespeichert, wie eine gesunde Gemeinde aussehen könnte.

Meine Erfahrungen:

Am Anfang von NCD-Konferenzen lade ich die Teilnehmer gerne ein, die Augen zu schließen und sich an eine Situation zu erinnern, in der sie sich vollkommen glücklich und entspannt gefühlt haben. Wenn ich anschließend um Rückmeldungen bitte, geben in der Regel mehr als 80 Prozent an, dass bestimmte innere Bilder zum Vorschein gekommen seien: ein Spaziergang am Strand, ein Abend mit Freunden in der Kneipe, ein festlicher Restaurant-Besuch mit dem Ehepartner. Dann bitte ich die Teilnehmer erneut, die Augen zu schließen und zu beobachten, welche inneren Bilder zum Vorschein kommen, wenn sie an eine „gesunde Gemeinde" denken. Das Ergebnis? Die Mehrheit hat zu diesem Begriff überhaupt keine inneren Bilder. Offensichtlich ist bei den meisten von uns nichts dergleichen in der Erinnerung gespeichert.

Ganz gleich, wie ungünstig die derzeitige Situation auch aussehen mag – jede Gemeinde kann mit beträchtlichem qualitativen und quantitativen Wachstum rechnen. Um einen solchen Prozess in Gang zu setzen, muss lediglich eine Voraussetzung erfüllt sein: die Sehnsucht danach, dass Gott sich stärker als bisher im Leben der Gemeinde zeigt.

lehrt. Der Ihnen hilft, Ihren eigenen Traum von Gemeinde wahr werden zu lassen. Bei dem es ganz einfach Spaß macht, mit dabei zu sein. Wären Sie nicht neugierig, mehr davon zu erfahren?

Das Zentrum von NCD

Die Stichworte, die ich eben erwähnte, beschreiben das Zentrum dessen, was wir als *natürliche Gemeindeentwicklung* bezeichnen. Es ist ein Vorrecht für mich, Sie einzuladen, zu der gleichen Reise aufzubrechen, die schon Millionen von Christen in 70 Ländern begonnen haben und dabei Verheißungsvolles erleben.

In der Arbeit mit so vielen Kirchen in den unterschiedlichsten Situationen habe ich gelernt, dass es keinerlei Voraussetzungen gibt, die ein Christ oder eine Gemeinde erfüllen muss, um mit der Reise zu beginnen. Ob Sie bereits ein gestandener Christ sind oder noch unerfahren im Glauben; ob Sie eine „rechtgläubige" Theologie vertreten oder sich eher am anderen Ende des theologischen Spektrums einordnen würden; ob Sie Mitglied einer in rasantem Tempo wachsenden Gemeinde sind oder ob Ihre Gemeinde seit Jahrzehnten schrumpft; ob Sie Vertreter einer berühmten Modellgemeinde sind oder eher Schwierigkeiten mit den populären Gemeindemodellen haben – die in diesem Buch beschriebenen Prinzipien werden Ihnen helfen, sowohl in Ihrem persönlichen Leben als auch im Leben Ihrer Gemeinde Fortschritte zu erzielen.

Gibt es wirklich keinerlei Voraussetzungen? Doch, es gibt eine. Es muss eine Sehnsucht in Ihrem Herzen sein, mehr von dem zu erleben, was Gott mit Ihnen und Ihrer Gemeinde vorhat. Wenn diese Sehnsucht nicht vorhanden ist, wird Sie dieses Buch nicht ansprechen. Sollten Sie diese Sehnsucht allerdings spüren, dann haben Sie alles, um zu einer Reise aufzubrechen, die zum größten Abenteuer Ihres Lebens werden könnte. Lassen Sie uns die Hände reichen und uns gemeinsam auf den Weg machen!

Wie sieht Ihr Idealbild einer gesunden Gemeinde aus? Welche Einzelheiten wären Ihnen wichtig?

Erstaunliche Zahlen aus 70 Ländern

I n dem Moment, in dem ich diese Zeilen schreibe, haben sich 40.000 Gemeinden – in unterschiedlicher Intensität – auf den NCD-Prozess eingelassen. Da jede von ihnen zumindest ein Gemeindeprofil erhoben hat (was bedeutet, dass 30 Gemeindemitglieder einen ausführlichen Fragebogen ausgefüllt haben), haben wir die Daten der meisten dieser Gemeinden in unseren Computern und sind in der Lage, die tatsächlichen Resultate – sowohl im Blick auf Qualität wie auf Quantität – auszuwerten.

> Nach acht Jahren NCD können wir im Blick auf das Wachstum der beteiligten Gemeinden einen Durchbruch beobachten.

Meine Erfahrungen:

Für mich persönlich gibt es kaum etwas Aufregenderes, als von den Daten zu lernen, die wir im Laufe der letzten Jahre gesammelt haben. Sie zeigen uns, wie Gemeindeentwicklung nachweislich geschieht – unabhängig von unseren eigenen Theorien. Da die Daten aller untersuchten Gemeinden mittlerweile 168 Millionen Einzelantworten und eine enorme Vielfalt an Kulturen, Denominationen und theologischen Ausrichtungen umfassen, ist unser Team in der Lage, wohl begründete Aussagen zu machen.

51-prozentige Zunahme der Wachstumsrate

Kürzlich wählten wir alle Gemeinden aus, die mindestens drei Gemeindeprofile gemacht haben, und verglichen ihre ursprünglichen Zahlen (zur Zeit des ersten Profils) mit den jüngsten Ergebnissen (zur Zeit des dritten Profils, das im Durchschnitt nach 31 Monaten erhoben wurde). Zur Zeit des dritten Profils war die Qualität dieser Gemeinden um 6 Punkte gewachsen. Ich werde später noch erklären, was diese Punkte bedeuten. An dieser Stelle reicht es aus zu wissen, dass sie ein Hinweis auf mehr Liebe, mehr Vergebung, mehr Gebetserhörungen, mehr Weisheit, mehr geistliche Vollmacht und zahllose andere Qualitätsfaktoren in diesen Gemeinden sind. Toll!

Aber was ist mit dem quantitativen Wachstum? Führt die Konzentration auf gemeindliche Qualität wirklich zu zahlenmäßigem Wachstum? Hier sind die Ergebnisse: Zur Zeit des dritten Profils war die Wachstumsrate der teilnehmenden Gemeinden um durchschnittlich 51 Prozent gewachsen. Wenn also eine Gemeinde um 10 Personen pro Jahr gewachsen war, bevor sie sich auf den Prozess eingelassen hatte, dann waren es nach 31 Monaten 15 Menschen pro Jahr, die neu gewonnen wurden. Wenn es bislang 200 Menschen waren, die sich jedes Jahr neu der Gemeinde anschlossen, dann lag diese Zahl nun bei 302. Diese Ergebnisse werden auf dem Schaubild auf Seite 13 dargestellt. Der obere Teil des rechten Balkens symbolisiert das zusätzliche Wachstum, das die Gemeinden durch den Einstieg in den NCD-Prozess erlebten. Es scheint mir bemerkenswert, dass in diesem Zeitfenster der Prozentsatz des „Transferwachstums" (Zugang von Menschen aus anderen Gemeinden) abnahm, während der Prozentsatz des „Bekehrungswachstums" zunahm.

Wie viele Menschen?

Wenn Sie sich mit dem Schaubild beschäftigen, erscheint das ganze Thema immer noch ziemlich abstrakt. Sie sollten allerdings nicht vergessen, dass die Balken in diesem Diagramm für einzelne Menschen stehen, von denen die meisten Christus zuvor noch nicht kannten und erstmals in eine persönliche Beziehung zu ihm getreten sind. Nach unseren Berechnungen können wir davon ausgehen, dass sich bis heute etwa 1,3 Millionen Menschen als direkte Folge des NCD-Prozesses neu den beteiligten Gemeinden angeschlossen haben. Ein näherer Blick auf diese 1,3 Millionen Menschen offenbart, dass es ganz spezielle Menschen sind, da die folgenden drei Kriterien auf sie zutreffen:

1. Die Zahl 1,3 Millionen bezeichnet nicht das Gesamtwachstum der am NCD-Prozess beteiligten Gemeinden (diese Zahl ist beträchtlich höher),

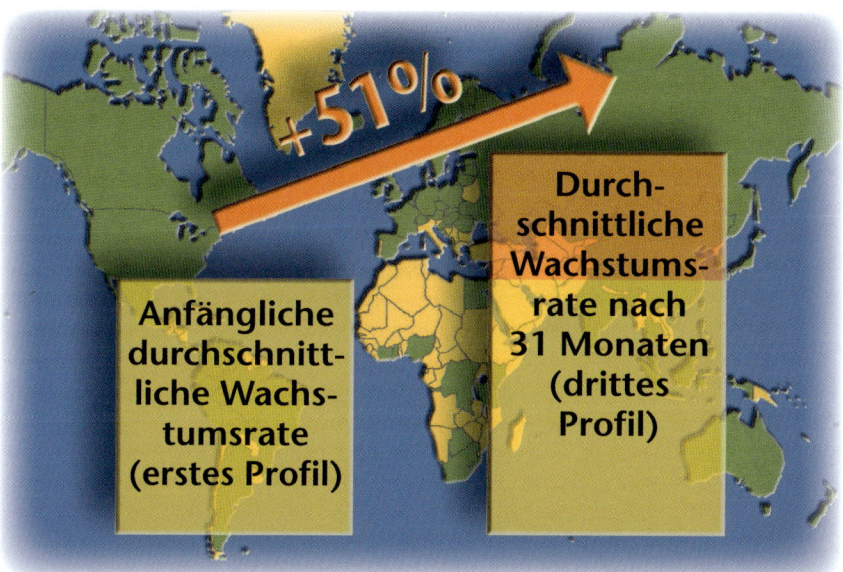

Die durchschnittliche Wachstumsrate aller Gemeinden, die ein drittes Gemeindeprofil erhoben haben, wuchs um 51 Prozent. Bis Juni 2005 hat dies dazu geführt, dass sich 1,3 Millionen zusätzliche Menschen den beteiligten Gemeinden angeschlossen haben – als direkte Folge ihres Einstiegs in den NCD-Prozess.

sondern lediglich das *zusätzliche* Wachstum, das eintrat, nachdem die Gemeinden begannen, bewusst die Prinzipien der natürlichen Gemeindeentwicklung anzuwenden.

2. Da die Qualität der Gemeinden innerhalb desselben Zeitfensters beträchtlich wuchs, sind dies Mitglieder von Gemeinden mit hoher Qualität. Es lässt sich zeigen, dass Mitglieder einer Gemeinde mit hoher Qualität ein deutlich anderes Leben führen als Mitglieder von Gemeinden mit niedriger Qualität.

3. Alle diese 1,3 Millionen sind in eine Gemeinde eingegliedert. Nach allen seriösen Untersuchungen über evangelistische Aktionen, die ich bislang gesehen habe, kann davon ausgegangen werden, dass von denjenigen, die im Laufe einer evangelistischen Aktion eine Entscheidung für Christus treffen, lediglich zwischen 15 Prozent (im günstigsten Fall) und 0,3 Prozent (im ungünstigsten Fall) nach einem Jahr in einer Gemeinde vor Ort verwurzelt sind. In NCD zählen wir ausschließlich diejenigen, die in eine Gemeinde eingegliedert sind. Nur zum Vergleich: Um 1,3 Millionen Menschen mit „klassischen Methoden" zu gewinnen, wären persönliche „Entscheidungen" von 8,5 Millionen (im günstigsten Fall) bis 433 Millionen (im ungünstigsten Fall) nötig.

Mehr im Internet:

Im Internet (siehe Seite 162) finden Sie Antworten auf folgende Fragen:

• Wie viel des gemessenen Wachstums ist Bekehrungswachstum, wie viel lediglich Transfer-Wachstum?

• Wie wurde die 51-prozentige Wachstumssteigerung gemessen?

Wofür die Zahlen stehen

Zahlen, Zahlen, Zahlen. Vielleicht sollte ich an dieser Stelle aufhören. Denn viel interessanter als die Zahlen selbst ist zu studieren, wie sie zustande gekommen sind. Das zahlenmäßige Wachstum ist die natürliche Begleiterscheinung eines Bemühens um qualitatives Wachstum. Dieses qualitative Wachstum löst eine fast schon magnetisch zu nennende Anziehungskraft aus. Diese Gemeinden erleben, was uns Paulus in 1. Korinther 3,6 lehrt: Wir pflanzen, wir bewässern. Gott gibt das Wachstum.

Welche Strategie verfolgt Ihre Gemeinde, um Menschen für Christus zu gewinnen? Was sind die bisherigen Ergebnisse?

Kapitel 1

Die NCD-Story

D ie Geschichte der natürlichen Gemeindeentwicklung ist eine Geschichte der Gnade Gottes. Diejenigen von uns, die in der Öffentlichkeit als die Hauptakteure der Bewegung gesehen werden, empfanden sich oft mehr als Zuschauer dessen, was Gott vor unseren Augen tat, denn als aktiv Beteiligte.

Die NCD-Story ist eine Geschichte der Gnade Gottes.

Meine Erfahrungen:

Ich habe schon etliche Redner auf Konferenzen sagen hören, dass sie diejenigen waren, die auf der Veranstaltung am meisten gelernt haben. In vielen Fällen mag dies lediglich der Versuch sein, etwas Freundliches zu den Teilnehmern zu sagen. Wenn ich jedoch diese Aussage mache, dann hat das wenig mit Höflichkeit zu tun. Begegnungen mit Menschen im Rahmen von NCD-Aktivitäten sind für mich die wichtigste Quelle des Lernens. In den letzten Jahren hatte ich das Privileg, in 42 Ländern Konferenzen durchzuführen. Wie habe ich die Einsichten, die Sie in diesem Buch finden, bekommen? In erster Linie durch Begegnungen und Interaktionen mit Menschen im Rahmen meiner Reisen.

Wie es begann

Wenn ich an die Zeit unseres ersten internationalen Forschungsprojektes zurückdenke, an dem 1000 Gemeinden aus 32 Ländern teilnahmen, dann erinnere ich mich gut daran, dass damals nur sehr wenige glaubten, dass das, was wir vorhatten, irgendeine geistliche oder strategische Bedeutung haben würde. Wenn ich Mitchristen von unserem Projekt erzählte, war die häufigste Reaktion gutmütiger Spott, um es einmal ganz zurückhaltend auszudrücken.

Ich war allerdings nicht bereit zu akzeptieren, dass es nach 2000 Jahren Kirchengeschichte und der Veröffentlichung von Hunderten Gemeindewachstums-Büchern noch nie ein wirklich internationales Forschungsprojekt gegeben hatte, mit dessen Hilfe sich überprüfen ließe, ob das, was in zahlreichen Büchern selbstbewusst als „Prinzipien" propagiert wird, tatsächlich universelle Gültigkeit besitzt.

Anfängliche Ergebnisse

Diese Zeit liegt gar nicht einmal so lange zurück, aber für mich ist es so, als wären seitdem Jahrzehnte vergangen. Als wir unsere Ergebnisse Ende 1996 veröffentlichten, änderte sich die Situation schlagartig. Viele Christen spürten, dass NCD nicht einfach ein weiteres „Modell" propagiert, sondern auf universell gültigen Prinzipien beruht. Sie verstanden, dass es kein „westliches" Exportprodukt ist, sondern auf interkulturellen Lernerfahrungen basiert. Innerhalb weniger Jahre hatten 70 Länder die Entscheidung getroffen, ihre eigene nationale NCD-Arbeit zu eröffnen.

Ein Netzwerk

Wir entschlossen uns, die NCD-Infrastruktur als reines Netzwerk anzulegen. Keine Komitees, keine Hierarchien, keine Paragrafen. Mein Büro befindet sich in einem ehemaligen Bauernhof an der dänischen Grenze, oberhalb dessen, was früher die Scheune war. Wann immer wir offizielle Besucher empfangen, die die „International Headquarters of NCD" besichtigen wollen, bin ich stolz, Ihnen all das präsentieren zu können, was wir hier haben: Schreibtisch, Computer, Telefon, viele Bibeln, Elektrizität, ein Bett für Gäste, eine wunderbare Familie und eine große – wenn auch noch unerfüllte – Vision. Ich bin mir natürlich bewusst, dass die meisten unserer Besucher von dieser „dürftigen Infrastruktur" enttäuscht sind, da sie ein mehrstöckiges Gebäude erwartet hatten, mit Vorzimmern und Sekretärinnen auf jeder Etage und nicht zuletzt mit einem Chef, der in seinem noblen Büro hinter einem überdimensionalen Eichen-Schreibtisch sitzt...

Warum bin ich stolz auf genau die Infrastruktur, die wir haben? Weil ich absolut überzeugt bin – und in diesen Worten ist nicht die Spur von Ironie –, dass unsere Infrastruktur moderner, professioneller und effektiver ist als viele der „Eichen-Schreibtisch-Strukturen", von denen es in unserer Welt nur so wim-

In allen Ländern, die auf dieser Karte in grüner Farbe eingezeichnet sind, gibt es bereits eine nationale NCD-Arbeit bzw. ist sie in Vorbereitung. Die restlichen Länder (orange) haben zur Zeit der Veröffentlichung dieses Buches noch keinen Nationalen NCD-Partner. Ständig aktualisierte Informationen finden Sie unter www. ncd-international.org.

melt. Wir fühlen uns perfekt ausgerüstet für den Dienst, zu dem Gott uns berufen hat. Warum? Weil unsere eigentliche Infrastruktur aus Menschen besteht.

Eine Geschichte von Menschen

Die wahre NCD-Story handelt von Menschen. Menschen wie meinem Freund und Kollegen Christoph Schalk, studierter Psychologe und Organisationswissenschaftler, der die Entscheidung traf, den Rest seines Lebens und all sein Fachwissen in den Aufbau des NCD-Netzwerks zu stecken.

Oder Menschen wie Paul Jeong, der den Mut aufbrachte, koreanische Pastoren mit einem Gemeindeaufbau-Ansatz zu konfrontieren, der so anders ist als das, was man in Korea zuvor gewohnt war, und der eine blühende NCD-Arbeit in Korea aufgebaut hat.

Oder Menschen wie Ian Campbell und Adam Johnstone aus Australien, die von Beginn an eine gewisse Abneigung hatten, einfach nur die Instrumente anderer zu übernehmen, und sich daranmachten, zahlreiche innovative Hilfsmittel zu entwickeln, mit denen sie nicht nur australische Gemeinden gesegnet haben, sondern viele andere Länder darüber hinaus.

Oder Menschen wie Juan Galdamez aus El Salvador, der seine Dozentenstelle an der Universität aufgab, um fortan als Koordinator für Lateinamerika den Dienst der lateinamerikanischen NCD-Partner zu unterstützen.

Oder Menschen wie Henrik Andersen, der einen Zwei-Jahres-Prozess in Dänemark initiierte, an dem offizielle Vertreter fast aller dänischen Denominationen beteiligt waren und in den Gemeinden ihres Verantwortungsbereichs eine signifikante Qualitätssteigerung erlebten. Noch bevor dieser Prozess abgeschossen war, zog Henrik nach Lettland weiter, wo seitdem – wen wundert's? – ähnliche Prozesse beobachtet werden können.

Mehr im Internet:

Im Internet (siehe Seite 162) finden Sie Antworten auf folgende Fragen:

• Welche Beziehung hat NCD zur Gemeindewachstumsbewegung?

• Was stand an erster Stelle: die Theorie oder die Forschung?

Oder Menschen wie Dave Wetzler aus den USA, dessen NCD-Arbeit – wie bei den meisten von uns – ziemlich klein und unscheinbar begann, der aber das Vertrauen unzähliger Kirchenführer gewinnen und Schritt für Schritt die größte nationale NCD-Arbeit auf diesem Planeten aufbauen konnte, mit Tausenden von NCD-Coaches.

Oder Menschen wie Medhat Aziz aus Ägypten, dessen Initiative und opferbereites Engagement Gemeinden in der arabischen Welt den Zugang zu NCD eröffnet hat.

Oder Menschen wie Silvia Handoko aus Indonesien, die im Zentrum einer Erweckung neutestamentlichen Ausmaßes steht und inmitten dieser Erweckung Gemeinden dabei hilft, konsequent die Prinzipien der natürlichen Gemeindeentwicklung anzuwenden. Sie kann dem Rest der Welt viel davon erzählen, wie eine *wirkliche* Erweckung – im Unterschied zu einem in der westlichen Welt weit verbreiteten Erweckungs-Klischee – in unserer Zeit funktioniert.

Die wirkliche Geschichte wird in der Zukunft geschrieben

In welchem Maße beschreibt jeder der sechs unten genannten Werte Ihr persönliches Wertesystem?

Aber eigentlich mag ich es gar nicht so sehr, die NCD-Story als eine Geschichte der Vergangenheit zu erzählen. Es ist eine Geschichte der Kirche der Zukunft. Es ist eine Geschichte, die von denen geschrieben wird, die die Prinzipien der natürlichen Gemeindeentwicklung praktisch umsetzen. Nur Gott weiß, wer die Haupt-Akteure dieser zukünftigen Geschichte sind. Es könnte allerdings sein, dass er sich bereits dafür entschieden hat, dass Sie einer von ihnen sein sollen.

Werte von NCD International

In der Arbeit von NCD International bemühen wir uns, nach den gleichen Prinzipien zu handeln, die wir Gemeinden vor Ort zu vermitteln versuchen. Wir sind davon überzeugt, dass das Vorleben der Werte, an die wir glauben, einen nachhaltigeren Einfluss hat, als lediglich in öffentlichen Veranstaltungen darüber zu reden.

Dies sind unsere Werte, die alle Bereiche von NCD International durchdringen:

- **Kreativität:** Wir glauben, dass Gott alle Menschen mit Kreativität ausgestattet hat, die sie befähigt, ihre eigenen Lösungen zu finden und ihren eigenen Stil zu entwickeln.

- **Vielfalt:** Wir erachten eine Vielzahl unterschiedlicher Ansätze (in Form von Kulturen, Denominationen, Methoden) generell jeder Art von Uniformität für überlegen.

- **Qualität:** Wir sehen die Qualität des Dienstes als Wurzel für quantitative Frucht. Alle unsere Tätigkeiten sind darauf ausgerichtet, die Qualität des christlichen Lebens zu erhöhen.

- **Prozess:** Wir sind davon überzeugt, dass nur ein anhaltender, langfristiger Prozess zum Erfolg führt, und dass selbst der kleinste Schritt in die richtige Richtung echter Fortschritt ist.

- **Balance:** Auf allen Ebenen des gemeindlichen Lebens versuchen wir eine biblische Balance zwischen den verschiedenen Ansätzen zu erreichen, die Gott in seiner Gemeinde haben möchte.

- **Fokus:** In Anbetracht der vielen Dinge, die getan werden müssen, versuchen wir uns auf den einen Punkt zu konzentrieren, der das größte Potenzial für geistlichen Fortschritt hat.

„Ich habe NCD gemacht"

Kapitel 1

enn im Rahmen von NCD-Konferenzen Menschen mit mir ins Gespräch kommen wollen, beginnen sie häufig mit dem Satz: „Ich habe auch schon NCD gemacht." Wann immer ich diesen Satz höre, bin ich sicher, dass diese drei Buchstaben nicht *Natural Church Development* meinen, sondern höchst wahrscheinlich ein spezielles Werkzeug, das wir entwickelt haben, nämlich das Gemeindeprofil.

Wenn Mitchristen diesen Satz aussprechen, wollen sie damit keineswegs sagen, dass sie das NCD-Paradigma verinnerlicht oder die NCD-Prinzipien im Gemeindealltag umgesetzt habe. Vielmehr wollen sie zum Ausdruck bringen, dass sie eines unserer diagnostischen Werkzeuge benutzt haben. Offensichtlich ist dieses Hilfsmittel in ihren Augen so eng mit dem Wesen von NCD verbunden, dass die beiden Begriffe für sie zu Synonymen geworden sind.

NCD ist kein Werkzeugkasten

Damit kein Missverständnis entsteht: Ich empfehle die Erhebung des Gemeindeprofils ausdrücklich, da die Ergebnisse äußerst erhellend sein können. Allerdings möchte ich davor warnen, den Einsatz dieses Werkzeugs mit der praktischen Umsetzung von NCD zu verwechseln. Das Gemeindeprofil lässt sich mit dem Einsatz eines Fieberthermometers vergleichen. Es kann uns zeigen, wie krank oder gesund wir sind. Aber genauso wie der Einsatz eines Thermometers an sich noch nicht zu einem gesunden Lebensstil beiträgt, hat die Erhebung des Gemeindeprofils allein noch nicht viel mit der Umsetzung der NCD-Prinzipien zu tun.

Viele Menschen missverstehen die natürliche Gemeindeentwicklung als einen Werkzeugkasten und sehen nicht, dass es sich um ein System handelt. Ein Werkzeugkasten ist eine Sammlung von einzelnen Instrumenten, die nicht miteinander verbunden sind und unabhängig voneinander funktionieren. Man sucht sich einfach das Werkzeug aus, das man in einer bestimmten Situation benötigt. Zweifelsohne ist es möglich, die NCD-Werkzeuge in dieser Weise zu gebrauchen. Wer sich dafür entscheidet, wird allerdings niemals erleben, worum es in der natürlichen Gemeindeentwicklung wirklich geht: Gemeindemitglieder kommen dem lebendigen Gott näher; sie beginnen, die unterschiedlichen Facetten von Gottes Licht widerzuspiegeln; sie üben eine magnetische Anziehungskraft auf Menschen aus, die Christus noch nicht begegnet sind; und sie erleben, dass das quantitative Wachstum der Gemeinde buchstäblich „von selbst" geschieht.

Prinzipien eines gesunden Lebensstils

Nehmen wir einmal an, Sie benutzen Ihr Fieberthermometer regelmäßig, aber missachten so ziemlich alle Prinzipien eines gesunden Lebensstils (z.B. eine ausgewogene Ernährung oder regelmäßigen Sport). Dann sollten Sie nicht erwarten, dass der Einsatz des Thermometers, auch wenn es ein nützliches Instrument ist, auch nur die geringste positive Auswirkung auf Ihre Gesundheit haben wird. Das Gleiche gilt für den Einsatz des Gemeindeprofils – und es gilt ebenso für alle anderen NCD-Werkzeuge.

Die Liebe zum Nächsten ist eine typische „NCD-Aktion", der Druck auf die Tasten eines Computers dagegen nicht.

Meine Erfahrungen:

Menschen, die das NCD-Gemeindeprofil mit der natürlichen Gemeindeentwicklung verwechseln, neigen auch dazu, eine innige Beziehung zwischen NCD und der Computerwelt zu sehen (da das Gemeindeprofil auf Computertechnologie basiert). NCD an sich hat jedoch nicht das Geringste mit der Welt von Computern zu tun. Gott im Gebet zu begegnen (Qualitätsmerkmal 3) oder seinen Nächsten und den Feind zu lieben (Qualitätsmerkmal 8) oder anderen Menschen das Evangelium zu bezeugen (Qualitätsmerkmal 7) – all das sind typische NCD-Aktivitäten. Der Druck auf die Tasten eines Computer-Keyboards zählt nicht dazu.

Die fünf Bestandteile von NCD

8 Qualitäts-merkmale	6 Wachstums-kräfte	Trinitarischer Kompass	Minimum-faktor	NCD-Hilfsmittel
Die „Muskeln" von NCD	*Das „Blut" von NCD*	*Das „Herz" von NCD*	*Die „Augen" von NCD*	*Die „Hände" von NCD*
Der sichtbarste Teil des Körpers. Auf den ersten Blick ist erkenn-bar, ob die Muskeln trainiert sind. Einige Muskeln können besser trainiert sein als andere.	Die Entwicklung jedes Muskels hängt von der Blutzirkulation ab. Das Blut enthält die Nährstoffe, auf die die Muskeln angewiesen sind.	Aufgabe des Herzens ist es, das Blut zu den Muskeln zu pumpen. Wenn das Herz auf-hört zu schla-gen, stirbt der gesamte Orga-nismus.	Die Augen ermöglichen die Konzentration auf wichtige Details. Sie sehen niemals die gesamte Realität, sondern eine bewusste Auswahl.	Hilfreich, aber nicht absolut lebensnotwen-dig. Im Notfall kann ein Orga-nismus auch ohne Hände funktionieren, niemals aber ohne Herz.
Seiten 104-123	**Seiten 80-103**	**Seiten 44-79**	**Seiten 124-145**	**Seiten 146-165**

In dieser Tabelle werden die fünf Bestandteile der natür-lichen Gemeinde-entwicklung mit fünf verschiedenen Teilen des menschlichen Körpers verglichen.

Es ist ganz natürlich, dass Menschen mit NCD in Berührung kommen, indem sie ein bestimmtes Element des Systems kennen lernen: ein Buch, eines der NCD-Prinzipien, das Gemeindeprofil. Sie mögen in ihrer Situation dieses Ele-ment sogar als hilfreich empfinden. In vielen Fällen ist dies der Anfang eines Prozesses, in dessen Verlauf man sich immer tiefer auf das NCD-Paradigma einlässt. Wo das allerdings nicht geschieht, kann auch nicht die Frucht erwartet werden, die das natürliche Ergebnis des NCD-Paradigmas als Ganzes ist.

In der Tabelle oben habe ich die fünf wichtigsten Bestandteile der natürlichen Gemeindeentwicklung zusammengestellt und beschrieben, wie sie aufeinander bezogen sind. Sollten Ihnen einige der dort erwähnten Begriffe derzeit noch unverständlich erscheinen, machen Sie sich keine Sorgen. Dieses Buch wird Sie Schritt für Schritt in alle fünf Bereiche einführen. Am Ende des Buches werden Sie wissen, wie Sie diese Konzepte in Ihrem eigenen Umfeld anwenden können.

Werkzeuge dürfen nicht mit Prinzipien verwechselt werden

Aber bevor wir tiefer in die Welt der natürlichen Gemeindeentwicklung eintau-chen, möchte ich sicherstellen, dass es kein Missverständnis gibt. Die Anwen-dung dessen, was wir als *NCD-Prinzipien* bezeichnen, ist für jeden Christen wichtig; an dieser Stelle gibt es noch nicht einmal eine echte Wahlmöglich-keit, da die Bibel selbst uns auf diese Prinzipien festlegt. Der Einsatz der *NCD-Werkzeuge* dagegen, so nützlich diese auch sein mögen, gehört nicht in diese Kategorie. Sie können auf den Einsatz der Werkzeuge verzichten, nicht aber auf den Einsatz der Prinzipien. Wenn Sie die Werkzeuge nicht mögen, ignorieren Sie sie einfach. Aber bitte ignorieren Sie niemals die Prinzipien, in deren Dienst diese Werkzeuge stehen.

Mit welchen der fünf Bestandteile von NCD (siehe Tabelle oben) sind Sie bereits näher vertraut?

Gemeindewachstum – welches Denkmuster hat Sie geprägt?

Kapitel 1

Solange wir nicht wirklich verstanden haben, was es mit einem „prinzipien-orientierter Ansatz" auf sich hat, werden wir Schwierigkeiten haben, die natürliche Gemeindeentwicklung zu verstehen. Da der Begriff „Prinzip" nicht gesetzlich geschützt ist und unterschiedliche Gruppen ihn unterschiedlich füllen, möchte ich zumindest deutlich machen, was wir in der natürlichen Gemeindeentwicklung unter diesem Begriff verstehen.

Vier Kriterien eines prinzipienorientierten Ansatzes

Ein prinzipienorientierter Zugang zur Gemeindeentwicklung erfüllt die folgenden vier Kriterien:

1. Prinzipien sind **universell gültig**. Sie gelten nicht nur in bestimmten Situationen oder unter bestimmten Umständen. Sie gelten für alle Denominationen, für alle Gemeindemodelle, für alle Frömmigkeitsrichtungen und für alle Kulturen.

2. Prinzipien sind **beweisbar**. Solange kein klarer empirischer Beweis vorliegt, mögen wir es mit einem hochinteressanten Konzept zu tun haben, von dem wir durchaus lernen können, aber wir sollten nicht von einem Prinzip sprechen. Es gibt nur einen Weg herauszufinden, ob eine bestimmte Erscheinung ein universelles Prinzip ist oder nicht: Forschung auf universeller (d.h. weltweiter) Ebene.

3. Prinzipien haben es immer mit dem **Wesentlichen** zu tun, nicht mit zweitrangigen Aspekten des christlichen Lebens. Deshalb können wir erwarten, dass wir die Prinzipien, die unseren Gemeindealltag prägen, auch in der Bibel beschrieben finden – wenn auch nicht unbedingt in der gleichen Begrifflichkeit.

4. Prinzipien müssen immer **individualisiert** werden. Sie sagen uns nicht, was wir genau zu tun haben. Vielmehr geben sie uns Kriterien, die uns in die Lage versetzen, selbst herauszufinden, was in einer bestimmten Situation getan werden sollte.

> Der prinzipienorientierte Ansatz geht davon aus, dass jede Gemeinde eine von Gott gegebene Individualität besitzt.

Längst nicht alle Beiträge zur Diskussion um Gemeindewachstum basieren auf einem prinzipienorientierten Ansatz. In den letzten Jahren sind mir vier verschiedene Denkmuster begegnet, die sich in Teilbereichen mit dem prinzipienorientierten Ansatz überschneiden. Ich nenne sie „Treue-Denkmuster", „Durchbruch-Denkmuster", „Modell-Denkmuster" und „Management-Denkmuster".

Das Treue-Denkmuster

Das Treue-Denkmuster konzentriert sich auf einen wichtigen Aspekt des christlichen Lebens. Vertreter dieses Ansatzes betonen z.B. zu Recht, dass wir uns um „Bibeltreue" zu bemühen hätten und „treue Haushalter" der Gaben sein sollten, die Gott uns anvertraut hat. „Ganz gleich wie ‚erfolgreich' eine bestimmte Methode erscheint, wenn sie nicht mit der Heiligen Schrift übereinstimmt, sind wir nicht interessiert." Dies ist genau die Position, die auch NCD vertritt.

Aber Vertreter des Treue-Denkmusters gehen einen Schritt weiter. Sie neigen dazu, *alles* auf Treue zu reduzieren. Wenn es um die Gemeindeentwicklung geht, ist ihr Motto: „Alles, was wir tun müssen, ist eine bestimmte Theologie zu übernehmen (bzw. eine moralische Norm, eine bestimmte Gottesdienstform, eine politische Position)." Dieser Anschauung zufolge resultiert die Gesundheit der Gemeinde daraus, dass man sich an die Standards hält, die die jeweilige Gruppe als den Kern von Treue definiert hat. Bei den radikaleren Vertretern dieses Ansatzes ist es noch nicht einmal nötig, dass die Gemeinde wächst, solange sie nur „treu" ist.

Das Durchbruch-Denkmuster

Viele Christen warten auf einen Durchbruch, sind aber blind für die Prinzipien, die diesen Durchbruch wahrscheinlicher machen.

Das zweite Denkmuster ist besonders in charismatischen Gruppen verbreitet, aber durchaus nicht auf sie beschränkt. Ich nenne es das „Durchbruch-Denkmuster". In den meisten Fällen wird mit dem erwarteten Durchbruch eine Erweckung verbunden. Da Erweckungen von Gott gegeben sind und der Ausbreitung des Reiches Gottes dienen, sollte jeder von uns für Erweckung beten und sein Bestes tun, um unsere Gemeinden auf Erweckung vorzubereiten. Das ist es, was wir mit der natürlichen Gemeindeentwicklung anstreben.

Aber Vertreter dieses Denkmusters neigen wiederum dazu, einen Schritt weiterzugehen. Etliche von ihnen unterschätzen die Bedeutung der ganz normalen Hintergrundaktivitäten, die die Grundlage für eine Erweckung legen (z.B. die Arbeit an jedem der acht Qualitätsmerkmale gesunder Gemeinden). Einige Gruppen vertreten die Ansicht, dass der Besuch einer bestimmten Konferenz, die Taufe im Heiligen Geist, das Hören auf einen gesalbten Leiter oder die Anwendung einer erfolgreichen Gebetstechnik zu einem Durchbruch in der Gemeinde führen werde. Oft wird der erwartete Durchbruch gegen die langfristige, prozesshafte, prinzipienorientierte Arbeit am Gemeindeaufbau ausgespielt.

Das Modell-Denkmuster

Das dritte weit verbreitete Grundmuster ist das Modell-Denkmuster. Grundsätzlich kann ein modellorientierter Ansatz äußerst hilfreich sein. Modellgemeinden ermöglichen uns, die Prinzipien der Gemeindeentwicklung zu lernen, indem wir sie in dem besagten Modell „live" studieren können. Jeder von uns kann viel von Gemeindemodellen lernen – und alles, was *ich* über Gemeindeentwicklung gelernt habe, stammt von bestimmten Modellgemeinden, ob sie nun 30 oder 3000 Mitglieder haben mögen, ob sie im Westen beheimatet sind oder in Asien, Afrika und Lateinamerika. Was sollten Modellgemeinden anderes sein als Gemeinden mit einer außergewöhnlich hohen Qualität? Diese Gemeinden zu studieren ist genau das, was wir in unseren Forschungen tun.

Vertreter des Modell-Denkmusters gehen jedoch einen Schritt weiter. Anstatt sich mit den unterschiedlichsten Modellen zu beschäftigen, ist ihr Blick auf ein einziges Modell fokussiert. Sollte im Rahmen dieses Denkmusters von Prinzipien gesprochen werden („Imitiere nicht unser Modell, sondern folge den Prinzipien!"), dann ist damit meist etwas völlig Anderes gemeint, als was wir in NCD unter diesem Begriff verstehen. Vertreter des Modell-Denkmusters meinen die Prinzipien *hinter ihrem spezifischen Modell* und nicht die Prinzipien, die für jedes Gemeindemodell in jeder Kultur gelten.

Das Management-Denkmuster

Das Management-Denkmuster bemüht sich, Einsichten aus dem Geschäftsleben auf die Gemeinde zu übertragen. Da etliche Tech-

Meine Erfahrungen:

Bis vor zehn Jahren war die Unterscheidung zwischen einem prinzipien- und einem modellorientierten Ansatz weit gehend ungebräuchlich. Das hat sich mittlerweile grundlegend geändert, und ich führe dies – zumindest zum Teil – auf unseren Beitrag zur Diskussion zurück. In den Anfangsjahren von NCD hörte ich ziemlich häufig, dass Menschen Schwierigkeiten mit der Tatsache hatten, dass ich nicht Pastor einer Ortsgemeinde bin (eine typische Erwartung, die sich aus einem modellorientierten Ansatz speist, wo man selbstverständlich davon ausgeht, dass ich das Modell meiner Heimatgemeinde propagiere). In den letzten fünf Jahren habe ich diese Kritik allerdings kein einziges Mal mehr gehört. Ich sehe dies als weiteres Zeichen, dass zunehmend mehr Menschen verstehen, worum es beim prinzipienorientierten Ansatz geht.

Fünf verschiedene Denkmuster – oder lediglich zwei?

A
1. Treue
2. Durchbruch
3. Modell
4. Management

B
5. Prinzipien

Diese Tabelle stellt die fünf Denkmuster, die in diesem Kapitel beschrieben werden, zusammen. Gleichzeitig macht sie deutlich, dass es hier nicht wirklich um fünf verschiedene Kategorien geht, sondern lediglich um zwei (A und B).

niken des Geschäftslebens nichts anderes sind als praktisch angewandte sozialwissenschaftliche Erkenntnisse, ist dies ein legitimer Versuch. Viele Christen wären gut beraten, von der Wirtschaft zu lernen.

Vertreter des Management-Denkmusters neigen allerdings dazu, die gesamte Gemeindeentwicklung auf Management-Techniken zu reduzieren. Sie mögen zwar immer noch wortgewandt vom Heiligen Geist reden, aber eigentlich wird er in ihrem Denkgebäude nicht mehr wirklich gebraucht. Management-Techniken sind an seine Stelle getreten. In diesen Gruppen wird übersehen, dass nicht jede Management-Methode in der Gemeinde anwendbar ist. Viele dieser Techniken sind auch längst nicht so „neutral", wie oft angenommen wird. Sie beruhen vielmehr auf einem ganz bestimmten Menschenbild, das bisweilen in schreiendem Widerspruch zum biblischen Menschenbild steht.

Der prinzipienorientierte Ansatz

Schauen Sie einmal auf die oben stehende Tabelle. Dort habe ich die vier Denkmuster, die ich eben beschrieben habe, in Kasten A platziert, und den prinzipienorientierten Ansatz in Kasten B. Das Schaubild bringt zum Ausdruck, dass wir es nicht wirklich mit fünf verschiedenen Denkmustern zu tun haben, sondern lediglich mit zwei: Der entscheidende Unterschied besteht zwischen Paradigma A (Denkmuster 1-4) und Paradigma B (Denkmuster 5). Der prinzipienorientierte Ansatz versucht den wahren Kern hinter jedem der vier genannten Denkmuster aufzugreifen, während die Einseitigkeiten vermieden werden sollen.

Es ist hilfreich, sich verschiedene real existierende Bewegungen anzuschauen und sich jeweils zu fragen: Welche der fünf Ansätze ist in dieser Bewegung prägend? Nehmen wir einmal eine weit verbreitete lutherische Denkweise (in anderen Denominationen gibt es durchaus parallele Muster): „Alles, was wir für die Gemeindeentwicklung tun können, ist die Verkündigung des Wortes und die Verwaltung der Sakramente." Welches Denkmuster kommt hier zum Ausdruck? Wahrscheinlich haben Sie richtig geraten: das Treue-Denkmuster. Oder schauen wir einmal, welches der genannten Denkmuster am häufigsten in der charismatischen Bewegung zu finden ist: Es ist das Durchbruch-Denkmuster.

Um das Ganze konkreter zu machen, nehmen wir einmal ein berühmtes Beispiel wie „Willow Creek" unter die Lupe. Für diejenigen, die mit diesem Begriff nichts anzufangen wissen: Willow Creek ist eine evangelikale Gemeinde in den Vereinigten Staaten, gegründet und geleitet von Bill Hybels und berühmt geworden insbesondere für ihre „besucher-freundlichen" Gottesdienste. Unzählige Pastoren rund um den Globus sind von Willow Creek inspiriert worden und haben damit begonnen, in ihrem eigenen Kontext ähnliche Gemeinden zu bauen.

> **NCD bemüht sich, die Wahrheitsmomente jedes Musters aufzugreifen und gleichzeitig deren Einseitigkeiten zu vermeiden.**

Mehr im Internet:

Im Internet (siehe Seite 162) finden Sie Antworten auf folgende Fragen:

• Gibt es ein bestimmtes Gemeindemodell, das – aus der Sicht von NCD – anderen überlegen ist?

• Ist es besser, die NCD-Prinzipien mit oder ohne die Hilfe eines bestimmten Gemeindemodells praktisch umzusetzen?

In welche Kategorie gehört Willow Creek?

Welches der fünf Denkmuster liegt Willow Creek zugrunde? Seien Sie vorsichtig, die Antwort ist nicht so offensichtlich, wie es zunächst erscheinen mag. Wenn ich diese Frage in Konferenzen stelle, ist die erste Reaktion gewöhnlich, Willow Creek der „Modell"-Kategorie zuzuordnen. Wenn Sie zu dieser Auffassung neigen, sollten Sie allerdings einen näheren Blick auf die ursprüngliche Willow Creek Gemeinde in South Barrington werfen. Ist dies eine modellorientierte Gemeinde? In keinster Weise. Bill Hybels imitiert kein anderes Gemeindemodell, sondern fragt deutlich nach Gottes Willen für ihn und seine Gemeinde. Willow Creek ist so erfolgreich geworden, weil es die Gemeinde geschafft hat, universelle Prinzipien in ihrem spezifischen Kontext anzuwenden. Mit anderen Worten: Bill Hybels' eigene Gemeinde folgt Paradigma B.

Viele der Gemeinden, die heute Willow Creek imitieren, haben allerdings das Modell-Denkmuster angenommen und sind folglich Vertreter von Paradigma A. Sie stehen in der Gefahr, das Geheimnis zu übersehen, das Willow Creek so erfolgreich gemacht hat: die Anwendung von Paradigma B. Wollen Sie wirklich von Willow Creek lernen? Dann lernen Sie, dass Willow Creek niemals dem Modell einer anderen Gemeinde nachgefolgt ist.

Modelle und Prinzipien

Nehmen wir einmal an, Sie sind Anhänger eines bestimmten Gemeindemodells. Möchte ich Sie überzeugen, damit aufzuhören? Natürlich nicht. Mein Anliegen ist vielmehr, Ihre Aufmerksamkeit auf die Frage zu lenken, *warum* einige Modellgemeinden so erfolgreich geworden sind: Bewusst oder unbewusst wenden sie die universellen Prinzipien an, denen wir den Namen „natürliche Gemeindeentwicklung" gegeben haben. Das – und nichts Anderes – ist das „Geheimnis ihres Erfolgs"!

> *Welches der fünf Grundmuster, die in diesem Kapitel beschrieben werden, hat Sie am meisten geprägt?*

Sie können sich extrem unterschiedliche Modelle anschauen. Nehmen Sie z.B. Willow Creek und die Hauskirchen-Bewegung. Das eine Modell stellt eine Megagemeinde ins Zentrum; beim anderen sollte keine Gemeinde mehr als 20 Mitglieder haben. Das eine Modell ist stolz auf spektakuläre Gebäude; beim anderen sind Kirchengebäude noch nicht einmal erlaubt. Das eine Modell ist von zahlreichen Hauptamtlichen geprägt; im anderen wird aus prinzipiellen Gründen ohne Vollzeitler gearbeitet. Das eine Modell betont Professionalität; beim anderen wird Professionalität fast schon als Sünde gesehen.

Das sind tatsächlich enorme Unterschiede. Was haben beide Modelle dennoch gemeinsam? Und was teilen sie gleichzeitig mit unzähligen anderen wunderbaren Gemeindemodellen? Es sind genau die Prinzipien, für die wir den Begriff „natürliche Gemeindeentwicklung" gewählt haben.

Natürliche Gemeindeentwicklung und geistliche Einheit

Kapitel 1

J edes Gemeindemodell, dem ich bisher begegnet bin, lehrt sowohl universelle Prinzipien der Gemeindeentwicklung als auch die Besonderheiten des jeweiligen Modells. Das Problem ist jedoch, dass die Leiter der Modellgemeinden in der Regel keine klare Unterscheidung zwischen beiden Kategorien machen. Oft sind sie derartig überzeugt von den Besonderheiten des von ihnen vertretenen Modells, dass sie dazu neigen, auch diese als Prinzipien zu propagieren, was ziemlich verwirrend sein kann.

Warum die Unterscheidung wichtig ist

In jeder Gemeinde, ob wir sie als „Modell" einstufen mögen oder nicht, lassen sich beide Kategorien finden: die Anwendung von universellen Prinzipien und zusätzliche Elemente. Diese „zusätzlichen Elemente" machen die einzelnen Gemeinden unverwechselbar und sorgen für die Unterschiede zwischen Gemeinden und gemeindlichen Bewegungen.

Ich bin davon überzeugt, dass dies positiv zu bewerten ist. Weil christliche Gemeinden so unterschiedlich sind, sind sie in der Lage, Außenstehende mit unterschiedlichen biografischen und kulturellen Hintergründen, Geschmäckern, Interessen und Stilen anzusprechen. Ich wende mich definitiv *nicht* gegen die Besonderheiten von Modellgemeinden. In den meisten Fällen sind sie ein Segen für den Leib Christi. Wogegen ich mich allerdings wenden möchte, ist die Verwechselung dieser Besonderheiten mit „Prinzipien".

Ist diese Unterscheidung wirklich so wichtig? Wie wichtig sie ist, wird spätestens dann deutlich, wenn es um die Frage der geistlichen Einheit geht. Eine der segensreichen Auswirkungen des modellorientierten Ansatzes ist es, dass sich um bestimmte Modelle Christen mit den unterschiedlichsten kirchlichen Hintergründen scharen. Wer das beobachtet, gewinnt den Eindruck, im modellorientierten Ansatz sei eine stark einheitsstiftende Kraft angelegt, was in gewisser Weise auch zutrifft. Der zweite Blick jedoch offenbart, dass diese Art von Einheit davon abhängt, die Besonderheiten des jeweiligen Modells zu bejahen. Wer diese ablehnt, hat sich selbst außerhalb der „Einheit" gestellt.

Konzentration auf das Gemeinsame

In der natürlichen Gemeindeentwicklung sind wir uns der Besonderheiten unterschiedlicher Modelle und Bewegungen bewusst und wissen sie zu schätzen. Aber wir lehren sie nicht. Wir konzentrieren uns bewusst auf diejenigen Elemente, die die unterschiedlichen christlichen Gruppen gemeinsam haben. Deshalb ist es ziemlich schwierig, „gegen" die natürliche Gemeindeentwicklung zu sein, denn das bedeutete, gegen die Prinzipien zu sein, die alle gesunden Gemeinden – bewusst oder unbewusst – miteinander teilen. Betrachten Sie die folgenden drei Bereiche:

1. Die **Prinzipien**, die unsere Forschungen ans Tageslicht gebracht haben, bezeichnen das, was alle gesunden Gemeinden gemeinsam haben. Schauen Sie sich zum Beispiel das Qualitätsmerkmal an, das

NCD konzentriert sich auf diejenigen Elemente, die die verschiedenen christlichen Gruppen gemeinsam haben.

Meine Erfahrungen:

Wann immer mir jemand sagt, er sei „gegen NCD", reagiere ich bewusst provokativ: „Dann lassen Sie uns mal einen Blick auf die einzelnen NCD-Prinzipien werfen. Eines davon ist z.B. liebevolle Beziehungen. Wenn Sie dagegen sind, dann sind Sie wahrscheinlich für Hass in der Gemeinde. Ich könnte Ihnen eine ganze Reihe Ideen weitergeben, wie sich Hass kultivieren ließe. Ein weiteres Prinzip ist leidenschaftliche Spiritualität. Wenn Sie dagegen sind, sind Sie wahrscheinlich an langweiliger Spiritualität interessiert. Da ich selber Deutscher bin, kann ich Ihnen versichern, dass ich in diesem Bereich ausgesprochen erfahren bin. Ich würde Ihnen gerne dabei helfen, meine Erkenntnisse in die Praxis umzusetzen." In ähnlicher Weise gehe ich alle NCD-Prinzipien durch. Nach kurzer Zeit stimmt mir jeder zu, dass es einfach nicht möglich ist, grundsätzlich „gegen NCD" zu sein.

wir „leidenschaftliche Spiritualität" nennen. Dieses Prinzip verpflichtet niemanden auf einen bestimmten Stil. Pfingstler zum Beispiel setzen es auf deutlich andere Weise um als zum Beispiel Lutheraner oder Presbyterianer. Aber das Prinzip ist in beiden Fällen dasselbe. Wir werden uns damit noch ausführlicher in Kapitel 3 beschäftigen, wo es ausschließlich um die NCD-Prinzipien geht.

Ziel und Kriterium für ökomische Begegnungen ist es, sichtbar effektiver im Dienst zu werden.

2. Das Gleiche gilt für das theologische Herz der natürlichen Gemeindeentwicklung, den **trinitarischen Kompass** (Kapitel 2). Dieser Kompass ermöglicht einen kreativen Austausch zwischen den unterschiedlichsten christlichen Gruppen. Keine Gruppe muss dabei ihre Identität verleugnen; jede hat etwas zu geben und zu empfangen. Der Kompass ermöglicht eine Art von ökumenischer Begegnung, die Lichtjahre entfernt ist von einem Ökumenismus, der sich auf Papiere und theologische Formeln konzentriert. Ziel und Kriterium für ökumenische Begegnungen ist es, sichtbar effektiver im Dienst zu werden.

3. Der dritte Bereich ist der **interkulturelle** Ansatz. Wie wir später noch sehen werden (Seiten 28-32), versucht NCD Einsichten der unterschiedlichen kulturellen Pole, die die Welt von heute prägen, miteinander in Beziehung zu setzen. Ein Blick in die täglichen Nachrichten sollte ausreichen, jeden von uns davon zu überzeugen, dass die Beschäftigung mit dieser Frage kein Luxus ist, sondern eine der wichtigsten Aufgaben unserer Zeit.

Unentdecktes Potenzial

Ich bin davon überzeugt, dass die einheitsstiftende Kraft, die dem prinzipienorientierten Ansatz innewohnt, eines jener Geheimnisse ist, die von vielen Christen erst noch entdeckt werden müssen. Aber auch heute schon haben derartige Prozesse auf örtlicher und regionaler Ebene bereits begonnen.

In vielen Ländern gibt es Netzwerke für natürliche Gemeindeentwicklung, in denen sich Pastoren und ehrenamtliche Mitarbeiter aus den unterschiedlichsten Denominationen treffen. Obwohl diese Leiter im Blick auf ihre theologischen oder praktischen Lieblingsthemen oft die größten Meinungsverschiedenheiten haben, kann in diesen Netzwerken der römisch-katholische Priester dem Baptistenpastor dabei helfen, im Bereich von liebevollen Beziehungen zu wachsen, und umgekehrt hilft der Baptist dem Katholiken im Bereich der Evangelisation. Der Charismatiker lernt von Liberalen im Blick auf bevollmächtigende Leitung, und der liberale Pastor erlebt durch seine Interaktion mit Charismatikern leidenschaftliche Spiritualität in neuer Weise. Das sind die Dinge, die auch heute schon von Tausenden von Christen in den meisten Ländern, die dem NCD-Netzwerk beigetreten sind, tagtäglich praktiziert werden; und Ähnliches erlebe ich auch auf fast jeder unserer NCD-Konferenzen.

Ökumene neu definiert

Neulich sagte mir ein Pastor: „Christian, du magst dir dessen nicht bewusst sein, aber ich sehe NCD als ernsthafte Alternative zur ökumenischen Bewegung." Ich antwortete: „Danke für die großen Worte, aber ich muss dir widersprechen. NCD ist keine Alternative zur ökumenischen Bewegung. Es *ist* eine ökumenische Bewegung."

Mehr im Internet:

Im Internet (siehe Seite 162) finden Sie Antworten auf folgende Fragen:

• *Welche Denominationen haben sich bislang auf NCD eingelassen?*

• *Was sind die theologischen Grundlagen von NCD International?*

Welche Erfahrungen haben Sie bislang mit ökumenischen Begegnungen gemacht? Eher positive oder negative?

Der qualitative Ansatz – häufig kritisiert, selten verstanden

Kapitel 1

In der natürlichen Gemeindeentwicklung stellen wir weder die Frage: „Wie kriegen wir mehr Menschen in den Gottesdienst?", noch setzen wir Ziele für das zahlenmäßige Wachstum der Gemeinde: „Bis Ende 2008 werden wir 2600 Leute haben." Vielmehr konzentrieren wir uns auf die Qualität der Gemeinde. In *diesem* Bereich setzen wir präzise Ziele und sind bestrebt, diese Ziele auch zu erreichen. Wir wollen, dass unsere Gemeinden qualitativ wachsen und dass wir die Auswirkungen der höheren Qualität sehen können.

Eine dieser Auswirkungen ist, dass Gemeinden, die qualitativ wachsen, auch quantitatives Wachstum erleben. Diesen Zusammenhang hat unsere Forschung in 40.000 Gemeinden deutlich bewiesen. Wenn ich das Nettoergebnis unserer Entdeckungen in einem Satz zusammenfassen sollte, würde es dieser Satz sein: Quantitatives Wachstum ist nicht das strategische Ziel, sondern eine natürliche Auswirkung der Gesundheit einer Gemeinde. Wenn die Gemeinde gesund ist – nachweisbar durch eine messbar höhere Qualität – wird das quantitative Wachstum ganz „von selbst" geschehen.

Warum es wichtig ist, Qualität zu messen

In unserem Institut haben wir viele Jahre investiert, um ein wissenschaftliches Instrument zu entwickeln, das die Qualität einer Gemeinde zu messen vermag – sozusagen ein „Thermometer" für gemeindliche Gesundheit. Da dieses Instrument nun in allen Ländern, in denen es einen Nationalen NCD-Partner gibt (siehe Karte Seite 15), zur Verfügung steht, kann jede Gemeinde, die daran interessiert ist, ohne großen Aufwand präzise Antworten auf die folgenden Fragen bekommen:

1. Wie ist es um die Qualität unserer Gemeinde im Ganzen bestellt?

2. Was ist momentan der strategische Schlüsselbereich, auf den wir uns im Blick auf die Gesundheit der Gemeinde konzentrieren sollten (wir nennen diesen Punkt „Minimumfaktor")?

3. Nachdem ein Jahr lang an diesem Bereich gearbeitet wurde: Welchen Fortschritt hat unsere Gemeinde im Blick auf qualitatives Wachstum gemacht?

Solange es kein Instrument gab, mit dem sich die Qualität der Gemeinde präzise messen ließ (und das war bis 1996 der Fall), war der Begriff „gemeindliche Qualität" einer der schwammigsten Begriffe auf diesem Planeten. Fast jeder war zwar für Qualität, da es aber keinerlei Möglichkeit gab, herauszufinden, wie es um die Qualität einer Gemeinde bestellt war, wurde der Begriff zu einem Lieblingsschlagwort schrumpfender Gemeinden: „Wir sind mehr an Qualität als an Quantität interessiert."

Die Situation hat sich grundlegend verändert

Deshalb verstehe ich nur zu gut, warum Vertreter der Gemeindewachstumsbewegung diesen bequemen Rückzug auf gemeindliche Qualität (die ohnehin nicht gemessen werden konnte) bekämpft haben und das Ziel eines quantitativen Wachstums (das ziemlich leicht gemessen werden konnte) betonten.

In NCD ist die Qualität die Wurzel, die Quantität eine natürliche Frucht.

Meine Erfahrungen:

Ich habe schon wiederholt gehört – besonders von Christen, die eine Ausbildung in Gemeindewachstum haben –, dass NCD die Gemeinden lehre, „keine Ziele zu setzen". Selbstverständlich lehren wir das Setzen von Zielen, aber nicht im Bereich der Quantität („Wie viele Leute wollen wir bis zu einem bestimmten Datum gewinnen?"), sondern im Bereich der Qualität („Welchen Level gemeindlicher Gesundheit wollen wir in den nächsten zwölf Monaten erreichen?"). Diese Art von Zielsetzung und die kontinuierliche Überprüfung, inwieweit die Ziele auch wirklich erreicht wurden, ist ein typisches Merkmal des NCD-Zyklus. Wie konnte dann das Gerücht aufkommen, dass wir gegen das Setzen von Zielen sind? Die Antwort ist einfach: Wenn nur quantitative Ziele „wirkliche Ziele" sind, dann hat der Ansatz von NCD wenig mit Zielsetzung zu tun.

Die Qualität einer Gemeinde ist nichts anderes als die Qualität von Menschen.

Meine Erfahrungen:

Von unseren indonesischen NCD-Partnern habe ich eine der dramatischsten Lektionen gelernt, was es heißt, in die gemeindliche Qualität zu investieren. Über viele Jahre hinweg war es ein selbstverständlicher Teil ihres Bemühens um die Qualität ihrer Gemeinde, dass sie den Armen in den Slumgebieten in unmittelbarer Nachbarschaft ihrer Kirche dienten. Auf dem Höhepunkt der politischen Unruhen kamen die Jihad-Krieger und wollten ihre Kirche anstecken, wie sie es bereits mit unzähligen anderen Kirchen getan hatten. In diesem Moment verließen die Slumbewohner ihre Hütten und bildeten eine Menschenkette um die Kirche herum – eine Kette von Moslems, um die Christen zu beschützen. Sie sagten ihren moslemischen Glaubensbrüdern: „Rührt diese Christen nicht an. Sie sind gute Menschen." Die Jihad-Krieger zogen ab.

Was viele Menschen, sowohl innerhalb der Gemeindewachstumsbewegung als auch unter ihren Kritikern, allerdings nicht bemerkten, ist, dass sich seit 1996 – mit der Einführung des NCD-Gemeindeprofils – die Situation grundlegend verändert hat. Da es zum ersten Mal möglich geworden ist, Qualität präzise zu messen, hat der Begriff seinen schwammigen Charakter vollkommen verloren. Heute können wir äußerst präzise über gemeindliche Qualität sprechen. Wir können genau feststellen, ob wir unsere qualitativen Ziele erreicht haben oder nicht. Und wir können studieren, inwieweit unsere Konzentration auf gemeindliche Qualität wirklich zum quantitativen Wachstum der Gemeinde beigetragen hat.

Qualität als handhabbarer Begriff

Diese Veränderung hat weit reichende Konsequenzen. Da gemeindliche Qualität etwas Messbares geworden ist, können wir in einem Planungsprozess qualitative Kategorien einsetzen. Hat Ihre Gemeinde eine hohe, eine mittlere oder eine niedrige Qualität? Vor zehn Jahren konnte man im Blick auf diese Frage nur Vermutungen anstellen. Wenn man drei Menschen fragte, bekam man möglicherweise drei verschiedene Antworten. Nun ist es möglich, diese Frage äußerst präzise zu beantworten.

Oder könnte es sein, dass Ihre Gemeinde in einigen Bereichen eine hohe Qualität hat, während in anderen Bereichen die Qualität relativ niedrig ist? Das Gemeindeprofil wird diese Dinge ans Licht bringen. Könnte es sein, dass Sie sich nach intensiver Arbeit in einem bestimmten Bereich nicht sicher sind, ob Sie tatsächlich qualitative Fortschritte erzielt haben? Das Gemeindeprofil wird Ihnen genau diese Information liefern.

Missverständnisse im Blick auf Qualität

Da der Begriff „Qualität" im gemeindlichen Bereich so viele Jahre lang ein verschwommener Begriff war, den jeder nach eigenem Gutdünken füllte, ist es nicht verwunderlich, dass es immer noch viele Missverständnisse im Blick auf dieses Thema gibt. Indem ich im Folgenden erläutere, was dieser Begriff in der natürlichen Gemeindeentwicklung *nicht* bedeutet, kann ich hoffentlich deutlich machen, wofür der Begriff in unserer Arbeit steht:

• In NCD ist Qualität *kein* Synonym für **Spitzenleistungen**. Dieser Begriff, als Übersetzung des englischen Wortes *excellence* ins Gemeindevokabular eingedrungen, bedeutet, extrem hohe Maßstäbe als Ziel für jedermann zu setzen. Aus der Sicht von NCD ist die derzeit zu beobachtende Begeisterung für *excellence* eher kritisch als positiv zu bewerten. Die Standards für *excellence*, in aller Regel aus hochprofessionellen Megagemeinden importiert, führen dazu, unrealistische (und somit frustrierende) Standards für den durchschnittlichen Christen zu setzen, anstatt jedem dabei zu helfen, das volle Potenzial zu entfalten, das Gott in diesen Menschen hineingelegt hat.

• Qualität ist nichts **Statisches**. Viel wichtiger als das aktuell feststellbare Qualitätsniveau, das eine Gemeinde erreicht hat, ist die Frage, ob es in den letzten Monaten Fortschritte gegeben hat. Wenn ein Christ oder eine ganze Gemeinde

Beispiel eines Gemeindeprofils, das die Ergebnisse einer Gemeinde in Brasilien zeigt. Das Profil stellt die gemeindliche Qualität in acht Schlüsselbereichen dar. Dieses Instrument macht es möglich, dass Gemeinden sehr präzise über Qualität sprechen und qualitatives Wachstum ins Zentrum ihrer Planungen stellen können. Genauere Informationen über das NCD-Gemeindeprofil finden Sie auf Seite 152.

sich von „unglaublich schlecht" zu „schlecht" bewegt und von dort zu „gar nicht so übel", dann ist das wirklicher Fortschritt, der auch gebührend gefeiert werden sollte. Wenn sich Corinna und Claudius evangelistisch engagieren, dann sollte ihr Vergleichspunkt nicht die *excellence* eines Billy Graham sein, sondern Corinnas und Claudius' evangelistisches Engagement vor einem Jahr. Wenn sich das verbessert hat, haben sie Grund, Gott zu danken.

• Qualität sollte *nicht* mit **Professionalität** verwechselt werden. Eine beeindruckende Show auf der Bühne, die nur die Konsumentenhaltung der Menschen auf den Bänken bestärkt, mag zwar als Ausdruck hoher Professionalität betrachtet werden, aber in den Kategorien von NCD würde es als ausgesprochen schwache Qualität gelten. Das Gemeindeprofil misst das tatsächliche Leben der Menschen auf den Bänken – nicht, wie gut sie unterhalten worden sind.

• Qualität bezieht sich *nicht* auf Gebäude, Toiletten, Sound-Systeme oder anderes **Equipment**, sondern auf die Qualität, die sich in den Köpfen, Händen und Herzen der Menschen feststellen lässt, aus denen sich der Organismus Gemeinde zusammensetzt.

Dies ist wahrscheinlich der herausforderndste Punkt. Die Qualität Ihrer Gemeinde hat nur wenig zu tun mit der Höhe des Kirchturms, dem Gehalt des Pastors oder dem Alter der Orgel. Aber sie hat viel zu tun mit... Ihnen. Natürlich sind Sie als einzelner Christ nur *ein* Glied der Gemeinde. Aber ich kann Ihnen versichern: Wenn Sie selbst qualitativ wachsen und Ihre Mitchristen damit anstecken, wird ein nachhaltiger Multiplikationsprozess in Gang gesetzt.

Mehr im Internet:

Im Internet (siehe Seite 162) finden Sie Antworten auf folgende Fragen:

• *Nach welchem Maßstab wird entschieden, welche Aspekte als „Qualitätsfaktoren" gelten und welche nicht?*

• *Kann eine Gemeinde mit niedriger Qualität erwarten, quantitativ zu wachsen?*

Würden Sie sagen, dass Ihre eigene Gemeinde derzeit eine „hohe Qualität" hat? Warum bzw. warum nicht?

Kapitel 1

Warum wir von anderen Kulturen lernen sollten

I m Laufe dieses Buches wird Ihnen der interkulturelle Charakter der natürlichen Gemeindeentwicklung durchgehend begegnen. In unserem Netzwerk von NCD-Partnern unterscheiden wir drei kulturelle Pole: den Westen, den Osten und den Süden (siehe Schaubild auf Seite 29).

> Genau diejenigen Aspekte, die unserer eigenen Kultur fehlen, werden von anderen Kulturen zur Verfügung gestellt.

Natürlich ist die Vielfalt innerhalb dieser kulturellen Zonen ebenso groß wie zwischen ihnen, da jede eine Fülle unterschiedlicher Sprachen, Gebräuche, Denkstrukturen und historischer Entwicklungen umfasst. Gleichwohl lassen sich in jeder kulturellen Zone Eigenschaften finden, die für die Zone als Ganzes kennzeichnend sind. Das bedeutet nicht, dass jeder einzelne Mensch innerhalb einer bestimmten Zone diese Eigenschaften an den Tag legt; es bedeutet vielmehr, dass der Prozentsatz von Menschen, die innerhalb einer bestimmten Zone diese Eigenschaften zeigen, höher ist als in anderen Zonen. Es ist hilfreich, jeden der drei kulturellen Pole gesondert zu betrachten.

Der westliche Pol: Wettbewerb

Der westliche Pol umfasst sowohl Nordamerika als auch Europa. (Obwohl Australien kulturell ebenfalls „westlich" ist, hat der Kontinent aufgrund seiner besonderen geografischen Lage – genau auf der Grenze zwischen östlichem und südlichem Pol – seine eigene Identität.) Wer westliche Kulturen studiert, begegnet auf Schritt und Tritt einer hohen Wertschätzung des Individuums, von Selbstverwirklichung und Vielfalt. Werte wie „Freiheit des Einzelnen" und „persönliche Initiative" spielen in der westlichen Welt eine größere Rolle als in anderen Kulturen.

Meine Erfahrungen:

In unserem Institut erhalten wir häufig Briefe und E-mails, die an den deutschen NCD-Partner adressiert sind, genauso wie er Nachrichten erhält, die für uns bestimmt sind. Offensichtlich gehen viele davon aus, dass wir – da die Büros von NCD International in Deutschland sind – der deutsche NCD-Partner seien. Das ist aber nicht der Fall. Wir haben zum deutschen NCD-Partner genau die gleiche (gute) Beziehung, die wir zum ägyptischen oder amerikanischen oder indonesischen Partner haben. Mir ist bewusst, dass die meisten international operierenden Organisationen anders funktionieren. Sie sehen ihre internationale Arbeit als Arbeitszweige der nationalen Organisation und stellen sie folglich unter die Aufsicht ihrer nationalen Leiter. Es gibt gute Gründe, warum wir uns in unserer Arbeit entschieden haben, einem anderen Ansatz zu folgen.

Wenn wir die beiden Werte „Freiheit" und „Vielfalt" kombinieren, ergibt sich als Synthese „Wettbewerb". Natürlich gibt es in anderen Kulturen ebenfalls Wettbewerb, aber in keiner anderen wird er so positiv gesehen wie im Westen. Ob Sie sich das Wirtschaftsleben anschauen, das Ausbildungssystem, die Politik oder die Kirchen – in der westlichen Welt ist alles auf Wettbewerb hin angelegt.

Das vorherrschende Denkmuster des Westens ist linear: Ursache und Wirkung, *input* und *output*, von A nach B. Mit dieser Logik lassen sich viele Phänomene hervorragend erklären; allerdings hat der Westen die Tendenz, diese Denkstruktur auch auf Bereiche zu beziehen, in denen sie einfach nicht passt.

Gefahr: Vorherrschaft

Das westliche Denkmuster hat ohne Zweifel viele Stärken – und gleichzeitig hat es Schwächen. Eine der offensichtlichsten Gefahren ist die typisch westliche Tendenz zur „Nabelschau". Die größte Gefahr westlicher Kulturen liegt aber wahrscheinlich in ihrer Neigung, andere zu dominieren. Ist Imperialismus typisch für die westliche Welt? Eindeutig ja! Das bedeutet nicht, dass jeder einzelne Westler per Definition ein Imperialist sei. Aber selbst diejenigen unter uns, die sich standhaft bemühen, allen imperialistischen Tendenzen zu widerstehen, müssen zugeben, dass imperialistisches Denken die westliche Kultur als Ganzes geprägt hat. Diese Tendenz lässt sich sogar bei gut gemeinten christlichen Initiativen feststellen.

In der heutigen Welt lassen sich drei kulturelle Pole unterscheiden: Westen, Osten und Süden. Jeder dieser Pole zeigt bestimmte Eigenschaften, die für die jeweils anderen Pole ganz besonders wertvoll wären.

Der östliche Pol: Harmonie

Die östliche Welt, die den größten Teil Asiens umfasst, funktioniert völlig anders. Traditionell sind die meisten dieser Kulturen auf Konsens statt auf Konkurrenz aufgebaut. Die Gesetzmäßigkeiten des Reis-Anbaus – einer Form von Landwirtschaft, die in hohem Maße von der Zusammenarbeit eines ganzen Dorfes abhängt – haben viele asiatische Länder geprägt. Zum Beispiel ist die Rolle des traditionellen indonesischen Dorf-Ältesten nicht die, diktatorisch-autoritär Entscheidungen zu treffen (wie es Westlern von außen bisweilen erscheinen mag), sondern die *musyawarah* so zu leiten, dass der Dialog gefördert und ein Konsens erreicht wird. Das ist eine gänzlich andere Struktur, als wir sie in der griechischen *polis* finden, die zum Modell für westliche Demokratien wurde.

Die verschiedenen Ausdrücke, die wir in asiatischen Sprachen für „Frieden" finden – wie *wa* auf japanisch, *guanxi* auf chinesisch oder *inhwa* auf koreanisch – sind nicht nur verschiedene Begriffe, sondern unterschiedliche Konzepte. Was alle gemeinsam haben ist indessen eine äußerst hohe Einschätzung von Harmonie, was auch die zahlreichen Höflichkeitsformen und -rituale erklärt, die wir in asiatischen Kulturen finden.

Harmonie ist auch ein Schlüsselwort für die asiatische Einstellung zur Natur. Während es für den Westen kennzeichnend ist, die Natur in erster Linie als etwas zu sehen, was bezwungen bzw. erobert werden muss, gilt im Osten der Grundsatz, im Einklang mit der Natur zu leben. In den meisten asiatischen Kulturen lassen sich bi-polare Denkmuster finden (zum Beispiel *yin* und *yang*) und die Suche nach dem „mittleren Weg" stellt einen hohen kulturellen Wert dar.

Gefahr: Andere kopieren

Einer meiner koreanischen Freunde sagte mir kürzlich: „Ihr Westler habt Copyrights, während wir Asiaten das Recht zum Kopieren haben." Das war natürlich scherzhaft gemeint, aber selbst dieser Scherz bringt eine wichtige kulturelle Einsicht zum Ausdruck: Asiatische Kulturen haben enorme Fähigkeiten entwickelt, andere – im positiven Sinne – zu kopieren. Auf der anderen Seite kann dieser Ansatz zu einer Vernachlässigung der Individualität und einer Geringschätzung von Kreativität führen.

Wir haben bereits davon gesprochen, dass in der natürlichen Gemeindeentwicklung die Unterscheidung zwischen einem modell- und einem prinzipienorientierten Ansatz eine zentrale Rolle spielt. Zweifelsohne hat der modellorientierte Ansatz eine stärkere Nähe zum östlichen Denkmuster, während der prinzipienorientierte Ansatz als ein „typisch westlicher" Beitrag zur weltweiten Diskussion um die Gemeindeentwicklung gesehen werden kann. Und ich möchte ausdrücklich hinzufügen: Dies ist ein wertvoller Beitrag, von dem ganz besonders nicht-westliche Kulturen profitieren können.

Der Süden: Solidarität

Was ist der gemeinsame Nenner der südlichen Hemisphäre, die so unterschiedliche Teile der Welt wie Lateinamerika und Afrika umfasst? Es ist gewiss kein Zufall, dass es diese beiden Kontinente sind, auf denen die Konzepte der „Befreiungstheologie" und der „Afrikanischen Theologie" beheimatet sind. Trotz aller ihrer Unterschiede teilen die beiden Kontinente eine Erfahrung: Leiden. Viele der Denkstrukturen, die wir in afrikanischen und lateinamerikanischen Ländern finden, lassen sich als eine Antwort auf unsägliches Leiden begreifen. Unter den Christen der südlichen Halbkugel begegnet uns häufig eine hohe Wertschätzung des Alten Testaments und der Schöpfung; der Exodus ist ein Motiv, mit dem sich viele Menschen identifizieren können.

Wenn wir nach einem Begriff suchen, der den Süden als Ganzes kennzeichnet, scheint mir das der Sprache der Xhosa entstammende Wort *ubuntu*, das Erzbischof Desmond Tutu in den Mittelpunkt seiner Theologie gestellt hat, am besten geeignet zu sein. Dieses Konzept, das in gewisser Weise mit dem tansanischen *ujamaa* und dem kenianischen *harambee* verwandt ist, lässt sich nur schwer in einer westlichen Sprache ausdrücken. Das nächste Äquivalent, das ich im Deutschen finden konnte, ist der Begriff „Solidarität".

> ## In NCD geht es darum, die Einsichten unterschiedlicher Kulturen strategisch aufeinander zu beziehen.

Meine Erfahrungen:

In meiner eigenen Arbeit habe ich es mir zum Prinzip gemacht, mich auf diejenigen Elemente zu konzentrieren, die eine bestimmte Gruppe ganz besonders braucht – was nicht deckungsgleich ist mit dem, was sie besonders mag. Wenn ich in westlichen Ländern einen Dienst tue, lege ich mein Augenmerk auf diejenigen Dinge, die in westlichen Gemeinden nur schwach entwickelt sind. Ich betone also ganz bewusst das, was wir vom südlichen und östlichen Teil der Welt lernen können. Entsprechendes gilt für Dienste in östlichen und südlichen Ländern. Mir ist klar, dass dies das genaue Gegenteil dessen ist, wie die meisten Referenten es handhaben. Sie konzentrieren sich auf die Bereiche, in denen eine bestimmte Kultur bereits stark ist, und freuen sich darüber, „wie gut ihre Botschaft ankommt". Aber ich würde es als Energieverschwendung ansehen, Tausende von Kilometern zu reisen, nur um Menschen die Dinge zu sagen, die sie bereits besser können als ich.

Jeder Teil des NCD-Paradigmas, das in diesem Schaubild dargestellt wird, hat eine gewisse Nähe zu einem der drei kulturellen Pole. Das erklärt, warum manche Aspekte von NCD von einigen als etwas „fremdartig" empfunden werden. Dies sind meist diejenigen Aspekte, die außerhalb dessen liegen, worauf uns unsere Kultur vorbereitet hat. Gleichzeitig sind es genau die Bereiche, mit denen wir uns besonders intensiv beschäftigen sollten, um Wachstum zu erleben. Es wäre kontraproduktiv, sie „wegzukontextualisieren", um NCD für eine bestimmte Kultur attraktiver zu machen.

Ubuntu jedoch umfasst mehr als nur Solidarität. In Xhosa gibt es den berühmten Satz: *Ubuntu ungamtu ngabanye abantu*, der sich – übertragen in westliche Denkmuster – etwa so wiedergeben ließe: Die Individualität jedes einzelnen Menschen drückt sich in seiner Beziehung zu anderen aus. Oder: Ein Mensch braucht andere Menschen, um wirklich Mensch zu sein. Oder: Nur in dem Spiegel der Begegnung erkennst du, wer du wirklich bist. Das drückt eine Form von Gruppengefühl und Gruppenloyalität aus, die in dieser Weise in der westlichen Welt nahezu unbekannt ist.

Das *Ubuntu*-Konzept hat große Bedeutung für das Verständnis von Christsein. Während in der westlichen Welt viele glauben, dass ein individualistischer Ansatz der Evangelisation – auf der einen Seite Gott, auf der anderen Seite die Seele des Einzelnen – typisch biblisch sei, hilft uns die Begegnung mit afrikanischen und lateinamerikanischen Kulturen zu erkennen, dass dieser Fokus auf den Einzelnen keineswegs kennzeichnend für die Bibel, sondern für westliches Denken ist. Das Koinonia-Konzept des Neuen Testaments und die gesamte Denkstruktur des Alten Testaments haben eine große Nähe zu *ubuntu*.

In der südlichen Hemisphäre finden wir zyklische Denkweisen, die in Spannung zum linearen Denken des Westens stehen. Später werden wir uns in diesem Buch noch damit beschäftigen, wie wertvoll „zyklisches Denken" im Bereich der Gemeindeentwicklung ist, und warum Kulturen außerhalb der südlichen Hemisphäre sich darum bemühen sollten, ihre Kompetenz in diesem Bereich zu steigern.

Gefahr: Konformität

Genau wie die anderen kulturellen Pole hat auch das südliche Denkmodell seine Grenzen. Der einseitige Fokus auf die Loyalität zur Gruppe kann zu einer Vernachlässigung der persönlichen Freiheit führen. Dies kann eine Form von Konformität hervorbringen, die die gesamte Gesellschaft daran hindert, ihr volles Potenzial zu entfalten. Und schließlich kann es den Sinn für persönliche Verantwortung negativ beeinflussen. Wenn Eigeninitiative nicht gefördert wird, leidet die Wettbewerbsfähigkeit der gesamten Wirtschaft. In diesem Bereich können südliche Kulturen viel vom Osten und vom Westen lernen.

Die Bedeutung für NCD

In der natürlichen Gemeindeentwicklung bemühen wir uns, Einsichten aller drei kulturellen Pole zu integrieren und gleichzeitig ihre Einseitigkeiten zu vermeiden. Das Schaubild auf Seite 31 zeigt, dass jeder Bestandteil des NCD-Paradigmas eine Nähe zu einem der drei kulturellen Pole hat.

Wenn Sie ein Westler sind, werden Sie höchstwahrscheinlich größere Schwierigkeiten mit zyklischem Denken und dem „Von-selbst-Prinzip" haben als Ihre Geschwister im Süden und Osten. Entsprechendes gilt natürlich auch umgekehrt. Menschen aus nicht-westlichen Kulturen haben in der Regel größere Schwierigkeiten als Westler damit, z.B. empirische Forschungen im Gemeindealltag einzusetzen. Es gibt immer einige Elemente der natürlichen Gemeindeentwicklung, die uns näher stehen, da unsere Kultur uns auf sie vorbereitet hat, und es gibt andere, die wir als relativ „fremd" empfinden, da sie außerhalb dessen liegen, was wir kulturell gewohnt sind.

Wie Globalisierung funktionieren sollte

Das Schaubild auf Seite 31 macht deutlich, dass genau diejenigen Aspekte, die unserer eigenen Kultur am meisten fehlen, von den anderen zur Verfügung gestellt werden. Das ist der Hauptgrund, warum sich NCD bemüht, einen interkulturellen Ansatz zu entwickeln. Es lässt sich zeigen, dass die Antworten, die in den Gemeinden einer bestimmten Kultur verzweifelt gesucht werden, in anderen Kulturen längst gefunden worden sind. Solange es keinen kulturellen Austausch gibt – oder, schlimmer noch, einen ausschließlich einseitigen kulturellen Export –, werden wir aus dieser Tatsache keinen Nutzen ziehen können.

Es gibt ein weit verbreitetes Missverständnis, wonach Globalisierung mit einer Amerikanisierung der Welt verwechselt wird. Das wäre allerdings nichts anderes als eine Form von kulturellem Kolonialismus, nur diesmal ohne Waffen. Die wahre Bedeutung des Wortes „Globalisierung" ist jedoch das genaue Gegenteil: Im globalen Dorf lernen alle Kulturen voneinander; alle geben etwas und alle empfangen etwas. Es ist eine der spannendsten Erfahrungen meines Lebens zu beobachten, wie innerhalb der weltweiten *NCD Community* die Welt bereits nach diesen Prinzipien funktioniert.

> **Globalisierung bedeutet nicht, dass eine Kultur alle anderen dominiert, sondern dass alle voneinander lernen.**

Mehr im Internet:

Im Internet (siehe Seite 162) finden Sie Antworten auf folgende Fragen:

* *In welchen Kulturen funktioniert NCD am besten?*

* *Was sind die politischen Konsequenzen des interkulturellen Ansatzes, der NCD zugrunde liegt?*

Mit welchen der in diesem Kapitel erwähnten kulturellen Beiträge sollten Sie sich mehr beschäftigen?

NCD im Zeitalter des Medienrummels

D a ich selber eine ganze Reihe von Jahren für verschiedene Zeitungen gearbeitet habe, bin ich mit den Gesetzen der Medienwelt ganz gut vertraut. Mir ist bewusst, welche Arten von Nachrichten Schlagzeilen machen und welche als irrelevant eingestuft werden. Diejenigen Dinge, die die Welt am Leben halten, finden nur selten Eingang in die Massenmedien. Sie eignen sich einfach nicht für Schlagzeilen. Schließlich gilt der Grundsatz: *News is what is different.*

Als wir mit unserem NCD-Netzwerk begannen, trafen wir die bewusste Entscheidung, die Gesetzmäßigkeiten des Medienrummels zu missachten: keine rührenden Geschichten, keine Massenveranstaltungen, keine Modellgemeinden, keine auf einen Satz reduzierten Botschaften. Viele betrachteten diese Entscheidung als Fehler. Ein christlicher Leiter sagte mir: „Wirklichkeit ist, was in den Medien geschieht. Wenn du selbst nicht in den Medien präsent bist, bist du nicht Teil der Wirklichkeit." Ich musste widersprechen. „Wirklichkeit", sagte ich, „ist nicht das, was in den Medien geschieht. Wirklichkeit ist das, was in der Wirklichkeit geschieht, ob die Medien davon Notiz nehmen mögen oder nicht." Viele Menschen sind von dem Wirklickeit-ist-was-in-den-Medien-geschieht-Denken bereits so sehr infiziert, dass sie nur dann glauben, dass sie leben, wenn sie es in der Zeitung lesen!

Die Realität verändern

Ich bin mir natürlich dessen bewusst, dass das, was Menschen für Realität halten, nicht so sehr von der Realität selbst geprägt wird, sondern davon, ob und wie die Medien darüber berichten. Aber was ist unser Ziel? Wollen wir die Realität verändern oder lediglich die Realitätswahrnehmung der Menschen? Je mehr wir in unserem Team diese Frage durchdachten, desto stärker konzentrierten wir unsere Energien auf langfristige, prinzipienorientierte, prozesshafte Aktivitäten – relativ unspektakulär nach außen hin zu kommunizieren, aber unglaublich spannend, wenn man selbst mittendrin steckt.

Ein Journalist ist nicht so sehr daran interessiert, wie etwas *in der Regel* geschieht, sondern an Ausnahmen zur Regel. *News is what is different.* Stellen wir uns einmal eine relativ kleine Gemeinde vor, die sich in Privatwohnungen trifft. Kein außergewöhnliches Programm, kein Kirchengebäude, kein vollzeitlicher Mitarbeiter. Jahr für Jahr wendet diese Gemeinde die Prinzipien der Gemeindeentwicklung konsequent an und erlebt beständiges Wachstum. Sie verhilft sogar vier neuen Gemeinden zum Leben, wobei jede von ihnen rund 15 Personen umfasst. Eine phantastische Realität – aber keine *news!*

Die „Mega"-Falle

Nun stellen wir uns eine Megagemeinde vor, die ein spektakuläres Programm hat, große Gebäude und eine effizient arbeitende PR-Abteilung. Selbst wenn diese Gemeinde nur eine durchschnittliche Qualität an den Tag legt (anhand des NCD-Gemeindeprofils) und seit Jahren zahlenmäßig stagniert, ist davon auszugehen, dass die Medien an dieser Gemeinde weitaus interessierter sind als an der vorher erwähnten. Diese Gemeinde mag sogar als

> ## Diejenigen Dinge, die die Welt am Leben halten, finden nur selten Eingang in die Massenmedien.

Meine Erfahrungen:

Ein kanadischer Superintendent erzählte mir vor einiger Zeit, dass er Pastoren großer Gemeinden mit niedriger Qualität gerne in kleine Gemeinden mit hoher Qualität schicke, um dort ein Praktikum zu machen. So absolvierte zum Beispiel der Pastor einer Gemeinde mit 1.200 Gottesdienstbesuchern ein Praktikum in einer Gemeinde mit 65 Gottesdienstbesuchern und wendete das Gelernte erfolgreich in seiner eigenen Gemeinde an. Wann immer ich diese Geschichte erzähle, glauben viele, ich meinte das als Witz. Dabei sollte ein solches Verfahren die normalste Sache der Welt sein. Es lässt sich leicht zeigen, dass es wesentlich einfacher ist, Prinzipien, die wir in einer kleinen Gemeinde gelernt haben, auf eine große zu übertragen, als umgekehrt. Es ist ausschließlich die „Mega"-Falle („Groß ist gut"), die es nicht zulässt, dass in unseren Kirchen derartige Lernprozesse selbstverständlicher stattfinden.

„wachsende Gemeinde" beschrieben werden (wobei Größe mit Wachstum verwechselt wird) und wir mögen von der hohen „Qualität" dieser Gemeinde lesen (wobei Qualität mit Professionalität verwechselt wird). Die Gesetzmäßigkeiten des Medienrummels! „Mega"-Veranstaltungen lassen sich leichter verkaufen als Hintergrund-Prozesse. Im Bereich der Medien ist das ein Prinzip, im Bereich der Gemeindeentwicklung ist es eine Falle. Ich nenne sie die „Mega"-Falle.

Sind große Gemeinden bessere Gemeinden?

Verstehen Sie mich nicht falsch. Ich habe natürlich nichts dagegen, über gemeindliche Aktivitäten in einer Weise zu *berichten*, die die Medien anspricht. Unterstützung durch die Medien kann durchaus für hilfreichen „Rückenwind" sorgen. Ich habe allerdings etwas dagegen, wenn wir uns darauf konzentrieren, eine Art von Realität zu *schaffen*, die die Medien mögen. Wer sich darauf einlässt, ersetzt die Prinzipien der Gemeindeentwicklung unbewusst durch die Gesetzmäßigkeiten des Medienrummels – einschließlich der erwähnten „Mega"-Falle. Und das ist in unzähligen Gemeinden tatsächlich geschehen. Viele Christen stecken bereits derartig tief in der „Mega"-Falle, dass sie ernstlich glauben, diejenigen Dinge, über die die Medien berichten, seien auch das Effektivste für den Bau des Reiches Gottes.

> Manche Menschen glauben nur dann, dass sie leben, wenn sie es in der Zeitung lesen.

Lassen sie mich ein Beispiel nennen. Eines der umstrittensten Ergebnisse unserer ursprünglichen Forschung in 32 Ländern und 1000 Gemeinden war, dass im Durchschnitt kleinere Gemeinden „bessere" Gemeinden sind (also Gemeinden mit messbar höherer Qualität). Zu dieser Regel gibt es natürlich zahlreiche Ausnahmen, aber die Regel heißt: Je größer eine Gemeinde wird, desto mehr nimmt ihre Qualität ab. Das Schaubild auf Seite 35 zeigt ein Beispiel für diese Regel. Ich könnte unzählige weitere nennen. Ob es um die Qualität von zwischenmenschlichen Beziehungen geht, um Spendenfreudigkeit, um die Intensität des Gebets oder um evangelistisches Engagement – im Durchschnitt erzielen kleinere Gemeinden in allen diesen Bereichen höhere Werte als größere.

Mehr im Internet:

Im Internet (siehe Seite 162) finden Sie Antworten auf folgende Fragen:

• *Was sind die Gründe, dass große Gemeinden zu einer niedrigeren Qualität neigen?*

• *Welchen Beitrag können nur große Gemeinden für das Reich Gottes leisten?*

Kleine Gemeinden wachsen 1600 Prozent besser

Das Ganze wird sogar noch dramatischer, wenn wir die Wachstumszahlen von kleinen und großen Gemeinden miteinander vergleichen. Als wir alle Gemeinden mit weniger als 100 Gottesdienstbesuchern (die Durchschnittszahl liegt bei 51) mit allen Gemeinden verglichen, die 1000 oder mehr Gottesdienstbesucher haben (die Durchschnittszahl liegt bei 2.856), war das Ergebnis dies: Kleine Gemeinden wachsen 16-mal stärker als Megagemeinden!

Wenn wir so einen Vergleich machen, dürfen wir natürlich nicht die Zahlen *einer* Gemeinde mit 51 Menschen mit denen *einer* Gemeinde mit 2.856 Menschen vergleichen. Vielmehr haben wir die Ergebnisse von 56 Gemeinden mit 51 Menschen mit denen *einer* Gemeinde mit 2.856 zu vergleichen – in beiden Fällen handelt es sich um exakt die gleiche Anzahl von Menschen, nur dass sie anders organisiert sind. Im Durchschnitt hat die Kategorie der kleinen Gemeinden eine 1600 Prozent höhere Wachstumsrate. Da gibt es wirklich keinen Grund zu Minderwertigkeitskomplexen, sollte man meinen.

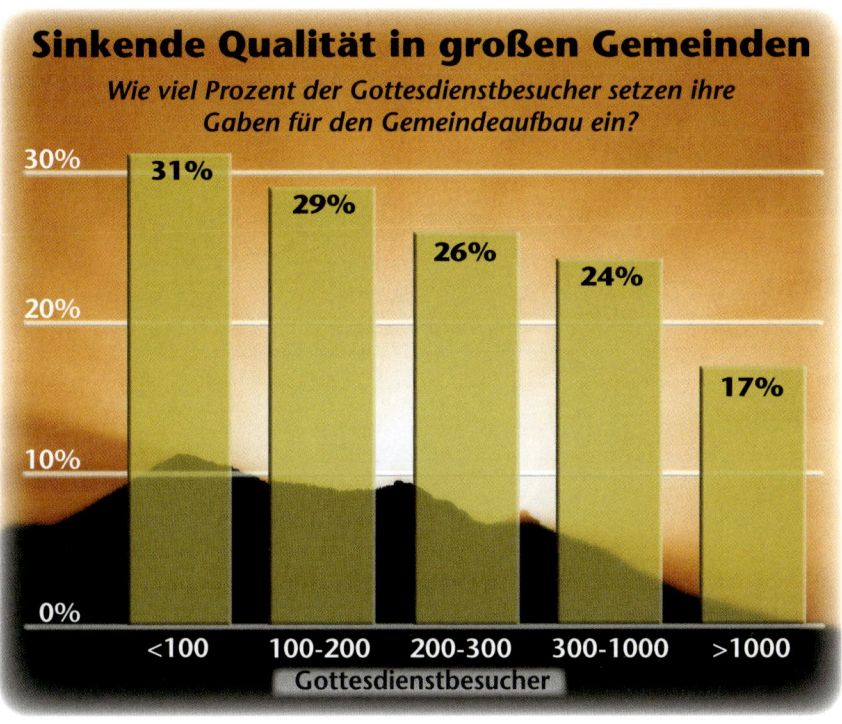

Sinkende Qualität in großen Gemeinden

*Wie viel Prozent der Gottesdienstbesucher setzen ihre
Gaben für den Gemeindeaufbau ein?*

- 31%
- 29%
- 26%
- 24%
- 17%

30% / 20% / 10% / 0%

<100 | 100-200 | 200-300 | 300-1000 | >1000

Gottesdienstbesucher

Dieses Schaubild illustriert den Einfluss der Gemeindegröße auf einen von vielen qualitativen Aspekten der Gemeinde, nämlich den Einsatz geistlicher Gaben. Der Prozentsatz derer, die ihre Gaben für den Gemeindeaufbau einsetzen, sinkt mit wachsender Gemeindegröße dramatisch ab. Während in Gemeinden mit weniger als 100 Gottesdienstbesuchern 31 Prozent ihre Gaben einsetzen, sind es in Gemeinden mit mehr als 1000 Gottesdienstbesuchern nur noch 17 Prozent.

Das Selbstbewusstsein kleiner Gemeinden

Nun aber kommt das eigentlich Tragische: Trotz dieser empirischen Beweise haben viele kleine Gemeinden ein unglaublich geringes Selbstwertgefühl. Vor einiger Zeit hatte ich mit einer dieser Gemeinden in Dänemark zu tun. Ihr durchschnittlicher Gottesdienstbesuch lag bei 40. „Nichts Aufregendes passiert in unserer Gemeinde, keine neuen Leute", sagte mir der Pastor, der halbtags in einer Firma arbeitete. Ich fragte ihn, wie viele Menschen die Gemeinde in den letzten zwölf Monaten gewonnen habe. „Lediglich vier", sagte er, „aber zwei andere haben die Gemeinde verlassen." Nun, das klang wirklich nicht nach einer berauschenden Wachstumsrate. „Und wie viele Leute hattet ihr vor fünf Jahren?", fragte ich. „Oh, etwa genau so viele", meinte er, „so um die 20."

Ist Ihnen klar, *was* er da sagte? Die Gemeinde war in fünf Jahren von 20 auf 40 Personen gewachsen! Wenn eine Megagemeinde mit 20.000 Menschen in dieser Geschwindigkeit wachsen würde, hätte sie in fünf Jahren 40.000 Gottesdienstbesucher. Ich weiß nicht, ob es je eine Gemeinde mit derartigen Zahlen gegeben hat, aber wenn das jemals geschehen sollte, kann ich Ihnen garantieren, dass die Medien über „eine der größten Erweckungen aller Zeiten" berichten würden. Doch zurück zu unserer kleinen Gemeinde in Dänemark mit ihrem frustrierten Teilzeit-Pastor: Dort hatte man gerade exakt jene Wachstumsrate erlebt, die im anderen Fall als „Mega-Erweckung" eingestuft würde! Und dennoch war alles von einem völlig unnötigen Minderwertigkeitsgefühl durchdrungen. Wenn NCD dazu beitragen könnte, diesen Gemeinden zu einem gesunden Selbstbewusstsein zu verhelfen, dann hätten wir, glaube ich, unseren Job gut gemacht.

Wie stark halten Sie sich selbst durch das beeinflusst, was in diesem Kapitel als „Mega"-Falle bezeichnet wird?

Wer ist Ihr Vorbild: David oder Goliath?

D ie im letzten Abschnitt erwähnte „Mega"-Falle hat starke Auswirkungen auf die Art, wie wir geistliche Ergebnisse messen. Es besteht die Gefahr, dass wir am Ende gar nicht mehr an Ergebnissen interessiert sind, weil wir überzeugt sind, eine große Infrastruktur sei bereits das angestrebte Ergebnis.

> Die Goliaths werden nicht etwa dafür bewundert, dass sie effektiver als andere sind, sondern für die bloße Tatsache, dass sie Goliaths sind.

Meine Erfahrungen:

Am Ende jedes Jahres stelle ich mir die folgenden Fragen: In welchen Bereichen können wir die Größe unserer Organisation reduzieren? Welche Dienste sollten besser von anderen übernommen werden? Wie kann ich die Zahl meiner eigenen Tätigkeiten verringern? Ich stelle diese Fragen, weil ich an „Mega-Ergebnissen" interessiert bin. Aber ich bin nicht daran interessiert, eine „Mega-Organisation" zu bauen, deren Größe bereits als anzustrebendes Ergebnis ausgegeben wird.

Wie messen wir Erfolg?

Wenn christliche Organisationen über ihren Erfolg sprechen (ich rede hier nicht von Gemeinden, sondern von übergemeindlichen Organisationen), dann nennen sie gewöhnlich Dinge wie diejenigen, die Sie im oberen Kasten des Schaubildes auf Seite 37 finden:

• Sie erwähnen das **Geld**, das gespendet und ausgegeben wurde, offensichtlich von der Vorstellung geleitet: Je höher die Einnahmen und Ausgaben, desto effektiver der Dienst.

• Sie reden von der **Zeit**, die Menschen in verschiedene Aktivitäten investiert haben (die Vorstellung ist: je mehr Zeit, desto besser).

• Sie teilen Ihnen mit, wie viele **Mitarbeiter** beschäftigt wurden (je mehr Mitarbeiter, desto erfolgreicher das Programm).

• Sie berichten, inwieweit die **Organisation** erweitert werden konnte (je größer die Organisation, desto stärker der Segen).

• Und schließlich erwähnen sie die Zahl der Menschen, die **zum Glauben gekommen** und Nachfolger Jesu geworden sind.

Ein neuer Blick auf Effektivität

Sind diese Punkte aber wirklich Hinweise auf geistlichen Erfolg? Nach meiner Überzeugung erfüllt ausschließlich der letzte Punkt („evangelisierte Menschen in der Nachfolge Jesu", bei dem der Begriff der „Nachfolge" das soziale Engagement mit einschließt) die Kriterien für ein geistliches Ergebnis. Die anderen Punkte sind Mittel zum Zweck, dieses Ergebnis zu erzielen. Schauen Sie sich die beiden Kästen mit den Buchstaben A und B an. Die meisten Menschen machen den Fehler, nicht zwischen *Ergebnissen* (Kasten B) und *Maßnahmen, um Ergebnisse zu erzielen* (Kasten A), zu unterscheiden. Nur wenn die Größe von Kasten A zu einem proportional größeren Kasten B beiträgt, können wir sagen, dass die Maßnahmen, um ein bestimmtes Ergebnis zu erzielen, erfolgreich waren.

Nehmen wir einmal an, 25.000 Menschen nehmen an einer christlichen Kampagne teil. Wäre dies – in den Kategorien des Schaubildes – ein Ergebnis (Kasten B) oder eine Maßnahme, um Ergebnisse zu erzielen (Kasten A)? Es wäre natürlich eine Maßnahme, um Ergebnisse zu erzielen, eine Beschreibung des Aufwandes, der gemacht wurde, der „Kostenseite", wenn man so will. Die entscheidende Frage ist: Was hat dieser enorme Aufwand an investierter Zeit bewirkt? Wenn ein Jahr nach der Kampagne die Qualität der Gemeinde messbar gewachsen ist und deutlich mehr Menschen als zuvor Christen geworden sind und sich der Gemeinde angeschlossen haben, können wir dies zu Recht als „Ergebnis" bezeichnen (Kasten B).

Verwechselung von A und B

Unzählige Christen verwechseln die beiden genannten Kästen. In aller Unschuld präsentieren sie uns Zahlen aus Kasten A und wollen

Ein neuer Blick auf Effektivität

Was sind geistliche Ergebnisse?

- gespendetes Geld
- investierte Zeit
- beschäftigte Mitarbeiter
- vergrößerte Organisationen
- evangelisierte Menschen in der Nachfolge Jesu

Maßnahmen, um Ergebnisse zu erzielen

- gespendetes Geld
- investierte Zeit
- beschäftigte Mitarbeiter
- vergrößerte Organisationen

Ergebnisse

- evangelisierte Menschen in der Nachfolge Jesu

Der gelbe Kasten oben nennt einige Dinge, die viele christliche Organisationen als „Erfolg" ausgeben. Die meisten von uns unterscheiden allerdings nicht zwischen „Ergebnissen (Kasten B) und „Maßnahmen, um Ergebnisse zu erzielen" (Kasten A). Bildlich gesprochen: Sie betrachten einen großen Kasten A bereits als Beweis für eine erfolgreiche Arbeit.

uns Glauben machen, dies seien bereits „Ergebnisse". Wer dieser Logik folgt, braucht seine Maßnahmen im Bereich von Kasten A gar nicht mehr zu rechtfertigen. Da ein größerer Kasten A zu einem noch größeren Kasten A führt, müssen wir noch mehr in Kasten A investieren, um Kasten A zu vergrößern. Dies kann wirklich kein hilfreicher Maßstab der Erfolgskontrolle sein!

Wollten wir dieser Logik folgen, dann wäre das Erreichen eines Ziels mit 20 Hauptamtlichen effektiver als das gleiche Ziel mit nur einem Hauptamtlichen zu erreichen; dann wäre die Gewinnung von 50 Menschen für Christus mit Aktivitäten, die 20.000 Euro kosten, besser als die gleiche Zahl an Menschen mit Aktivitäten zu gewinnen, die 300 Euro kosten; dann wäre die Ernte von 10.000 Kartoffeln mit Hilfe von zehn Säcken Dünger erfolgreicher als die gleiche Zahl von Kartoffeln mit nur einem Sack Dünger zu erzielen.

Das Verhältnis von A und B ist der entscheidende Faktor

Übersetzen wir dies zurück in die Kategorien unseres Schaubilds. Ein riesiger Kasten A, der zu einem mittelgroßen Kasten B führt, könnte nur schwerlich als eine „effektive Maßnahme" bezeichnet werden. Wenn wir es jedoch mit einem nur winzig kleinen Kasten A zu tun hätten (nur wenig Einsatz an Geld, Zeit, Personal etc.), der zu einem großen Kasten B führt, so müssten wir dies eine „super-erfolgreiche Infrastruktur" nennen. Wenn es um Erfolgskontrolle geht, ist weder die Größe von Kasten A noch die von Kasten B entscheidend. Vielmehr ist das Verhältnis von A und B der entscheidende Faktor. Es ist erstaunlich, wie wenige Menschen diese einfache Arithmetik anwenden. Könnte es sein, dass die erwähnte „Mega"-Falle bereits unser Verhältnis zur Mathematik getrübt hat?

David und Goliath

Wann immer ich mich mit diesem Schaubild beschäftige, muss ich an die Geschichte von David und Goliath denken. Nur wenige Christen sind sich der Tatsache bewusst, dass es in dieser Geschichte um zwei sich gegenseitig ausschließende Ansätze geht. Bewundern wir einen „David-Ansatz" (großer Kasten B) oder einen „Goliath-Ansatz" (großer Kasten A)? Solange wir uns mit der biblischen Geschichte beschäftigen, antwortet fast jeder reflexartig „David"; geht es allerdings um unser tägliches Leben, fahren die meisten damit fort, die Goliaths dieser Welt zu bewundern. Es ist eine wahre Tragödie, dass diese biblische Geschichte keinen größeren Einfluss auf uns Christen hat.

Es geht nicht darum, wie beeindruckend wir aussehen, sondern was wir tatsächlich erreichen.

Die Goliaths werden nicht etwa dafür bewundert, dass sie effektiver als andere sind – in den meisten Fällen sind sie das gerade nicht –, sondern für die bloße Tatsache, dass sie Goliaths sind. Ein Goliath muss sich nicht rechtfertigen, ebenso wenig wie sich ein großer „Kasten A" rechtfertigen muss. Aber die entscheidende Frage ist nicht, wie beeindruckend wir aussehen, sondern was wir tatsächlich erreichen. Wir sollten nicht vergessen, dass in der biblischen Geschichte Goliath keineswegs „besser ausgerüstet" als David war. Er war groß, wohl wahr, aber gleichzeitig viel zu unbeweglich, um ein guter Kämpfer sein zu können. David dagegen kämpfte mit göttlicher Intelligenz. Er war für seine Aufgabe weitaus besser ausgerüstet als Goliath, denn Gott hatte ihm alles gegeben, was er brauchte.

In der natürlichen Gemeindeentwicklung bemühen wir uns in allen Bereichen, so konsequent wie möglich dem „David-Ansatz" zu folgen. Wir haben hart daran gearbeitet, einen Gemeindeaufbau-Ansatz zu entwickeln, der die erwünschten Ziele mit einem Minimum an Infrastruktur und zu den geringstmöglichen Kosten erzielt.

Über Goliath lachen?

Mehr im Internet:

Im Internet (siehe Seite 162) finden Sie Antworten auf folgende Fragen:

• Was ist der Unterschied zwischen einer „großen Organisation" und einer „Goliath-Organisation"?

• Wie sehen „Goliath-Organisationen" NCD?

Als ich kürzlich die David-und-Goliath-Analogie in einer Konferenz in Neuseeland benutzte, kam einer der teilnehmenden Leiter auf mich zu und sagte: „Was du gesagt hast, trifft hundertprozentig den Kern der Sache. Aber du hättest es nicht in der Öffentlichkeit sagen sollen." Ich war ein wenig verblüfft und fragte: „Warum?" Er antwortete: „Weil in diesem Raum eine ganze Reihe von Goliaths sitzen, die sich beleidigt fühlen könnten. Normalerweise werden sie von aller Welt bewundert, aber jetzt könnte es sein, dass Menschen über sie lachen." Meine Antwort war: „Ich stimme dir zu, dass viele Menschen die Goliaths bewundern und über die Davids lachen. Aber wenn wir uns beide einig sind, dass das grundfalsch ist, dann müssen wir unser Bewunderungs- und Lach-Verhalten ändern."

Was haben Sie in der Vergangenheit mehr bewundert: David- oder Goliath-Organisationen?

Als ich die Geschichte von David und Goliath das erste Mal bewusst hörte – ich war damals vielleicht fünf Jahre alt – musste ich jedesmal über Goliath lachen, wenn ich sein Bild in meiner Kinderbibel sah. Das Bild erschein mir geradezu lächerlich: So ein riesiger Mann, so eine große Rüstung – und so ein bescheidenes Ergebnis. Viele meiner Freunde reagierten genau umgekehrt: Wenn sie sich das Bild von Goliath anschauten, bekamen sie es mit der Angst zu tun. Ich glaube immer noch, dass ich die Geschichte schon damals tiefer verstanden hatte.

Warum wir unsere „geistliche Brille" überprüfen sollten

Kapitel 1

Wenn ich über das „NCD-Paradigma" spreche, höre ich bisweilen den Kommentar: „Das ist Theorie. Wir haben schon genug gute Theorien. Was wir brauchen, ist nicht Theorie, sondern Praxis." Dieser Anschauung muss ich leidenschaftlich widersprechen. Im Blick auf das gemeindliche Leben haben wir ganz sicher nicht genug „gute Theorien". Es ist wohl war, dass es eine Menge Theorien gibt, aber die meisten von ihnen sollten wir wirklich nicht als „gut" bezeichnen. Es sind *schlechte* Theorien – Theorien, die nicht funktionieren.

Was ist eine gute Theorie? Eine gute Theorie bringt gute Frucht hervor. Und wenn wir schlechter Frucht begegnen, ist es ziemlich wahrscheinlich, dass eine schlechte Theorie dahinter steckt.

Die Beziehung zwischen Theorie und Praxis

Es lässt sich zeigen, dass jede gute Praxis – ob wir uns dessen bewusst sein mögen oder nicht – auf einer guten Theorie basiert. Ein nicht unerheblicher Teil unserer Arbeit im Institut für natürliche Gemeindeentwicklung besteht darin, kontinuierlich „gute Praxis" in Tausenden von Gemeinden daraufhin zu analysieren, welche „Theorie" sich dahinter verbirgt. Das Gegenteil trifft ebenfalls zu. Jede schlechte Praxis wurzelt in einer schlechten Theorie. Wir müssen diese Theorien ausfindig machen, um uns mit ihnen auseinandersetzen zu können. Die Alternative ist nicht „Theorie oder Praxis", wie einige Christen glauben. Sie lautet vielmehr: „gute Theorie, die gute Praxis hervorbringt" oder „schlechte Theorie, die schlechte Praxis hervorbringt".

Eine Theorie beeinflusst Sie unabhängig davon, wie viel Sie über sie nachdenken. Die beste Art, eine gute Theorie anzuwenden, besteht darin, es intuitiv zu tun. Wenn Sie dazu in der Lage sind, dann ist die Theorie bereits zum Teil Ihres Lebens geworden. Sie müssen nicht mehr länger über sie nachdenken; stattdessen folgen Sie einfach Ihrem inneren Kompass, auf den Sie sich deshalb verlassen können, weil er in einer guten (d.h. biblischen, wahren, überprüften, fruchtbringenden) Theorie verwurzelt ist. Wenn Sie allerdings bisher von schlechten Theorien beeinflusst wurden, ist es nahezu unmöglich, ohne den Einsatz von gedanklicher Reflexion Ihre Praxis zu ändern.

Jeder von uns trägt eine „geistliche Brille"

Um die theoretische Seite der Gemeindeentwicklung zu beschreiben, benutzen wir den Begriff „Paradigma". Jeder von uns, ob wir uns dessen bewusst sind oder nicht, ist durch bestimmte Paradigmen geprägt, die entweder eine Hilfe oder ein Hindernis für unsere Bemühungen um die Gemeindeentwicklung sein können. Der einfachste Weg, um zu verstehen, welche Auswirkungen Paradigmen auf unser Leben haben, ist der Vergleich mit einer „geistlichen Brille". Sie und ich mögen uns exakt die gleiche Wirklichkeit anschauen, wir mögen sogar denselben Bibelvers betrachten, und doch sehen wir etwas völlig Anderes – abhängig davon, welche Brille wir tragen.

Solange uns nicht bewusst ist, dass wir solche geistlichen Brillen tragen, stehen wir in der Gefahr, die Wirklichkeit mit der Farbe

Viele Christen sind sich nicht einmal der Tatsache bewusst, dass sie geistliche Brillen tragen.

Meine Erfahrungen:

Bei einer nationalen NCD-Konferenz in Südafrika entschloss ich mich, das Problem der „geistlichen Brillen" ins Zentrum zu stellen. Einer der Teilnehmer beschwerte sich öffentlich, dass dieser Fokus auf das Thema „Paradigmen" für ihn nicht „praktisch genug" sei. Ich antwortete: „Noch vor wenigen Jahren gab es in Südafrika auf beiden Seiten des Apartheid-Systems engagierte Christen, wie zum Beispiel Präsident Botha und Erzbischof Tutu. Beide lasen täglich die Bibel, aber zogen diametral gegensätzliche Schlussfolgerungen daraus. Einige der Schwarzen fragten sich sogar: ‚Haben die Weißen eigentlich die gleiche Bibel?' Natürlich hatten sie die gleiche Bibel. Der Unterschied war lediglich, dass sie sie durch eine andere Brille lasen. Machen Sie bitte niemals den Fehler, diese Frage als etwas Abstraktes, rein Akademisches zu sehen. Die Weltgeschichte wurde davon bestimmt, welcher Art von Brille Menschen den Vorzug gaben."

unserer Brillengläser zu verwechseln. Wir mögen uns sogar darüber wundern, wieso unsere Mitchristen bisweilen etwas völlig Anderes sehen als wir, obwohl sie es doch mit der gleichen Wirklichkeit zu tun haben.

Eine neue Gottesbeziehung ist erst der Anfang

Lassen Sie uns Klartext reden: Die Positionen, die wir Christen in den zentralen Fragen unserer Zeit einnehmen – Menschenrechte, Gewalt, Ökologie, Rassismus, Gen-Manipulation, Abtreibung, Armut, Frieden, Weltmission – werden nicht so sehr durch die Intensität unserer Beziehung zu Christus und auch nicht durch die „Fakten" an sich bestimmt, sondern sehr viel stärker durch die geistliche Brille, die wir tragen. Solange wir uns dessen nicht bewusst sind, stehen wir fortwährend in der Gefahr, unsere Brille (d.h. die Weltanschauung, die wir uns im Laufe der Zeit zugelegt haben) mit dem „Willen Gottes" zu verwechseln. Es ist beunruhigend, wie wenige Christen sich dieser mentalen Gesetzmäßigkeiten überhaupt bewusst sind.

> **Wenn es Ihnen um einen Paradigmenwechsel geht und nicht bloß um Kirchenkosmetik, sollten Sie Gott für Krisenzeiten danken.**

Deshalb ist es zwar entscheidend, dass Menschen eine persönliche Beziehung zu Gott finden, aber es ist noch nicht genug. Wir müssen Menschen auch dabei helfen, die passende geistliche Brille zu finden. In akademischer Sprache wird dieser Wechsel der Brille als „Paradigmenwechsel" bezeichnet. Solch ein Paradigmenwechsel geschieht in aller Regel nicht, während wir auf einer sonnigen Gartenterasse sitzen und ein Buch lesen. In den meisten Fällen geschehen Paradigmenwechsel in Krisenzeiten. Wenn es Ihnen wirklich um einen Paradigmenwechsel geht und nicht bloß um Kirchenkosmetik, sollten Sie Gott für Krisenzeiten in Ihrer Gemeinde danken.

Die zentrale Bedeutung von Paradigmen

Hoffentlich kann ich Sie davon überzeugen, dass die Frage der „Paradigmen" enorme praktische Relevanz hat. Paradigmen zielen mitten ins Zentrum Ihres eigenen Glaubenssystems. Sie prägen Ihre Gefühle. Sie prägen Ihre theologischen Vorlieben. Sie prägen Ihre politischen Ansichten. Sie prägen Ihre inneren Bilder dessen, wie Gemeinde eigentlich funktionieren sollte. Die Bibel macht uns unzweideutig auf die zentrale Bedeutung unserer geistigen Paradigmen aufmerksam: „Wie ein Mensch in seinem Herzen denkt, so ist er" (Sprüche 23,7).

> Gab es in Ihrem eigenen Leben bereits so etwas wie einen „Paradigmenwechsel"? Im Leben Ihrer Gemeinde?

Um das Thema der geistlichen Brillen anzugehen, benutzen wir in der natürlichen Gemeindeentwicklung den „trinitarischen Kompass". Kapitel 2 (Seiten 44-79) behandelt ausschließlich diesen Kompass und die Frage, wie Sie ihn sowohl im eigenen Leben als auch im Leben Ihrer Gemeinde einsetzen können. Das Großartige am trinitarischen Kompass ist, dass er Sie nicht in eine bestimmte Richtung zu lenken versucht, die jemand anderes – zum Beispiel ich als Autor dieses Buches – als richtig erkannt hat. Vielmehr hilft er Ihnen, genau diejenige Richtung einzuschlagen, die *für Sie* richtig ist. Die Richtung, in die Sie gehen müssen, mag eine ganz andere sein als diejenige, die ich einzuschlagen habe, da jeder von uns möglicherweise einen völlig anderen Ausgangspunkt hat. Der Einsatz des trinitarischen Kompasses wird Sie in die Lage versetzen, Ihr eigenes Leben und das Leben anderer Menschen durch eine neue Brille zu betrachten.

Information, Anwendung, Transformation

Wenn es darum geht, die Prinzipien der natürlichen Gemeindeentwicklung zu lernen, ist es hilfreich, drei verschiedene Ebenen zu unterscheiden: Information, Anwendung und Transformation. Eine der häufigsten Fallen, denen ich begegnet bin, ist die Annahme, eine hohe Kompetenz im Bereich von „Information" führe automatisch zur richtigen Anwendung und zur Transformation des Lebens.

Ebene 1: Information

Die Informationsebene ist ohne Zweifel wichtig. Deshalb haben wir in unserer Arbeit mehrere Jahre fast ausschließlich in diesen Bereich investiert. Wir wollten herausfinden, welche Prinzipien Gott weltweit benutzt, um seine Gemeinde zu bauen. Aus diesem Grunde haben wir so viel Energie in die Forschungsarbeit gesteckt. Nachdem wir genügend Daten gesammelt hatten, investierten wir wiederum viel Kraft, um diese Informationen mit so vielen Menschen wie möglich zu teilen. Bevor wir uns der Frage stellen konnten, *wie* wir etwas vermitteln können, mussten wir wissen, *was* es überhaupt zu vermitteln gilt. Bevor wir die Frage angehen konnten, *wie* ein bestimmtes Prinzip anzuwenden ist, mussten wir herausfinden, um *welche* Prinzipien es eigentlich geht. Ohne ein solides Fundament auf der Informationsebene können Anwendung und Transformation nicht funktionieren.

Deshalb stimme ich der zunehmend populärer werdenden Vorstellung nicht zu, derzufolge die Bedeutung von „Faktenwissen" abgewertet wird und durch ein rein auf Transformation zielendes Lernen ersetzt werden soll. Die Informationsebene ist von entscheidender Bedeutung, da sie die Grundlage für alles Weitere legt.

Wenn Sie auf der Informationsebene ein Experte sind, bedeutet das jedoch nicht, dass Sie auch schon in der Lage sind, die Informationen richtig anzuwenden. Viele Gemeinden haben sich darauf spezialisiert, Informationen zu vermitteln, die Menschen in die Lage versetzen, die Frage zu beantworten, warum sie etwas tun; aber das hilft ihnen noch nicht zwangsläufig, ihre Fähigkeiten zu steigern. Wissen und Know-how sind zwei verschiedene Bereiche des Lernens. Das eine folgt nicht automatisch aus dem anderen.

Ebene 2: Anwendung

Menschen, die routinemäßig komplexe Probleme im täglichen Leben lösen, haben häufig einen relativ niedrigen IQ. Das bestätigt nur unsere These, dass praktische Intelligenz etwas Anderes als theoretische Intelligenz ist. Einer unserer NCD-Partner hat in diesem Bereich erstaunliche Entdeckungen gemacht. Er entwickelte einen 25 Fragen umfassenden Test, der die praktische Anwendung der NCD-Prinzipien zum Thema hatte. Bei den ehrenamtlichen Mitarbeitern, die den Test durchführten, wurden durchschnittlich 18 Fragen korrekt beantwortet, während die Pastoren lediglich auf 11 richtige Antworten kamen. Liegt dies daran, dass die Pastoren etwa weniger „intelligent" waren? Sicherlich nicht. Aber die klassische theologische Ausbildung, die die meisten von ihnen absolviert

Jeder Mensch ist unglaublich kreativ. Allerdings ist diese kreative Kraft oft unterdrückt worden.

Meine Erfahrungen:

Wenn ich über die Bedeutung von Kreativität in der natürlichen Gemeindeentwicklung spreche, wird mir häufig entgegnet: „Das funktioniert in unserer Gemeinde nicht. Die Menschen brauchen genaue Anleitungen, was zu tun ist, und zwar Schritt für Schritt. Sie sind einfach nicht so kreativ." Wann immer ich das höre, frage ich zurück: „Was haben Sie in den letzten Jahren dafür getan, um das kreative Potenzial der Gemeindemitglieder freizusetzen? Wenn Sie nicht kontinuierlich in diesen Bereich investiert haben, sollten Sie sich nicht beschweren, wenn es nicht funktioniert. Jeder Mensch ist unglaublich kreativ. Leider wird in vielen Gemeinden diese kreative Kraft nicht gefördert und bisweilen sogar systematisch unterdrückt. Könnte es sein, dass Ihre Gemeinde ein Beispiel dafür ist?"

haben, ist primär – wenn nicht ausschließlich – auf theoretische statt auf praktische Intelligenz ausgerichtet.

Einige Menschen sind durchaus in der Lage, auf der Anwendungsebene akzeptable Leistungen zu zeigen, während sie auf der Informationsebene so gut wie gar kein Wissen vorweisen können. Sie tun einfach intuitiv das Richtige, haben aber Schwierigkeiten zu erklären, warum sie es genau auf diese Weise tun. Dieses Muster lässt sich in zahlreichen Gemeinden aufspüren, die zwar eine wunderbare Praxis haben, diese aber mit keinerlei durchdachter Theorie in Verbindung bringen. Es ist durchaus möglich, auch ohne theoretische Grundlage „erfolgreich" zu sein. Allerdings birgt dieses Verfahren erhebliche Gefahren. Wenn die Leiter dieser Gemeinden gefragt werden, was das Geheimnis ihres Erfolgs sei, dann präsentieren sie bisweilen eine Art von „Theorie", die – um es vornehm auszudrücken – alles andere als hilfreich ist. Ich habe Beispiele gesammelt, wo sogar klare *Fehler*, die mitten in einer gesegneten Arbeit gemacht wurden, als „Schlüssel zum Erfolg" ausgegeben wurden!

Informations- und Anwendungsebene müssen in einem ausgewogenen Verhältnis zueinander stehen. Sobald wir eine Ebene vernachlässigen, entstehen Probleme. Deshalb haben wir etliche Hilfsmittel entwickelt, die eine Integration beider Ebenen zum Ziel haben.

Ebene 3: Transformation

Es geht aber um mehr als um Information und Anwendung. Solange die Ebene der Transformation nicht erreicht ist, stehen alle unsere Bemühungen um die Gemeindeentwicklung in der Gefahr, ein Unternehmen mit wenig Ausstrahlungskraft zu bleiben. Denken Sie einmal über folgenden Vergleich nach: Auf der Informationsebene entdecken Sie ein Werkzeug; auf der Anwendungs-ebene lernen Sie das Werkzeug zu gebrauchen; auf der Transformationsebene schließlich werden Sie *selbst* zum Werkzeug (mehr dazu auf Seite 148). Transformation öffnet die Tür zu einer völlig neuen Dimension von Wirksamkeit. Wir fangen an, die Prinzipien, die wir anderen beibringen wollen, selber auszustrahlen.

Beachten Sie, dass es sich hier keineswegs um ein „Drei-Schritte-Programm" handelt, sondern um einen stets fortschreitenden Kreislauf (siehe Schaubild auf Seite 43). Nehmen wir einmal an, dass sie diesen Kreislauf bereits vollständig durchlaufen haben. Wenn Sie erneut in die Informations-Zone eintreten, werden Sie das als ein transformierter Mensch mit neuen Erfahrungen und Fragen tun. Diese Integration von Information, Anwendung und Transformation macht jeden Lernprozess zu einem Abenteuer. Viele Menschen haben eine eher negative Einstellung zum Lernen, weil sie niemals den eben beschriebenen Kreislauf kennen gelernt haben. In den meisten Fällen sind sie Opfer eines „Information-über-alles-Ansatzes" geworden.

Kreativität freisetzen

In der natürlichen Gemeindeentwicklung geht es um die Freisetzung der Kreativität, die Gott bereits in jeden Menschen gelegt

---

> ## NCD möchte nicht, dass Sie nach unseren Noten spielen, sondern befähigt Sie, Ihre eigene, wunderbare Musik zu komponieren.

Meine Erfahrungen:

Als ich zum ersten Mal in China war, berichtete mir ein Pastor, er habe das, was wir die „acht Qualitätsmerkmale wachsender Gemeinden" nennen, schon längst gekannt, bevor wir unsere Forschungen machten. „Wie ist das möglich?", fragte ich ihn. Er erzählte mir: „Ich kann die acht Qualitätsmerkmale in einer Gemeinde riechen. Jedes Qualitätsmerkmal verbreitet eine ganz bestimmte Atmosphäre, die sich auch ohne Forschung spüren lässt." Wenn er gebeten wird, anderen Gemeinden zu helfen, sendet er Teams aus, deren wichtigste Aufgabe schlicht darin besteht, diese Atmosphäre zu verbreiten. Dies ist eine Art von Lernen, die über Information und Anwendung hinausgeht. Es ist ein Beispiel für das, was ich in diesem Kapitel als „Transformation" bezeichnet habe.

Diese Illustration stellt die drei Ebenen des Lernens bildlich dar: der Student als Symbol für das Sammeln von Informationen; der Arzt als Symbol für die Anwendung dieser Informationen auf praktische Fälle; und der Pfarrer als Symbol für eine Transformation des ganzen Lebens.

hat. Wir wollen nicht, dass Sie nach unseren Noten spielen. Wir wollen Sie vielmehr befähigen, *Ihre eigene* wunderbare Musik zu komponieren. Je öfter Sie den beschriebenen Lern-Kreislauf durchlaufen haben, desto stärker werden Sie merken, zu welcher Kreativität Sie in der Lage sind.

Transformation und der trinitarische Kompass

Mit diesem Buch möchte ich Sie in alle drei Dimensionen des Lernens einführen. Auf den nächsten Seiten werden Sie eine Menge *Informationen* finden, die ich nur aus einem einzigen Grunde präsentiere: Ich bin überzeugt, dass Ihnen diese Informationen in Ihren Bemühungen um persönliches und gemeindliches Wachstum eine Hilfe sein werden. Ich habe mich sehr bemüht, alle Aussagen sorgfältig zu begründen, da ich nicht einfach bestimmte Thesen präsentieren wollte, sondern auch die Voraussetzungen, die mich zu meinen Schlussfolgerungen brachten. Das ganze Buch hindurch werden Sie ermutigt, Ihr Wissen *anzuwenden*, sowohl im persönlichen als auch im gemeindlichen Bereich.

Farbe bekennen mit Natürlicher Gemeindeentwicklung möchte Sie jedoch über Information und Anwendung hinausführen. Das Buch möchte Ihnen helfen, zur Ebene der *Transformation* fortzuschreiten. Das ist der Hauptgrund, warum ich dem trinitarischen Kompass in diesem Buch einen so zentralen Platz eingeräumt habe. Er ist nichts anderes als ein Instrument der Transformation.

Welche der drei genannten Ebenen beschreibt Sie im Blick auf NCD am treffendsten?

Der tri-nitarische Kompass

2

Die natürliche Gemeindeentwicklung ist kein Marketing-Gimmick, um Menschen in die Kirche zu locken. In ihrem Zentrum steht vielmehr ein geistlicher Kompass, der Ihnen hilft, Gott in seiner Fülle zu erleben – ganz besonders diejenigen Aspekte von Gottes Wesen, die Ihnen bislang noch vorborgen sein mögen. Gleichzeitig befähigt Sie dieses Instrument, die Welt durch eine neue Brille zu sehen. Wenn Sie erst einmal gelernt haben den trinitarischen Kompass anzuwenden, werden Sie deutlich erkennen, in welchen Bereichen Ihrer Gottesbeziehung Sie wachsen sollten. Sie werden außerdem verstehen, warum andere Christen anders denken, fühlen und handeln als Sie, und warum die Schritte, die für Sie selbst hilfreich sind, für andere kontraproduktiv sein können.

Kapitel 2

Meine eigene „trinitarische Reise"

K ürzlich wurde ich in einem Interview gefragt: „Was glauben Sie, was Menschen in 50 Jahren mit Ihrem Namen verbinden werden?" Ich musste nicht lange über meine Antwort nachdenken. „Ich glaube nicht, dass es das Stichwort natürliche Gemeindeentwicklung sein wird", sagte ich. „Es wird viel wahrscheinlicher der trinitarische Kompass sein." Ich bin überzeugt, dass sich in Zukunft ein beträchtlicher Teil der Christenheit rund um den Globus auf den „Drei-Farben-Ansatz" einlassen wird. Warum? Weil sie spüren, dass das, was sich hinter den Farben grün, rot und blau verbirgt, sie genau zu jener biblischen Balance führt, nach der sie sich eigentlich sehnen.

> Jede Farbe, die ich neu entdeckte, ließ mich Dinge sehen, die ich vorher nicht wahrgenommen hatte.

Der trinitarische Kompass wurde nicht entwickelt, um mein eigenes Leben zu analysieren. Wenn ich allerdings auf meine bisherige geistliche Entwicklung blicke, kann ich klar erkennen, wie Gott mich allmählich in jede der drei Farben des Kompasses eingeführt hat.

Rot: Fokus auf Evangelisation & Jüngerschaft

Der Tag, an dem ich Christus persönlich kennen lernte, war überwältigend für mich. Ich wuchs in einer Gemeinde auf, die ich heute als „rot" bezeichnen würde; sie hatte einen klaren evangelikalen Fokus. Allerdings war sie frei von allen gesetzlichen Tendenzen, denen man so häufig in Gemeinden dieses Farbsegments begegnen kann, und ich bin Gott außerordentlich dankbar dafür. Mir wurde schon als junger Christ glasklar, dass ich den Rest meines Lebens investieren möchte, um anderen Menschen dabei zu helfen, Gott persönlich kennen zu lernen. Es war, als ob Gott mir sagte: „Christian, vergiss bitte niemals, was ich für dich getan habe. Ich habe deine Sünden ausgelöscht. Mein Freund, teile diese Entdeckung mit so vielen Menschen wie möglich."

Grün: Fokus auf Toleranz & soziale Verantwortung

Bereits als junger Christ hatte ich viel mit christlichen Gruppen zu tun, die ihr Augenmerk auf Themen wie Frieden, Ökologie, Versöhnung und soziale Gerechtigkeit legten. Gemeinsam nahmen wir an den unterschiedlichsten sozialen und politischen Aktionen teil. Das Tolle an diesen „grünen Christen" war, dass sie keinerlei Neigung zu Relativismus und Synkretismus zeigten, wie man es so oft im grünen Farbbereich beobachten kann. Es war, als ob Gott mir sagte: „Christian, vergiss bitte nie meine Leidenschaft für die gesamte Schöpfung und ganz besonders für die Armen. Wenn du dieses Anliegen aus dem Blick verlierst, wirst du mein Herz betrüben."

Nun hatte ich also zwei phantastische Entdeckungen gemacht, ich hatte eine große Vision, was es für den Rest meines Lebens zu tun gab – und ich hatte ein Problem. An meinen achtzehnten Geburtstag war bei mir eine unheilbare Nierenerkrankung festgestellt worden, die meine Lebenserwartung drastisch reduzierte. Dieses Bewusstsein brachte ein enormes Gefühl der Dringlichkeit in mein Leben. Während meine Freunde an den Wochenenden ihre Partys hatten, machte ich als freier Mitarbeiter Wochenend-Dienst bei einer Tageszeitung, um das Schreiben zu lernen. Während andere ihre Sommerferien genossen, büffelte ich Fremdsprachen. Wäh-

Meine Erfahrungen:

Wenn ich gefragt werde: „Welche Theologie steht eigentlich hinter NCD?", verweise ich meist auf mein Buch „Paradigmenwechsel in der Kirche", das dieser Frage auf 329 Seiten und mit 659 Fußnoten nachgeht. Daraufhin höre ich bisweilen: „Ich habe das Buch gelesen, aber ich bin mir immer noch nicht sicher. Sind Sie nun ein waschechter Evangelikaler? Oder ein Charismatiker? Oder gar ein Liberaler?" Ich mache daraufhin geltend, dass ich mich weigere, für NCD oder mich selbst eines dieser Etiketten zu benutzen. Das würde mich zwingen, all das verteidigen zu müssen, was andere Leute, die ebenfalls mit diesen Etiketten bedacht wurden, jemals geschrieben oder gesagt haben. „Aber wir brauchen ein Wort, das Ihre Theologie zusammenfasst", höre ich dann. Meine Antwort: „Wenn Sie wirklich ein einziges Wort brauchen, nehmen Sie dieses: trinitarisch. NCD ist ein trinitarischer Gemeindeaufbau-Ansatz."

Im Laufe meines Lebens führte mich Gott allmählich in alle drei Farbbereiche ein. Es dauerte allerdings einige Zeit, bevor ich begriff, dass die Balance aller drei Farben das Geheimnis sowohl der Gemeindeentwicklung als auch des persönlichen geistlichen Wachstums ist.

die reflektive Seite

**Fokus:
Toleranz
& soziale Gerechtigkeit**

die affektive Seite

**Fokus:
emotionale Gesundheit
& geistliche Vollmacht**

**Fokus:
Evangelisation
& Jüngerschaft**

die aktive Seite

rend andere nach akademischen Titeln trachteten, wollte ich etwas erreichen, das bleibt. Als ich zwanzig war, wurde mein erstes Buch veröffentlicht, mit einundzwanzig Jahren erschein mein zweites. Wer nur wenig Zeit hat, muss eben intensiver arbeiten als andere!

Blau: Fokus auf emotionale Gesundheit & geistliche Vollmacht

Acht Jahre nachdem die Krankheit diagnostiziert worden war, wurde ich durch Gebet geheilt. Das war wahrscheinlich die tiefste emotionale Erfahrung meines Lebens und es war meine persönliche Einführung in den „blauen" Farbbereich. An diesem Tag schrieb ich meine Lebenspläne um. Diejenigen, die mir halfen, im blauen Bereich Wachstum zu erleben, waren herrlich bodenständige Christenmenschen, frei von allen „spiritualisierenden" Tendenzen, die man so oft in charismatischen Gruppen erleben kann. Es war, als ob Gott mir sagte: „Christian, es war mein Wunsch, dass du aus erster Hand meine übernatürliche Kraft erlebst. Was immer du tust – vergiss diese Dimension bitte niemals."

Auf meiner eigenen geistlichen Wanderschaft hatte ich also drei Begegnungen mit demselben Gott, aber jedesmal lernte ich unterschiedliche Aspekte seines Wesens kennen. Jede Farbe, die ich entdeckte, ließ mich Dinge sehen, die ich vorher nicht wahrgenommen hatte. Als Gott mich später zum trinitarischen Kompass führte, half mir dieses Instrument nicht nur, die weltweite Christenheit, sondern auch mein eigenes Leben besser zu verstehen.

Welche „Farben" haben Sie in Ihrer persönlichen Entwicklung am stärksten geprägt?

Das Zentrum der Theologie

Ich habe an einer ganzen Reihe von Gemeindewachstums-Seminaren teilgenommen, in denen ich viel über Marketing, Kommunikation, Fundraising und Organisations-Techniken lernte. Diese Seminare boten ohne Zweifel wertvolle Informationen, aber sie hatten nicht das Geringste mit dem Wesen von Gemeinde zu tun. Ich hätte exakt die gleichen Dinge auch in säkularen Management-Seminaren lernen können.

Ebenso habe ich an zahlreichen theologischen Seminaren teilgenommen, bei denen es um das Geheimnis der Trinität ging. Was ich dort lernte, war ohne Zweifel wichtig, um die christliche Lehre zu verstehen, aber es hatte keinerlei Auswirkungen auf mein persönliches Leben. In einer Situation schaute ich in die Augen jedes einzelnen Seminarteilnehmers – und mir wurde schlagartig klar, dass am folgenden Montag jeder zu seiner eingespielten Arbeitsroutine zurückkehren würde, ohne dass der Seminarbesuch auch nur den geringsten Einfluss auf sein Leben haben würde. Unser Intellekt war erleuchtet worden, aber unsere Herzen und Hände wurden in keiner Weise berührt.

> **Derselbe Schlüssel verschafft uns Zugang zu einigen der tiefsten Geheimnisse sowohl der Theologie als auch des gemeindlichen Alltags.**

Theologie und Praxis

Ich empfand beide Erlebnisse gleichermaßen verwirrend. Die Dinge, die sich auf unser tägliches Leben konzentrierten, hatten nichts mit Theologie zu tun; und die theologische Reflexion hatte nichts mit unserem täglichen Leben zu tun. Muss es wirklich so sein?

In der natürlichen Gemeindeentwicklung ist der theologische Kompass zugleich der praktische Kompass. Mit anderen Worten: Die Theologie, die sich hinter NCD verbirgt, durchdringt selbst die praktischsten Aspekte des Gemeindealltags. In der natürlichen Gemeindeentwicklung gibt es keine Schizophrenie zwischen Theologie und Praxis. Es ist derselbe Schlüssel, der uns Zugang zu einigen der tiefsten Geheimnisse sowohl der Theologie als auch des gemeindlichen Alltags verschafft.

Nicht nur für sonntags

Meine Erfahrungen:

Ich werde immer wieder gefragt, warum der trinitarische Kompass nicht im ursprünglichen Buch über natürliche Gemeindeentwicklung enthalten war. Die einzige Antwort, die ich geben kann, ist diese: Damals stand mir dieses Instrument einfach noch nicht zur Verfügung. Selbst als ich das erste Buch über den trinitarischen Kompass schrieb, war mir nicht klar, welche Rolle er später für NCD spielen würde.

Wenn ich ein Seminar über den trinitarischen Kompass halte, sage ich den Teilnehmern gleich zu Anfang: „Sobald Sie damit beginnen, die Gesetzmäßigkeiten des trinitarischen Kompasses anzuwenden, wird sich Ihr Leben verändern. Nächsten Montag, Dienstag und Mittwoch werden Sie etwas Anderes tun, als Sie es sonst getan hätten, und möglicherweise wird sogar der nächste Sonntag ein anderer werden. Allerdings ist der Fokus des trinitarischen Kompasses nicht auf den Sonntag gerichtet, sondern auf die übrigen sechs Tage der Woche."

Was ist das Geheimnis des trinitarischen Kompasses? Im Wesentlichen dies: Menschen kommen dem lebendigen Gott näher. Das bringt Balance und Gesundheit, Vollmacht und Weisheit, Tiefe und Offenheit in die Gemeinde. Es setzt frei, was wir als „Von-selbst-Wachstum" bezeichnen. Es zieht kirchenferne Menschen an, sobald sie in das magnetische Kraftfeld dieser Gemeinden geraten. Sie fühlen sich zu Gott hingezogen, noch bevor ihnen klar wird, dass sie ins Kraftfeld Gottes getreten sind. Eine der Auswirkungen dieses Prozesses ist zahlenmäßiges Wachstum – auch wenn dieser Begriff nicht ein einziges Mal benutzt worden sein mag.

Was ist für Sie das Zentrum der Theologie?

Wir können Gottes Licht widerspiegeln

Kapitel 2

In meinem Buch *Die 3 Farben der Liebe* habe ich die Metapher des „Lichts" ins Zentrum gestellt. Jesus nannte nicht nur sich selbst „das Licht der Welt" (Joh. 8,12), sondern benutzt in der Bergpredigt den gleichen Begriff, um seine Jünger zu beschreiben: Sie sind „das Licht der Welt" (Mt. 5,14). Bildlich gesprochen ist Jesus die Sonne und die Jünger sind der Mond. Beide werfen Licht, so dass der Effekt ähnlich ist. Allerdings ist die Sonne die Quelle des Lichts, während der Mond lediglich das Licht, das er von der Sonne empfängt, reflektiert. Wenn wir nachts den „Mondschein" sehen, dürfen wir niemals vergessen, dass es sich um nichts anderes als um „Sonnenlicht" handelt.

Gott ist Licht

Während viele Religionen diese Metapher in höchst spekulativer Weise gedeutet haben, ist es kennzeichnend für biblisches Denken, frei von esoterischen Spekulationen zu sein. Insbesondere Johannes benutzt in seinen Schriften das Bild von Licht und Dunkelheit, wobei seine Lehre in dem Satz gipfelt: „Gott ist Licht und in ihm ist keine Finsternis" (1. Joh. 1,5). Deshalb können wir aufgefordert werden: „Glaubt an das Licht!", um „Kinder des Lichts" zu werden (Joh. 12,36). Dies bedeutet nichts Anderes, als dass wir das göttliche Licht in unserem eigenen Leben reflektieren.

Es ist sicherlich kein Zufall, dass das Erste, was Gott schuf, das Licht war (1. Mose 1,3). Licht ist Voraussetzung allen Lebens. Es erleuchtet, offenbart Wahrheit, zerstört Illusionen, zeigt uns den Weg, den wir zu gehen haben. Finsternis ist nichts Anderes als die Abwesenheit des Lichts. Sie hat keinerlei eigene Kraft. Wie können wir gegen die Manifestationen der Finsternis wie Sünde und Irrtum kämpfen? Indem wir das Licht verbreiten! Wo das Licht scheint, hat Finsternis keinen Platz. Sie weicht ganz „von selbst".

Wenn wir Gott als Licht verstehen, hat das die praktische Auswirkung, dass unsere eigene Aufgabenbeschreibung deutlich wird: Wir sollen das göttliche Licht widerspiegeln. Die Bibel spricht vom „Wandel im Licht" (1. Joh. 1,7). Um diese Wahrheit auszudrücken, benutzten die christlichen Mystiker gerne das Bild des Spiegels: Ein Spiegel kann nur dann reflektieren, wenn er vorher gereinigt worden ist. Dies ist der tiefste Hintergrund der zahlreichen „Reinigungspraktiken", die wir in diesen Gruppen finden: uns dabei zu helfen, ein besserer Spiegel für das göttliche Licht zu werden.

Die Farben des Lichts

Was ist Licht? In der Welt, die Gott geschaffen hat, ist Licht nichts anderes als Farbe. Hier ist es wichtig, den Unterschied zwischen den „Farben des Lichts" (selbst-leuchtende Farben) und „stofflichen Farben" zu verstehen. Wenn wir stoffliche Farben (wie z.B. Öl- oder Wasserfarbe) mischen, dann ergibt die Anwesenheit aller Farben schwarz, die Abwesenheit aller Farben weiß – eine leere Leinwand. Selbst-leuchtende Farben funktionieren genau umgekehrt: Weiß ist das Ergebnis der Anwesenheit aller Farben, während die Abwesenheit jeder Farbe schwarz ergibt (ein „leerer" Bildschirm). In der Farbe weiß wird das gesamte Lichtspektrum reflektiert. Je heller das Licht, desto stärker die Reflexion.

> **Unsere Aufgabe ist es nicht, Licht zu produzieren, sondern das göttliche Licht zu reflektieren.**

Meine Erfahrungen:

Es ist wichtig zu wissen, dass unsere Aufgabe nicht darin besteht, Licht zu produzieren, sondern Gottes Licht zu reflektieren. Da ich mir bewusst bin, dass ich nicht in der Lage bin, Gottes Licht in seiner ganzen Fülle widerzuspiegeln, bemühe ich mich darum, mich mit Christen zu vernetzen, die genau jene Farben reflektieren, die in meinem Leben nur unzureichend zum Ausdruck kommen.

Um auf einem Computerbildschirm ein Foto darzustellen, werden die Farben rot, grün und blau benötigt. Nur wenn alle drei gleichzeitig projiziert werden, erhalten wir ein genaues Abbild der Realität.

Wer mit Computern arbeitet, ist mit dieser Realität vertraut. Bei der Anzeige von Bildern auf einem Computerbildschirm kommen die Gesetzmäßigkeiten der Farben des Lichts zum Einsatz. Um ein Bild in voller Farbigkeit darzustellen, müssen die drei Farben rot, grün und blau angezeigt werden. Sobald eine Farbe fehlt, wird die Farbdarstellung verzerrt (siehe Schaubild oben). Diese Gesetzmäßigkeiten sind keine menschliche Erfindung. Sie drücken lediglich aus, wie die Farben des Lichts, die Gott geschaffen hat, funktionieren.

Licht und der trinitarische Kompass

Der trinitarische Kompass greift auf diese Gesetzmäßigkeiten zurück, um unsere Beziehung zu Gott zu beschreiben. Wie Licht durch ein Prisma fällt und sich dabei in die verschiedenen Farben des Spektrums auffächert, kann das göttliche Licht auf unterschiedliche Weise reflektiert werden. Einige Menschen mögen ausschließlich grün reflektieren, andere rot, wieder andere blau – und doch reflektieren wir alle denselben Gott.

Welche Gefühle löst es in Ihnen aus, ein „Spiegel" für Gottes Licht zu sein?

Die Metapher macht uns deutlich, dass unser Gottesbild nicht vollständig ist, solange es sich nur auf eine oder zwei der drei Farben beschränkt. Es ist eine ständige Herausforderung für jeden Christen, unsere Augen für jene Farben von Gottes Licht zu öffnen, die wir bis heute noch nicht in unserem eigenen Leben widerspiegeln.

Wie Gott mit uns kommuniziert

Kapitel 2

So erhellend die Metapher des Lichts auch sein mag, der trinitarische Kompass hat einen tieferen Hintergrund. Es ist Gottes dreifache Offenbarung, die in den klassischen Formulierungen des vierten Jahrhunderts mit den Begriffen Vater, Sohn und Heiliger Geist bezeichnet wird. Im Schaubild auf Seite 53 habe ich versucht, das Gleiche auszudrücken, dabei allerdings bewusst die Begriffe so gewählt, dass sie sich nicht auf das Verhältnis der drei Personen der Gottheit *zueinander* beziehen, sondern auf das Verhältnis, das *wir* zu Gott haben.

Für alle drei Offenbarungen ist charakteristisch, dass Gott nicht nur *etwas* von sich offenbart, sondern immer sich selbst. Das gilt sowohl für die Schöpfungsoffenbarung (im Schaubild die grüne Zone), die Heilsoffenbarung (rote Zone), als auch für die persönliche Offenbarung (blaue Zone). Es ist wichtig, dass wir jede dieser drei Offenbarungen in ihrer jeweiligen Eigenart verstehen.

Die Schöpfungsoffenbarung

Gott hat sich als Schöpfer offenbart, indem er der Schöpfung seine „Handschrift" aufgedrückt hat (Ps. 19,2; Röm. 1,19f). Man muss durchaus kein Christ sein, um dieser Form der Offenbarung *(grüne Zone)* zu begegnen. Ob ich Moslem, Buddhist, Atheist oder Christ bin – wenn ich mich Gottes Schöpfung zuwende, begegne ich den Spuren des Schöpfers. Diese Art der Offenbarung ist in der Tat interreligiös.

Wenn wir eine solche Aussage machen, müssen wir daran denken, dass sie sich auf die Schöpfungsoffenbarung bezieht, nicht auf die Heilsoffenbarung oder die persönliche Offenbarung. Damit wird schon deutlich, dass die Schöpfungsoffenbarung unterschiedlich verstanden – und auch missverstanden – werden kann. Durch diese Form der Offenbarung allein gelangt noch kein Mensch zu der Erkenntnis, dass der Schöpfer auch der Vater Jesu Christi ist.

Die Heilsoffenbarung

Die Heilsoffenbarung *(rote Zone)* hat einen anderen Charakter. Jesus ist der, in dem uns Gott eindeutig zeigt, wer er wirklich ist (Joh. 14,9). In Christus wird Gott Mensch, in ihm „wohnt die ganze Fülle der Gottheit leibhaftig" (Kol. 2,9). Er ist es, der uns mit Gott versöhnt (2. Kor. 5,19). An der Stellung zu Jesus Christus entscheiden sich nach neutestamentlichem Verständnis Heil und Unheil eines Menschen (Apg. 4,12). Durch ihn empfangen wir „ewiges Leben" (Röm. 6,23).

Die persönliche Offenbarung

Als persönliche Offenbarung *(blaue Zone)* bezeichnen wir schließlich das Ereignis, in dem das, was Gott in Christus objektiv für uns getan hat, nun auch subjektiv für uns Wirklichkeit wird. Christus wird durch den Heiligen Geist von einem „Christus für uns" zum „Christus in uns" (Gal. 2,20; 4,19; Kol. 1,27). Durch den Heiligen Geist gießt Gott seine Liebe in unsere Herzen (Röm. 5,5).

Gottes Offenbarung zielt immer auf die Herstellung einer Beziehung.

Meine Erfahrungen:

Die Einführung des trinitarischen Kompasses hat es möglich gemacht, dass sich Kirchen mit den unterschiedlichsten theologischen Hintergründen (wie Evangelikale, Charismatiker, Liberale) auf NCD eingelassen haben. Evangelikale haben zum Beispiel eine natürliche Affinität zur Farbe rot; Charismatiker tendieren nach blau; Liberale nach grün. Der trinitarische Kompass befähigt jede Kirche, sich ihrer Stärken bewusst zu werden, um gleichzeitig in den Bereichen Wachstum zu erleben, die noch nicht so stark entwickelt sind. Zu erleben, wie dies in Tausenden von Gemeinden praktisch geschieht, gehört zu den aufregendsten Erfahrungen meines Dienstes.

Durch ihn tritt Gottes Geist in Beziehung zu unserem Geist. So werden Menschen leibhaftig zu „Tempeln des Heiligen Geistes" (1. Kor. 6,19). Die Offenbarung des Heiligen Geistes ist die Offenbarung in unseren Herzen, die zum Beispiel dann geschieht, wenn ein Mensch Christ wird (1. Kor. 12,3). Kommt es nicht zu dieser persönlichen Aneignung, ist die Offenbarung Gottes noch nicht zu ihrem Ziel gelangt.

Eine dreifache Antwort

Gottes Offenbarung zielt immer auf die Herstellung einer Beziehung. In allen drei Offenbarungen begegnet uns der eine Gott – aber er begegnet uns jeweils auf unterschiedliche Weise. Diese dreifache Kommunikation mit uns, der eine dreifache Antwort auf unserer Seite entsprechen sollte, ist fundamental für das Wesen Gottes, wie es uns in der Bibel gezeigt wird.

> **Wir werden das Wesen Gottes nicht begreifen, solange wir seine Taten nicht verstanden haben.**

Wo immer auch nur eine der drei Dimensionen ausgeblendet wird, führt das zu einer unvollständigen Gotteserfahrung. Wir werden noch sehen, dass die meisten Probleme, mit denen wir uns im Gemeindealltag herumzuschlagen haben, letztlich etwas damit zu tun haben, dass die dreifache Offenbarung Gottes nicht wirklich verstanden wurde.

Auswirkungen auf alle Lebensbereiche

Genauso, wie wir das Wesen des Radiums nicht erkennen können, solange wir nicht seine Wirkung – Radioaktivität – verstanden haben, können wir das Wesen Gottes nicht begreifen, solange wir sein Wirken nicht verstehen. Nur in Gottes Wirksamkeit erschließt sich uns seine Wirklichkeit. In den vier kleinen Grafiken unten habe ich versucht, die dreifache Offenbarung Gottes auf verschiedene theologische Fragen zu beziehen.

• Das *erste* Bild zeigt die nahe liegendste Konsequenz aus der dreifachen Offenbarung Gottes: Der grünen Zone ist die Schöpfung zugeordnet, der roten Zone die Erlösung, der blauen Zone schließlich die Heiligung. In allen drei Fällen ist es der eine Gott (weißes Zentrum), der diese Werke vollbringt. Die Werke können aber gleichwohl einer der drei Farben der Offenbarung zugeordnet werden.

Drei Werke   *Drei Seinsweisen*   *Drei Anreden*   *Drei Erkenntnisquellen*

| Schöpfung / Erlösung / Heiligung | Gott über uns / Gott in uns / Gott unter uns | Du sollst! / Du darfst! / Du kannst! | Wissenschaft / Bibel / Erfahrung |

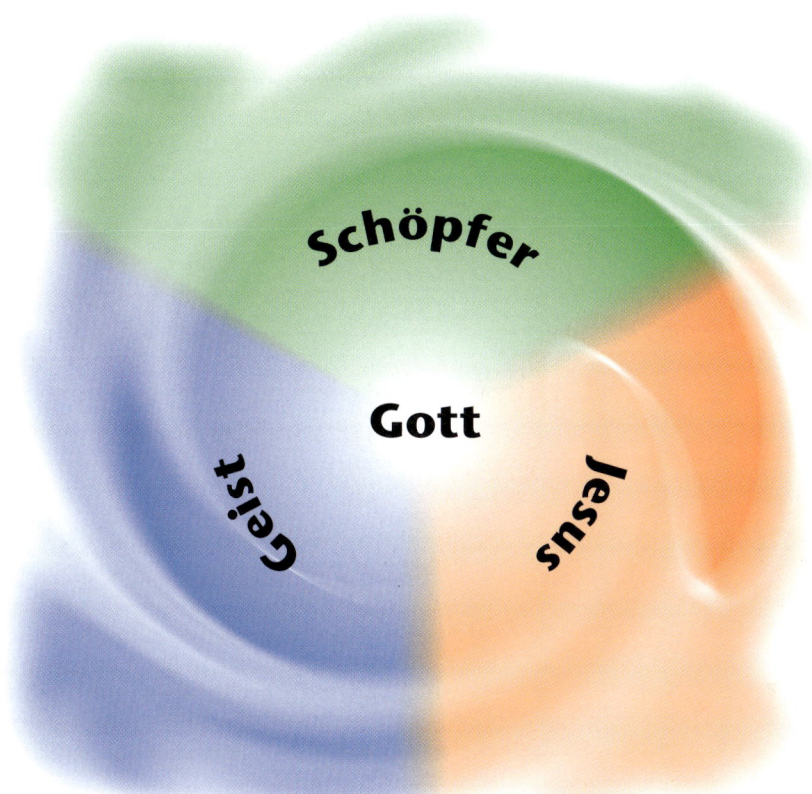

Gott wird von uns Menschen nicht nur unterschiedlich wahrgenommen, sondern er hat sich auch auf drei unterschiedliche Weisen offenbart: Schöpfungsoffenbarung (grüner Bereich), Heilsoffenbarung (roter Bereich) und persönliche Offenbarung (blauer Bereich).

• Das *zweite* Bild stellt drei verschiedene „Orte" dar, an denen uns Gott begegnet: Der ewige Gott, den wir „über uns" wissen (grüne Zone), tritt in Jesus Christus leibhaftig „unter uns" (rote Zone) und wirkt zugleich die Erkenntnis seiner Gegenwart „in uns" (blaue Zone). An jedem der drei Orte lässt sich der eine Gott finden.

• Das *dritte* Bild skizziert drei Konsequenzen für unsere Lebenspraxis. Die drei Offenbarungen Gottes verkörpern zugleich das Gebot („Du sollst!", grüne Zone), die Einladung („Du darfst!", rote Zone) und die Bevollmächtigung („Du kannst!", blaue Zone). Keine dieser drei Anreden darf im Gemeindealltag vernachlässigt werden. Nur wer sich auf alle drei Arten der Gotteserfahrung eingelassen hat, kann Gott so dienen, wie es seinem Plan entspricht.

• Das *vierte* Bild schließlich bezieht die gleiche Dreiheit auf drei Quellen, aus denen sich Erkenntnisse gewinnen lassen: Wissenschaft (grüne Zone), Bibel (rote Zone) und Erfahrung (blaue Zone). Auch hier wird deutlich, dass diesen drei Erkenntnisquellen keineswegs der gleiche Rang zukommt (nicht aus jeder Quelle sprudelt notwendigerweise gültige Gotteserkenntnis); und doch können wir in jedem Bereich den Spuren des einen Gottes begegnen. Auch nur einen der drei Bereiche zu vernachlässigen hätte ernste Konsequenzen.

Welche Farbzone ist zur Zeit der Bereich, in dem Sie die meisten Erfahrungen mit Gott gemacht haben?

Kapitel 2

Das Ziel: geistliche Balance

Die Botschaft des trinitarischen Kompasses ist eine Botschaft der geistlichen Balance. Da alle drei Farben wichtig sind, ist es unsere ständige Aufgabe, herauszufinden, welche von ihnen momentan am schwächsten entwickelt ist.

Wenn Sie sich darauf konzentrieren, diesen Bereich zu stärken, tragen Sie automatisch zu einer größeren geistlichen Balance bei. Das gilt sowohl für Ihr eigenes Leben als auch für Ihre Kleingruppe, für Ihre Gemeinde, für Ihre gesamte Kirche oder Bewegung. Immer gibt es einen Bereich, der schwächer als die anderen beiden entwickelt ist und folglich Ihrer besonderen Aufmerksamkeit bedarf.

Ein Leben in Balance ist nach den Maßstäben der Bibel etwas Radikales.

Radikale Balance

Wann immer ich über „Balance" rede, mache ich eine interessante Entdeckung. Diese Botschaft kommt in aller Regel recht gut an, aber in vielen Fällen lässt sich diese Popularität auf ein ernstes Missverständnis zurückführen. Für viele Menschen ist „Balance" so etwas wie ein anderer Ausdruck für „fehlende Radikalität": ein gleichmäßig niedriges Niveau in allen drei Farbbereichen – nur ein bisschen grün, nur ein bisschen rot, nur ein bisschen blau.

Innerhalb des trinitarischen Kompasses versuchen wir jedoch, das biblische Modell von Balance zur Geltung zu bringen. Und das heißt: völlige Hingabe in allen drei Farbzonen – radikal christuszentriert (rote Zone), radikal in der Kraft des Heiligen Geistes (blaue Zone) und radikal konzentriert auf Gottes Schöpfung (grüne Zone). Das Konzept der Balance sollte niemals eine Rechtfertigung für fehlende Hingabe sein. Biblisch gesehen geht es immer um „radikale Balance".

Meine eigene Unausgewogenheit

Ich arbeite hart daran, diese Prinzipien auf mein eigenes Leben zu beziehen. In den Kategorien des Schaubilds auf Seite 55 ausgedrückt, gibt es in vielen Bereichen meines Lebens eine „Unausgewogenheit zur Linken". Ich bin persönlich sehr stark beeinflussbar durch Gefühle, Träume und Beziehungen (alles typische Kennzeichen des linken Pols in unserem Schaubild). Wenn es um wichtige Lebensentscheidungen geht, dann beeinflussen mich diese Dinge normalerweise sehr viel stärker als Beweise, finanzielle Erwägungen oder empirische Fakten.

Der Grund, warum ich mich persönlich so sehr auf die grüne Zone (Forschung, Logik) und auf die rote Zone (Bibel, praktische Umsetzung) konzentriere, spiegelt meinen eigenen Versuch wider, Balance in mein Leben zu bringen. Wer mich nur oberflächlich kennt, missversteht das bisweilen und kommt zu dem Schluss, ich sei ein abgebrühter Rationalist, der an nichts anderem als Ergebnissen interessiert ist. Das genaue Gegenteil trifft viel eher zu. Wenn ich allerdings den „rechten Pol" nicht so sehr betonen würde, stünde ich tatsächlich in der Gefahr, in einer unausgewogenen, ungesunden und unbiblischen Weise von der blauen Zone völlig absorbiert zu werden.

Meine Erfahrungen:

An dem gleichen Tag, an dem ich ein NCD-Seminar in den USA gab, wurde unsere Software veröffentlicht, die Christen dabei hilft, im Bereich von gabenorientierter Mitarbeiterschaft ihr Farbprofil ausfindig zu machen. Dave Wetzler, unser amerikanischer NCD-Partner, schlug vor, der Gruppe spontan zu zeigen, wie die Software funktioniert. Der Einfachheit halber gab ich meine eigenen Ergebnisse ein – ein unausgewogenes Profil mit einer starken Schlagseite nach „links". Anschließend gab Dave seine Daten ein – ein ebenso unausgewogenes Profil, diesmal allerdings mit einer starken Schlagseite nach „rechts". Dann drückte Dave die Taste „gemeinsames Profil", und in diesem Moment zeigte der Computer ein wunderbar ausgewogenes Ergebnis an. Wir hatten Derartiges nicht geplant, aber für uns alle war dies eine unvergessliche Lektion, wie der Leib Christi funktioniert.

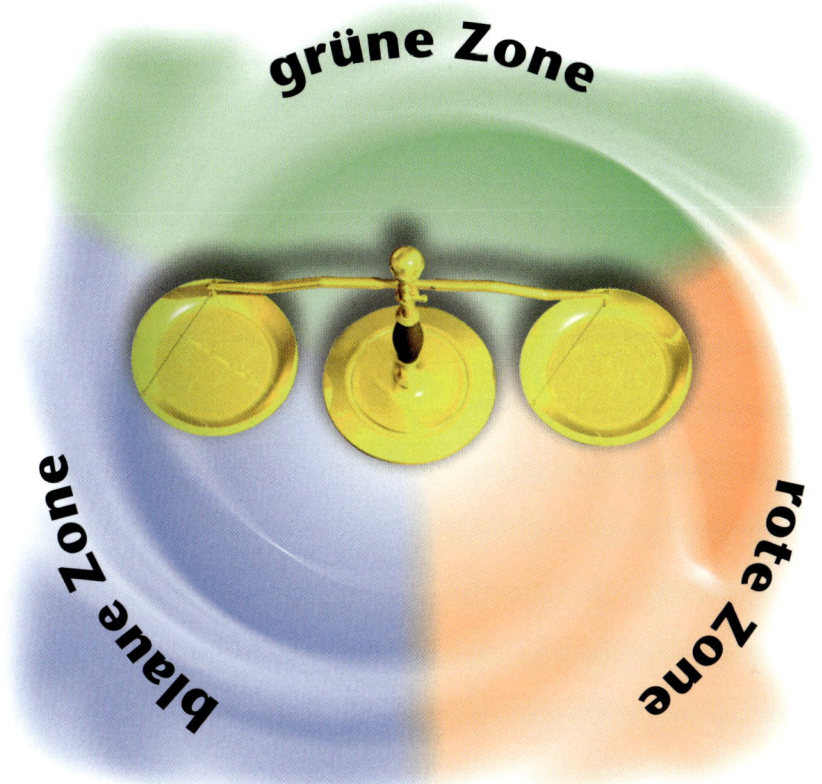

Da alle drei Farbbe-
reiche gleich wichtig
sind, besteht die
ständige Herausfor-
derung darin, sie in
Balance zu halten.
Das setzt voraus,
dass wir kontinuierlich
überprüfen, wie stark
jeder der drei Bereiche
entwickelt ist.

Persönliche Unausgewogenheit – gemeinschaftliche Ausgewogenheit

Ich bin mir der Tatsache bewusst, dass wir alle, solange wir auf dieser Erde leben, unausgewogen sein werden. Auch wenn Sie noch so hart daran arbeiten, mehr Balance in Ihr Leben zu bringen – und Sie sollten das unbedingt tun –, wird Ihnen das niemals völlig gelingen, denn Sie sind nicht Jesus. Was Sie aber tun können, ist dies: sich mit anderen Christen vernetzen, deren Unausgewogenheit der Ihren genau entgegengesetzt ist. Gemeinsam können Sie Gottes Licht sehr viel voll-ständiger widerspiegeln, als Sie allein dazu in der Lage wären. Damit das aber geschehen kann, müssen Sie der Versuchung widerstehen, sich ausschließlich mit Menschen zu umgeben, die das gleiche Farbprofil haben wie Sie selbst.

An einer späteren Stelle dieses Kapitels (Seiten 74-79) werden Sie das NCD-Farbprofil kennen lernen – ein Instrument, das Ihnen hilft herauszufinden, auf welche der drei Farben Sie sich persönlich konzentrieren sollten und welche Farbe für Ihre ganze Gemeinde im Mittelpunkt stehen sollte. Bei diesem Profil geht es um weit mehr als nur um ein Programm der geistlichen Selbsterkenntnis. Im Farbprofil geht es um nichts anderes als die Entwicklung „radikaler Balance" im persönlichen und gemeinschaftlichen Leben. Bevor Sie sich entscheiden, auf welchen Farbbereich Sie sich konzentrieren wollen, sollten Sie feststellen, welche Farbe in der Vergangenheit am meisten vernachlässigt wurde.

Würden Sie sagen, dass Ihr Leben zur Zeit in Balance ist, oder tendieren Sie eher in eine der drei Richtungen?

Kapitel 2

Wie das neue Jerusalem vom Himmel auf die Erde kommt

In der Bibel finden wir eine Fülle von Bildern, die alle dieselbe Botschaft vermitteln: Alle drei Farben – oder besser: das, wofür die Farben stehen – sollen in Balance gebracht werden. Wenn Sie erst einmal eine „trinitarische Brille" tragen (im Gegensatz zu einer einfarbigen Brille, die Ihnen lediglich erlaubt, entweder die grüne oder die rote oder die blaue Dimension zu sehen), werden Sie erstaunt sein, mit welcher Hartnäckigkeit Sie die Heilige Schrift mit diesem Thema konfrontiert.

> Sobald Sie von der Vision ergriffen sind, alle drei Dimensionen in Ihrem Leben zum Zuge kommen zu lassen, ist das neue Jerusalem in Ihr Herz herabgekommen.

Einer meiner Lieblingstexte ist Offenbarung 21. Dort beschreibt Johannes seine Vision des neuen Jerusalems, das er „aus dem Himmel herabkommen" sieht (Vers 2). In diesem Text erfahren wir: „Die Länge und die Breite und die Höhe der Stadt sind gleich" (Vers 16). Der Text spricht von 12.000 Stadien (rund 2.200 km) Ausdehnung in jede der drei Richtungen.

Kennzeichen des neuen Jerusalem

Es könnte sein, dass Sie bereits wiederholt diesen Text gelesen oder Predigten über ihn gehört haben, ohne dass Ihnen die Kennzeichen des neuen Jerusalem klar vor Augen standen:

* Es beschreibt Gottes **Ideal**, das uns nicht zur geistlichen Unterhaltung offenbart wird, sondern mit einem ganz bestimmten Ziel.

* Es hat **drei Dimensionen**: Breite, Höhe und Tiefe.

* Jede der drei Dimensionen hat **dieselbe Größe**.

* Die Vollkommenheit der Stadt besteht in der **Balance** der drei Dimensionen.

* Die Ausdehnung jeder einzelnen Dimension ist unglaublich **groß** (2.200 km).

* Die Größe der Stadt wird **gemessen** (Vers 16), um ihre Balance festzustellen.

* In der Stadt, die diese Kriterien erfüllt, **begegnet uns Gott**. Die „Herrlichkeit Gottes" (Vers 11), ja sogar Gott selbst (Vers 3) wohnt in ihr; er ist es, der die Stadt mit Licht erleuchtet (Vers 23).

Konsequenzen für das tägliche Leben

Diese Aussagen sind natürlich Metaphern – genauso wie der trinitarische Kompass eine Metapher ist. Diese Bilder sind allerdings derartig klar, dass ich mich wundern muss, warum so viele Menschen Schwierigkeiten mit diesem Text haben. Könnte es sein, dass wir so sehr damit beschäftigt sind, ihn als Beschreibung des Lebens nach dem Tod zu lesen, dass wir in der Gefahr stehen, seine Bedeutung für unser Leben hier und jetzt zu übersehen? Indem Gott uns die Vision des neuen Jerusalem gab, wollte er definitiv unser Leben beeinflussen.

Es ist unsere Aufgabe als einzelne Christen, unser Leben in Einklang mit dieser Vision zu bringen. Es ist unsere Aufgabe als Gemeinde, das Gemeindeleben in Einklang mit dieser Vision zu bringen. Es ist unsere Aufgabe als Leiter ganzer Kirchen, unsere Denomination in Einklang mit dieser Vision zu bringen.

Meine Erfahrungen:

Je näher mich Menschen kennen lernen, desto stärker merken sie, wie „unausgewogen" ich in einigen Bereichen meines Lebens bin. Neulich sagte mir jemand: „Ich frage mich, warum Gott ausgerechnet einem Menschen wie dir, der bisweilen so einseitig sein kann, das Thema der ‚geistlichen Balance' als Lebensthema gegeben hat." Es ist ohne Zweifel richtig, dass ich ebenso unausgewogen bin wie viele von uns. Ich spüre allerdings eine starke Sehnsucht, jedes Jahr stärker in das Bild verwandelt zu werden, das Gott von mir hat. Ich bin zuversichtlich, dass ich in zehn Jahren sehr viel besser in der Lage bin, alle drei Farben des trinitarischen Kompasses widerzuspiegeln, als es heute der Fall ist.

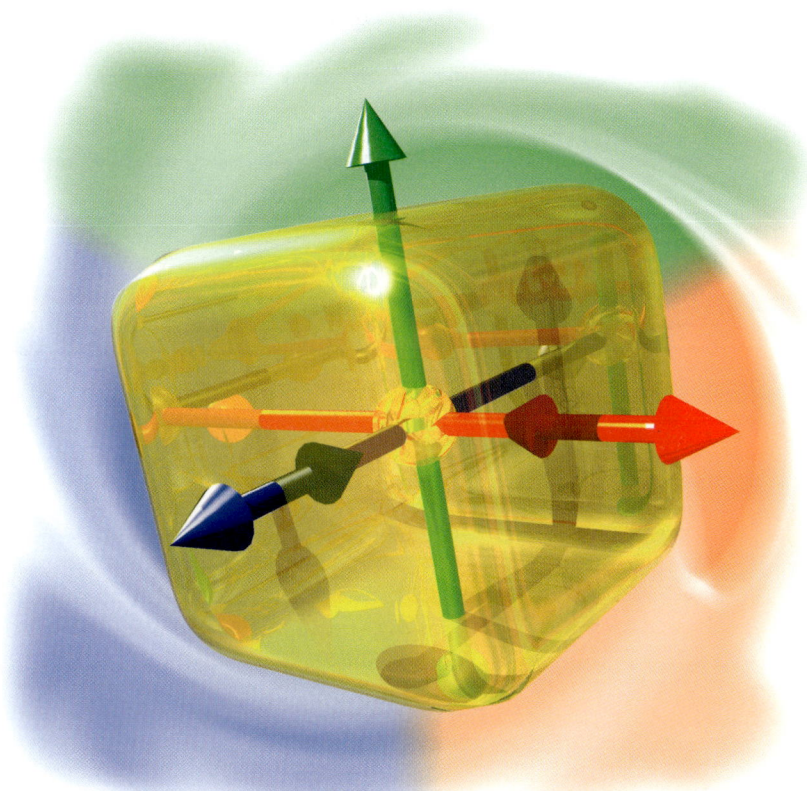

In der Offenbarung des Johannes wird das neue Jerusalem folgendermaßen beschrieben: „Die Länge und die Breite und die Höhe der Stadt sind gleich" (Offb. 21,16). Die drei genannten Dimensionen bringen dasselbe zum Ausdruck, wofür die drei Farben im trinitarischen Kompass stehen: Der rote Pfeil steht für die Breite, der grüne Pfeil für die Höhe und der blaue Pfeil für die Länge bzw. Tiefe.

Die wichtigste Dimension

Welche der drei Dimensionen ist die wichtigste: die Höhe, die Breite oder die Tiefe? Wenn wir das Ideal der „radikalen Balance" ernst nehmen, gibt es nur eine Antwort: Es ist diejenige Dimension, die derzeit am schwächsten entwickelt ist. Nur indem wir uns auf diesen „Minimumfaktor" konzentrieren, können wir Balance in unser eigenes Leben und das Leben unserer Gemeinde bringen. Bisweilen werde ich von Mitchristen nach einem „biblischen Beleg" für die Minimumfaktor-Strategie gefragt, die in der natürlichen Gemeindeentwicklung eine wichtige Rolle spielt (siehe Seiten 124-145). Sie möchten, dass ich ihnen das Wort „Minimumfaktor" in einem der biblischen Bücher zeige – anstatt zu sehen, dass der biblische Fokus auf Balance die unausweichliche Konsequenz hat, sich auf die am schwächsten entwickelten Bereiche zu konzentrieren.

Geht es nun in diesem Text um das Leben nach dem Tod oder um das Leben hier und jetzt? Wie so oft in der Bibel, geht es auch hier um beides gleichzeitig. Solange Sie in dieser Welt leben, werden Sie das neue Jerusalem nicht in seiner Fülle sehen. Aber sobald Sie von der Vision ergriffen sind, alle drei Dimensionen in Ihrem Leben zum Zuge kommen zu lassen, ist das neue Jerusalem in Ihr Herz herabgekommen. Zu viele Ausleger dieses Textes wollen das neue Jerusalem gleichsam im Himmel behalten, anstatt zu erkennen, dass das „Herabkommen aus dem Himmel" der entscheidende Punkt ist.

> Haben Sie jemals das biblische Bild des neuen Jerusalem auf das Thema der geistlichen Balance bezogen?

Kapitel 2

Warum das Christentum so wenig Kraft hat

W enn Gott uns ein so wunderbares Konzept offenbart hat, wie seine Gemeinde funktionieren kann, und uns zudem mit allem ausgerüstet hat, es auch praktisch umzusetzen, dann müssen wir uns ernstlich fragen, warum das so oft nicht funktioniert. Meine Antwort ist, dass wir Menschen eine unheilbare Tendenz haben, eine der drei Farben herauszupicken und zu unserer Lieblingsfarbe zu erklären, anstatt uns darum zu bemühen, alle drei Dimensionen im eigenen und gemeindlichen Leben zum Zuge kommen zu lassen.

Eine der Aufgaben von Leitern ist es, kontinuierlich nach fehlender Balance Ausschau zu halten.

Irrlehre = eine Teilwahrheit

Schauen Sie sich das Schaubild auf Seite 59 an. Wie Sie sehen können, ist jeder der drei Farben eine bestimmte Gefahr zugeordnet, die in dem Moment auftritt, wo die anderen beiden Farbzonen vernachlässigt werden. Anders ausgedrückt: Der beste Weg, die drei im Schaubild genannten Gefahren zu vermeiden, besteht darin, die „gegenüberliegenden Farbzonen" zu stärken.

Irrlehre ist nicht, wie viele meinen, das Gegenteil der Wahrheit. In den meisten Fällen handelt es sich um etwas viel Diffizileres: eine *Teilwahrheit*. Ja, hinter jeder Irrlehre verbirgt sich immer ein Körnchen Wahrheit. Da dies aber nicht in die anderen Aspekte der Wahrheit integriert, sondern verabsolutiert wird, wird es zur Teilwahrheit und somit zur Irrlehre. Jede Lehre wird in dem Moment häretisch, wo Teilaspekte der Wahrheit – ganz gleich wie biblisch sie auch sein mögen – als die ganze Wahrheit ausgegeben werden. In beinahe jedem einzelnen Fall haben häretische Gruppen in den Anliegen, die sie betonen, Recht. Aber sie haben Unrecht, indem sie zahllose andere Aspekte der biblischen Botschaft vernachlässigen. Es ist eine wahre Tragödie, dass die gesamte Kirchengeschichte hindurch der Umgang mit Andersdenkenden nur selten in dieser Weise analysiert wurde.

Meine Erfahrungen:

Da mich meine Arbeit in die unterschiedlichsten Gruppen führt, habe ich ständig mit fehlender Balance und sogar Irrlehren zu tun. Für mich war es ungeheuer hilfreich zu erkennen, dass es solche Irrlehren in allen drei Farbbereichen gibt. Während in liberalen Gruppierungen (grüner Bereich) die Gefahr des Relativismus vorherrscht, sind evangelikale Gruppen (roter Bereich) vor allem durch Gesetzlichkeit gefährdet. Viele charismatische Gruppen (blauer Bereich) haben dagegen Schwierigkeiten mit einer spiritualisierenden Weltsicht, die mit Gottes Schöpfung und biblischen Maßstäben in Konflikt gerät. Indem ich alle drei ermutige, sich auf die „gegenüberliegenden" Farbsegmente zuzubewegen, versuche ich ihnen dabei zu helfen, ihr Kernproblem in den Griff zu kriegen.

Die drei Hauptgefahren

Wir haben bereits gesehen, dass die reflektive Seite (grünes Segment) für ein gesundes Verständnis des christlichen Glaubens entscheidend ist. Wenn allerdings diese Dimension isoliert und verabsolutiert wird, enden wir beim **Rationalismus**, der – im Gegensatz zur Rationalität – eine ernsthafte Gefahr für die Gemeinde Jesu Christi darstellt. Oder schauen Sie sich den roten Bereich an, die aktive Seite – eine weitere entscheidende Dimension eines gesunden Glaubens. Doch in dem Moment, in dem die anderen beiden Dimensionen (die reflektive und die affektive Seite) ausgeblendet werden, enden wir im **Aktivismus**. Entsprechendes gilt für das blaue Farbsegment. So entscheidend die affektive Dimension auch ist, sobald unser Fokus auf diese Ebene reduziert ist, enden wir im **Emotionalismus**, der der Gemeinde Jesu Christi bereits so viel Schaden zugefügt hat.

Den Gegenpol stärken

Wie können wir diese Gefahren am besten überwinden? Eine Möglichkeit besteht darin, vor ihnen zu warnen und gegen sie zu kämpfen. Das ist möglich und bisweilen mag es auch notwendig sein. Eine andere Möglichkeit besteht indessen darin, den jeweiligen

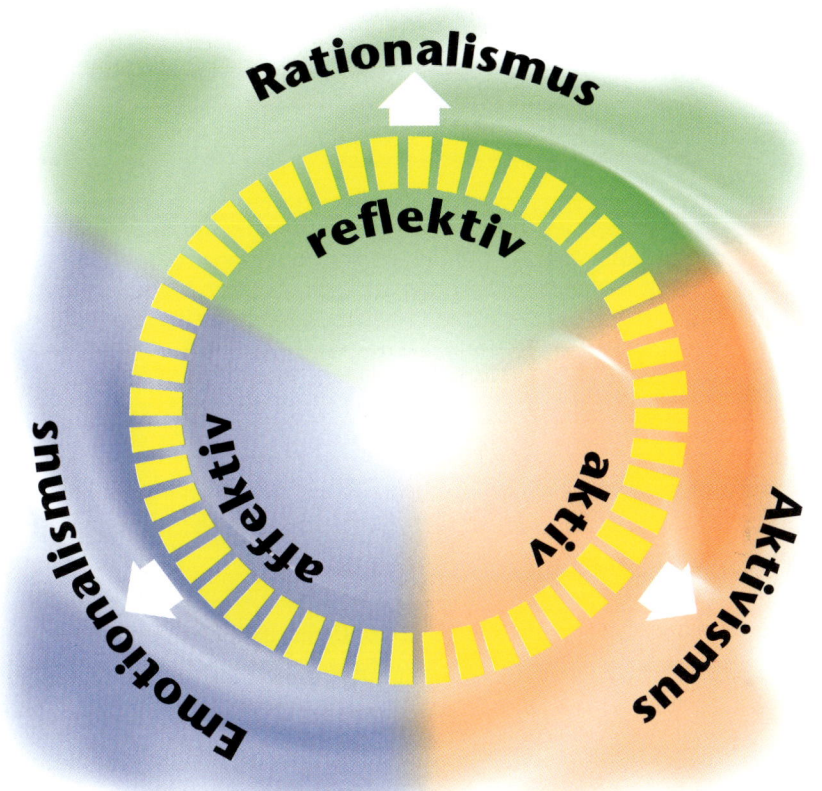

Solange eine Balance zwischen der reflektiven, aktiven und affektiven Seite des Glaubens besteht, ist der Organismus Gemeinde gesund. In dem Augenblick, in dem eine der drei Farben vernachlässigt wird, bestehen die Gefahren des Rationalismus, des Aktivismus und des Emotionalismus.

„Gegenpol" zu stärken. Möchten Sie Rationalismus überwinden? Dann stärken Sie die aktive und die affektive Seite. Möchten Sie dem Aktivismus entgegentreten? Stärken Sie die reflektive und die affektive Seite. Möchten Sie Emotionalismus bekämpfen? Stärken Sie die reflektive und die aktive Seite. Ist der Ansatz der radikalen Balance nicht gesünder, als ständig den Konflikt zu suchen?

Diese Art des Vorgehens ist vielen von uns – insbesondere in der westlichen Welt – nicht vertraut. In einigen nicht-westlichen Kulturen, besonders im Osten, ist es indessen die natürlichste Sache der Welt, zum Beispiel eine Krankheit zu bekämpfen, indem der jeweilige körperliche „Gegenpol" gestärkt wird. Interkulturelles Lernen kann uns zu neuen, kreativen und geistlichen Formen des Konflikt-Managements verhelfen.

Der Umgang mit den eigenen Gefahrenzonen

Es ist erstaunlich, wie viele Menschen deutlich die Irrlehren anderer Christen sehen, jedoch blind gegenüber ihren eigenen Gefährdungen sind. Nehmen wir einmal an, Ihre eigene Gruppe neige zum Rationalismus. Dann sollten Sie Ihre Leute nicht vor Emotionalismus und Aktivismus warnen, denn das ist nicht deren Problem. Sie sollten vielmehr das Problem ansprechen, das Ihre eigene Gefahrenzone beschreibt: Rationalismus.

Welche der drei Farbbereiche ist Ihre persönliche Gefahrenzone?

Kapitel 2

Was wir von grünen Gemeinden lernen können

Alle Stärken grüner Gemeinden haben etwas damit zu tun, dass sie tiefer als andere verstanden haben, dass Gott der Schöpfer ist. Dieser Hintergrund bestimmt auch ihr Bild von Jesus und dem Heiligen Geist. Wenn einige Vertreter der grünen Zone über Jesus oder den Heiligen Geist reden, dann ist das oft lediglich eine Variante dessen, was sie über Gott den Schöpfer zu sagen haben.

Das Wahrnehmen der Verantwortung für Gottes Schöpfung ist eine der Stärken grüner Gemeinden.

Da Gott nicht nur der Schöpfer der Christen ist, sondern aller Menschen – ob Moslems, Buddhisten, Materialisten oder Agnostiker –, sind Gemeinden mit einer grünen Orientierung in der Lage zu sehen, was sie mit anderen religiösen oder unreligiösen Menschen gemeinsam haben. Deshalb zeigen grüne Gemeinden in der Regel einen hohen Grad an Toleranz. Sie neigen nicht dem Fundamentalismus zu. Sie können mit Nichtchristen gemeinsame Sache machen, wenn es darum geht, sich für Gottes Schöpfung zu engagieren.

Die reflektive Seite

In aller Regel schätzen grüne Gemeinden intellektuelle Reflexion. Gesellschafts- und Naturwissenschaften werden nicht als etwas gesehen, was in Konkurrenz zum christlichen Glauben stünde, sondern als Bestandteil einer christlichen Weltanschauung. Normalerweise muss man nicht viel Kraft aufwenden, um einen Vertreter dieser Farbzone davon zu überzeugen, dass empirische Forschungen geistliche Bedeutung für die Gemeinde haben. Sie wissen das selber.

Meine Erfahrungen:

Unsere Forschungen brachten ans Tageslicht, dass die häufigsten Minimumfaktoren liberaler Gemeinden leidenschaftliche Spiritualität und bedürfnisorientierte Evangelisation sind, während ihre größte Stärke in bevollmächtigender Leitung besteht. Wenn ich in Gruppen mit diesem Ausgangspunkt eingeladen bin, versuche ich ihnen zu helfen, sowohl im roten wie im blauen Bereich zu wachsen. Meist spüre ich dabei, wie begierig sie sind, mehr von diesen Farben zu lernen, solange sie niemand zwingt, einen Stil anzunehmen, der nicht zu ihnen passt. Deshalb betone ich, dass Wachstum im roten Farbbereich nicht bedeutet, einen „evangelikalen Stil" anzunehmen, wohl aber, biblische Maßstäbe einschließlich des Missionsauftrags stärker ins Zentrum zu rücken. Ebenso bedeutet Wachstum im blauen Bereich nicht, den Stil charismatischer Gemeinden zu imitieren, wohl aber, die geistliche Vollmacht zu steigern.

Die positive Sicht von Gottes Schöpfung zeigt sich auch in einer positiven Einstellung gegenüber der Kunst. Sinnlichen Zugängen zur geistlichen Realität wird meist gegenüber puritanischen Formen der Vorzug gegeben. Tanz, Theater und Musik mögen zwar auch in Gemeinden der anderen Farbsegmente eine Rolle spielen; für grüne Gemeinden sind diese künstlerischen Darstellungsformen aber mehr als nur „Instrumente", die auf eine geistliche Realität hinweisen. Sie haben in sich selbst geistliche Bedeutung und werden als Ausdruck von Gottes Kreativität verstanden. Diese Sicht der Schöpfung prägt natürlich auch die Art der Gottesdienstgestaltung. Diese Gottesdienste haben meist eine sehr viel künstlerischer gestaltete Liturgie, als wir sie in Gemeinden der anderen Farbsegmente antreffen.

Brennpunkt: Gesellschaft

Grüne Gemeinden sehen Aufgaben wie Umweltschutz oder soziale Verantwortung nicht als „Mittel der Evangelisation", wie es bisweilen in Gemeinden der anderen Farbsegmente verstanden wird. Sie halten gesellschaftliches Engagement vielmehr für ein biblisches Mandat.

Wenn es um tief greifende gesellschaftliche Veränderungsprozesse geht (Überwindung von Diktaturen, Kampf gegen Rassismus, Arbeit für Versöhnung etc.), spielen grüne Gemeinden oft eine wichtige Rolle. Viele Vertreter dieses Farbsegments sind in der Politik und in den Medien engagiert.

*Grüne Gemein-
den betonen die
reflektive Seite des
Glaubens stärker als
die beiden anderen
Farbbereiche. In
ihrem Dienst stehen
Toleranz und **sozi-
ale Gerechtigkeit** im
Vordergrund. Themen
wie **Wissenschaft**,
Kunst und **Politik**
haben einen hohen
Stellenwert.*

Die Grenzen

Alle genannten Bereiche sind Stärken, von denen Gemeinden anderer Farbsegmente lernen können und sollten. Wenn wir nach den Gefahren grüner
Gemeinden suchen, sollten wir nicht den Fehler machen, sie ausgerechnet für
ihre Stärken zu kritisieren, sondern dafür, dass sie die anderen beiden Farbbereiche allzu oft vernachlässigen.

Je stärker der rote und der blaue Farbbereich ausgeblendet werden, desto leichter können relativistische und synkretistische Tendenzen um sich greifen. Es gibt
grüne Gemeinden, die sich nicht nur jedes evangelistischen Engagements enthalten (rote Zone), sondern auch noch begründen, warum es wichtig ist, *nicht*
zu evangelisieren. Und einige haben nicht nur ein schwach entwickeltes blaues
Farbsegment, sondern versuchen uns davon zu überzeugen, diese Schwäche sei
in Wahrheit ein Zeichen intellektueller Reife oder ästhetischer Überlegenheit.

Allerdings muss ich sagen, dass die meisten grünen Gemeinden, denen ich im
Kontext unserer NCD-Arbeit begegne, anders sind. Sie sind sehr wohl in der
Lage, ihre Stärken zu erkennen, aber sie erkennen ebenso klar ihre Grenzen.
Während sie zu Recht keinen Anlass sehen, den Bereich ihrer Stärke zu verlas-
sen, sind sie interessiert, auch in den anderen beiden Farbbereichen zuneh-
mend reifer und mündiger zu werden.

*Welcher Aspekt
grüner Gemeinden
könnte Ihnen helfen,
in Ihrem eigenen
Glauben Wachs-
tum zu erleben?*

Kapitel 2

Was wir von roten Gemeinden lernen können

Völlig unabhängig davon, in welcher Kirche oder Kultur sie beheimatet sein mögen, haben Gemeinden mit einer vorwiegend roten Orientierung vieles gemeinsam. Sie stellen das Kreuz Jesu Christi ins Zentrum – nicht nur als religiöses Symbol, sondern als Referenzpunkt für ihr gesamtes Engagement. Die Dimension der Hingabe und des Opfers spielt für sie eine größere Rolle als für Vertreter der beiden anderen Farbzonen.

Rote Gemeinden stellen zu Recht das Kreuz Jesu Christi ins Zentrum aller ihrer Aktivitäten.

Wenn rote Gemeinden über den Schöpfer oder den Heiligen Geist sprechen, dann ist es bisweilen lediglich eine Variation ihrer Botschaft von Jesus. Sie werden nicht müde, den Absolutheitsanspruch Jesu zu betonen. Die Heilige Schrift ist die Norm für alles, was sie tun. Sie können ungeheure Kraft entfalten, wenn es darum geht, dem „Zeitgeist" zu widerstehen. Für sie kommt es nicht in Frage, die biblischen Maßstäbe abzuschwächen oder aufzuweichen.

Die aktive Seite

Natürlich können auch Gemeinden der anderen beiden Farbzonen beeindruckende Aktivitäten entfalten. Aber für rote Gemeinden spielt die aktive Seite eine sehr viel zentralere Rolle. Sie fragen sich in erster Linie nicht: „Macht es Spaß?", „Fühlt es sich gut an?" oder „Funktioniert es auch?" Sie fragen vielmehr: „Ist es Gottes Wille?" Rote Gemeinden haben – im Durchschnitt – ein sehr viel stärker entwickeltes Pflichtgefühl als Gemeinden der beiden anderen Farbzonen.

Diese Tendenz prägt auch ihren Zugang zur Spiritualität. In den meisten roten Gemeinden spielt „Jüngerschaft" eine wichtige Rolle, oft verbunden mit Übungen in geistlicher Disziplin. Der Fokus liegt auf persönlicher Ethik. Zwar können sich Vertreter roter Gemeinden ebenso wie ihre „grünen" Kollegen politisch engagieren; aber wenn sie das tun, liegt ihre Leidenschaft meist nicht so sehr im Bereich der „Makroethik" (wie z.B. Ökologie oder soziale Gerechtigkeit), sondern im Bereich der „Mikroethik", mit Themen wie Ehe und Familie.

Brennpunkt: Evangelisation

Rote Gemeinden können als Vertreter der „Heilsoffenbarung" gesehen werden, da sie zu Recht die Notwendigkeit einer persönlichen Beziehung zu Jesus ins Zentrum stellen. Deshalb ist für sie die Frage der Evangelisation von entscheidender Bedeutung. Menschen, die ohne Christus verloren wären, sollen gerettet werden. Roten Gemeinden geht es darum, so viele Christen wie möglich in die persönliche Evangelisation einzubeziehen. Ihr Jüngerschaftstraining zielt oft genau auf diesen Punkt.

Einige rote Gemeinden können durchaus Aktivitäten entfalten, die von außen betrachtet eher „grün" oder „blau" erscheinen. Aber ein näherer Blick offenbart, dass die grünen und blauen Schattierungen in erster Linie ein Mittel sind, um die Aufmerksamkeit der Menschen auf das Evangelium zu lenken. Das eigentliche Ziel ist, dass Menschen Christus persönlich kennen lernen; die anderen Aspekte werden zwar nicht als unwichtig, aber doch als zweitrangig betrachtet.

Meine Erfahrungen:

Als wir in unserer Datenbank alle nichtcharismatischen evangelikalen Gemeinden auswählten, stellten wir fest, dass ihr häufigster Minimumfaktor liebevolle Beziehungen ist. Dies entspricht einem weit verbreiteten Klischee über Evangelikale: Gut in der Lehre – weitaus weniger gut im Blick auf persönliche Beziehungen. Insbesondere sind es gesetzliche Tendenzen, die sich negativ auf liebevolle Beziehungen auswirken. Überraschender als dies war allerdings die größte Stärke „roter" Gemeinden: gabenorientierte Mitarbeiterschaft – ein Thema, das nach einem weiteren Klischee eigentlich fest in der Hand von Charismatikern ist. Es lässt sich indessen zeigen, dass im Durchschnitt Nicht-Charismatiker weitaus bessere Werte erzielen, wenn es darum geht, Gaben auf konkrete Aufgaben in der Gemeinde zu beziehen. Die empirisch feststellbare Wirklichkeit steht bisweilen in einer heilsamen Spannung zu theologischen Klischees.

*Rote Gemeinden betonen die **aktive** Seite des Glaubens stärker als die beiden anderen Farbbereiche. In ihrem Dienst stehen **Evangelisation** und **Jüngerschaft** im Vordergrund. Themen wie **Bibel**, **Andacht** und **persönliche Ethik** haben einen hohen Stellenwert.*

Die Grenzen

Die genannten Stärken roter Gemeinden sollten wir nicht bloß als ihr persönliches Steckenpferd betrachten. Rote Gemeinden konzentrieren sich auf die Themen, ohne die die Kirche aufhören würde, Kirche zu sein. Ihr Schwachpunkt ist ganz sicher nicht ihre Betonung der Farbe rot, sondern ihre Vernachlässigung der anderen beiden Farbzonen.

Was geschieht, wenn der grüne und der blaue Farbbereich unterentwickelt sind? Der Absolutheitsanspruch Jesus, die Maßstäbe der Bibel und die Notwendigkeit der Evangelisation bleiben zwar bestehen; aber ohne eine Ausgewogenheit im grünen und blauen Bereich stehen rote Gemeinden in der Gefahr, gesetzlich zu werden. Wir sollten niemals vergessen, dass Gesetzlichkeit im Neuen Testament als ein überaus ernstes Problem gesehen wird. Es ist eine gefährliche Irrlehre – genauso wie z.B. Synkretismus eine Irrlehre ist. In einigen roten Gemeinden lässt sich eine beängstigende Selbstgerechtigkeit finden, die sie blind macht, überhaupt die Notwendigkeit für Veränderung zu sehen.

Aber wiederum gilt: Die Mehrheit der roten Gemeinden, denen ich in meinem Dienst begegne, ist anders. Sie sind daran interessiert, von den anderen Farbbereichen zu lernen, weil sie spüren, dass das wichtig ist, um ihre eigene Berufung zu erfüllen: die Welt für Christus zu gewinnen. Sie wissen, dass sie viel zu geben, aber auch noch viel zu lernen haben.

Welcher Aspekt roter Gemeinden könnte Ihnen helfen, in Ihrem eigenen Glauben Wachstum zu erleben?

Kapitel 2

Was wir von blauen Gemeinden lernen können

W enn wir hier von „blauen Gemeinden" reden, sollten wir daran denken, dass die Mehrzahl der charismatischen und pfingstlichen Gemeinden eher „rot/blaue" Gemeinden sind. Im protestantischen Bereich zumindest sind sie ebenso sehr evangelikal wie charismatisch, aber können bisweilen starke „anti-grüne" Tendenzen an den Tag legen.

Geistliche Vollmacht und geheilte Gefühle sind Stärken von blauen Gemeinden.

Meine Erfahrungen:

Raten Sie einmal, was bei den 40.000 Gemeinden, die wir bislang untersucht haben, der häufigste Minimumfaktor charismatischer Gemeinden ist? Ausgerechnet gabenorientierte Mitarbeiterschaft! Es gibt natürlich viele charismatische Gemeinden, die in diesem Bereich ihre größte Stärke haben, aber im Durchschnitt trifft das genaue Gegenteil zu. Bei näherem Hinsehen ist diese zunächst so überraschende Entdeckung allerdings relativ einfach zu erklären. Je schwächer das grüne und das rote Farbsegment entwickelt sind, desto schwerer wird sich eine Gemeinde tun, den gabenorientierten Ansatz konsequent und systematisch auf der Ebene der Gesamtgemeinde einzuführen. Die größte Stärke charismatischer Gemeinden ist dagegen nicht schwer zu erraten. Es ist leidenschaftliche Spiritualität. Das ist eine natürliche Auswirkung ihrer starken Betonung des blauen Farbbereichs.

Blaue Gemeinden können als Anwalt von Gottes Offenbarung im Heiligen Geist verstanden werden. Für sie ist entscheidend, dass der Heilige Geist nicht nur auf rein intellektueller Ebene akzeptiert wird, sondern dass Menschen ihn als lebensverändernde Wirklichkeit erfahren. Es stimmt zwar nicht, dass rote und grüne Gemeinden den Heiligen Geist etwa komplett ausgeblendet hätten, aber in blauen Gemeinden spielt er eine viel zentralere Rolle. Wenn sie die übernatürliche Kraft des Heiligen Geistes nicht wirklich erleben, haben blaue Gemeinden den Eindruck, dass ein wesentlicher Bestandteil dessen fehlt, was Gemeinde Jesu Christi ausmacht.

Die affektive Seite

Während viele Gemeinden der anderen Farbsegmente „geistliche Erfahrungen" eher mit einem gewissen Grad an Skepsis betrachten, ist dieser Begriff in blauen Gemeinden durch und durch positiv besetzt. Ihr Fokus ist nicht so sehr der „Kopf" (wie in grünen Gemeinden) oder die „Hände" (wie in roten Gemeinden), sondern das „Herz".

Diese starke Betonung der affektiven Seite des christlichen Glaubens durchdringt alle Bereiche ihres Dienstes. Themen wie „innere Heilung" und „emotionale Gesundheit" lassen sich in blauen Gemeinden mit größerer Wahrscheinlichkeit finden als in Gemeinden der anderen Farbzonen. Selbst dann, wenn sie Themen wie „Vergebung" (ein klassisches rotes Thema) oder „Versöhnung" (ein grünes Thema) angehen, steht in blauen Gemeinden die affektive Dimension unverkennbar im Vordergrund. Das Gleiche lässt sich in der Gottesdienst-Praxis beobachten. Oft werden Menschen ausdrücklich ermutigt, ihren Gefühlen öffentlich Ausdruck zu verleihen.

Brennpunkt: geistliche Vollmacht

Die treibende Kraft blauer Gemeinden ist ihre Sehnsucht nach geistlicher Vollmacht. Oft spielt die Erwartung von „Zeichen und Wundern" eine große Rolle. Dieses Interesse am Übernatürlichen erklärt auch, warum in diesen Gemeinden einige der im Neuen Testament erwähnten Gaben (wie Prophetie, Heilung oder Zungenreden) größeres Interesse finden als die anderen neutestamtlichen Gaben (wie zum Beispiel Organisation, Lehren oder Dienen).

Der starke Fokus auf das blaue Farbsegment ist keineswegs auf Gemeinden innerhalb der charismatischen Bewegung begrenzt. Es gibt unzählige Gemeinden außerhalb charismatischer Gruppierungen, in deren Lebenspraxis ebenso stark geistliche Erfahrungen und Vollmacht eine zentrale Rolle spielen. In vielen Fällen sind diese Gruppen sehr viel introvertierter und mystischer in ihrer Ausrichtung, als es etwa ein klassischer Pfingstler ist.

*Blaue Gemeinden betonen die **affektive** Seite des Glaubens stärker als die beiden anderen Farbberei-che. In ihrem Dienst stehen **geistliche Vollmacht** und **emotionale Gesundheit** im Vordergrund. Themen wie **Anbetung**, **geistliche Erfahrungen** und **Zeichen und Wunder** haben einen hohen Stellenwert.*

Die Grenzen

Wer blaue Gemeinden für ihre Stärken kritisiert, steht in der Gefahr zu kritisieren, dass Menschen Erfahrungen mit dem lebendigen Gott machen. Gemeinden aller Farbzonen sollten sich bemühen, mehr von der blauen Dimension in ihren Dienst zu integrieren. In dem Maße allerdings, in dem eine blaue Gemeinde die anderen beiden Farbsegmente vernachlässigt, steht sie in der Gefahr, mehr Probleme zu verursachen als zu lösen.

Gemeinden mit einem unterentwickelten roten Farbsegment sind gefährdet, inneren Bildern, persönlichen Eindrücken und Träumen einen höheren Stellenwert einzuräumen als der Heiligen Schrift. Eine Vernachlässigung des grünen Farbsegments hat ähnlich ernste Konsequenzen. Sie führt dazu, lediglich das als „wahrhaft geistlich" anzuerkennen, was im Widerspruch zu Gottes Schöpfungsordnung steht. In extremen Fällen kann dies sogar zu vollständiger Weltflucht führen.

Zum Glück gibt es nur sehr wenige blaue Gemeinden in Reinkultur, genauso wie *rein* grüne oder *rein* rote Gemeinden eher die Ausnahme als die Regel sind. In den meisten Gemeinden lassen sich alle drei Farben finden, wobei eine von ihnen stärker als die anderen hervorsticht. Eine blaue Gemeinde mit einem *solchen* Ausgangspunkt ist in der Regel offen, die „Fülle Gottes" nun auch im grünen und roten Farbsegment zu entdecken.

Welcher Aspekt blauer Gemeinden könnte Ihnen helfen, in Ihrem eigenen Glauben Wachstum zu erleben?

Kapitel 2

Die fünf Regeln des trinitarischen Kompasses

Schauen Sie sich das Bild auf der rechten Seite an. Es wird Ihnen im Verlaufe dieses Buches mehrere Male begegnen, da es gut kommuniziert, worum es beim trinitarischen Kompass geht. In NCD-Konferenzen stelle ich den Teilnehmern gerne die folgende Frage: „Bewegen sich die Figuren auf diesem Bild in die gleiche oder in unterschiedliche Richtungen?"

Verschiedene Richtungen – oder dieselbe Richtung?

In der Regel antworten etwa 50 Prozent „verschiedene Richtungen", während die anderen 50 Prozent für „dieselbe Richtung" plädieren. Folgen wir den Gesetzen des linearen Denkens, kann nur eine der beiden Antworten richtig sein; innerhalb der Logik des trinitarischen Kompasses sind allerdings beide Antworten gleichzeitig richtig. Alle Figuren auf dem Bild bewegen sich tatsächlich in dieselbe Richtung – nämlich zum Zentrum –, aber je nach ihrem individuellen Ausgangspunkt müssen sie unterschiedliche, manchmal sogar gegensätzliche Richtungen einschlagen, um zu diesem Ziel zu gelangen.

Wir müssen uns darin üben, die Welt aus der Perspektive der verschiedenen Farbzonen zu betrachten.

Wenn wir dieses Bild betrachten, sind diese Gesetzmäßigkeiten relativ einfach zu verstehen. In dem Moment jedoch, in dem wir sie verstanden haben, haben wir gleichzeitig höchst komplexe Zusammenhänge begriffen, die uns einen neuen Zugang zu Theologie und Gemeindeentwicklung eröffnen können. Und wir haben verstanden, wie der trinitarische Kompass funktioniert: Menschen bewegen sich in unterschiedliche Richtungen und doch gleichzeitig in dieselbe Richtung – näher zum lebendigen Gott.

Das Bild des Kompasses

Deshalb habe ich mich für das Bild des „Kompasses" entschieden. In Kombination mit einer Landkarte hilft uns ein Kompass dabei (a) herauszufinden, wo wir im Moment stehen, und hilft uns (b) zu unserem Zielort zu gelangen. Ein Kompass liefert uns allerdings keine detaillierte Wegbeschreibung. Wenn drei Personen, die an jeweils unterschiedlichen Ausgangspunkten starten, das gleiche Ziel erreichen wollen, wird der gleiche Kompass jedem von ihnen unterschiedliche Richtungen zeigen.

Mehr im Internet:

Im Internet (siehe Seite 162) finden Sie Antworten auf folgende Fragen:

• Ist „Balance" wirklich ein Wachstumsfaktor? Viele wachsende Gemeinden scheinen eher einseitig zu sein.

• Wie passt die römisch-katholische Kirche in das Farbschema?

Regel 1: Beziehen Sie den trinitarischen Kompass auf unterschiedliche Bereiche des gemeindlichen Lebens

Innerhalb der natürlichen Gemeindeentwicklung wird Ihnen der trinitarische Kompass in den unterschiedlichsten Zusammenhängen begegnen. Er ist immer darauf ausgerichtet, Ihren Ausgangspunkt *im Blick auf ein ganz bestimmtes Thema* ausfindig zu machen. Es kann zum Beispiel sein, dass Sie im Bereich von bedürfnisorientierter Evangelisation ausgesprochen „grüne" Tendenzen haben, während Sie im Bereich von gabenorientierter Mitarbeiterschaft primär „rot" und im Bereich von liebevollen Beziehungen „blau/grün" sind. Es wäre irreführend zu glauben, dass eine einzige Farbe alle Ihre Lebensbereiche bestimmt. Ihr Farbprofil kann – je nach Thema – unterschiedlich ausfallen.

Es ist hilfreich, den trinitarischen Kompass auf unterschiedliche *Ebenen* des gemeindlichen Lebens zu beziehen: einzelne Christen, Kleingruppen, ganze Gemeinden, Denominationen. Der Vergleich dieser Ergebnisse kann äußerst

Bewegen sich diese Figuren in die gleiche Richtung oder in unterschiedliche Richtungen? Innerhalb des trinitarischen Kompasses sind beide Antworten gleich richtig. Alle Figuren bewegen sich in dieselbe Richtung, nämlich in Richtung Zentrum. Je nach Ausgangspunkt allerdings kann es sein, dass sie sich in unterschiedliche, sogar gegensätzliche Richtungen bewegen müssen, um dieses Ziel zu erreichen.

erhellend sein. Vergleichen Sie nur einmal Ihre persönlichen Ergebnisse mit denen Ihrer Gemeinde!

Regel 2: Akzeptieren Sie, dass jeder Christ unausgewogen ist

Alle biblischen Persönlichkeiten (ob Moses, David, Maria oder Paulus), alle Helden der Kirchengeschichte (ob Augustin, Luther, Moody oder Mutter Teresa) und alle unsere zeitgenössischen christlichen Vorbilder sind unausgewogen. Die einzige Ausnahme zu dieser Regel – wirklich, die einzige! – ist Jesus, der Sohn Gottes.

Ich bin unausgewogen und Sie sind unausgewogen. Ihr Pastor ist unausgewogen und Ihr Bischof (sollten Sie einen haben) ist unausgewogen. Leider sind eine ganze Reihe christlicher Biografien so geschreiben, dass der jeweilige Held als vollkommen ausgewogene Persönlichkeit dargestellt wird. Solange es sich nicht um eine Biografie Jesu handelt, können Sie sicher sein, dass das Porträt historisch nicht stimmt. So sind Menschen einfach nicht. Diese Einsicht ermöglicht es uns, offen – sogar öffentlich – über „Farbdefizite" zu sprechen, da jeder von uns seine Schwächen und Stärken hat.

Regel 3: Achten Sie auf die spezifischen Gefahren, die mit jeder Farbe verbunden sind

In diesem Buch ist schon wiederholt davon die Rede gewesen, dass in jeder Farbe auch eine ganz spezifische Gefahr liegt. Je schwächer die anderen beiden Farben entwickelt sind, desto wahrscheinlicher ist es, dass diese Gefahr auftritt. Denken Sie immer daran, dass Irrlehre in aller Regel nicht das Gegenteil der Wahrheit ist, sondern eine Teilwahrheit. Verwechseln Sie den trinitarischen Kompass nicht mit einem Instrument zur geistlichen Unterhaltung. Wenn wir uns die Gefahren betrachten, die uns in allen drei Farbbereichen begegnen können, reden wir über äußerst ernste Themen.

Wir müssen den Menschen auf der Basis ihrer Ausgangspunkte dienen, statt unsere eigene Lieblingsfarbe zu predigen.

Meine Erfahrungen:

Wenn ich in liberalen Gruppen (grün) eingeladen werde, spreche ich mit Vorliebe darüber, wie ich selber Christus begegnet bin (rot) und die Kraft des Heiligen Geistes erlebe (blau). In evangelikalen (rot) und charismatischen Gruppen (blau) würde ich das nicht tun. Dort konzentriere ich mich z.B. gerne auf das Thema soziale Gerechtigkeit (grün). Dies ist meine Weise, den Fokus auf den jeweiligen „Gegenpol" zu legen. Ich hoffe, dass dieses Verfahren in Zukunft sehr viel normaler wird, als es das heute noch ist. Wer die Auswirkungen dieses Ansatzes einmal erlebt hat, spürt, wie viel produktiver, gesünder und spannender er ist als die eingespielten Verhaltensweisen, die meist das betonen, was man auch vorher schon wusste.

> *Welche der genannten Regeln bildet den größten Gegensatz zu dem, was Sie bisher erlebt haben?*

Regel 4: Konzentrieren Sie sich immer auf den Gegenpol Ihrer derzeitigen Stärke

Auf den Seiten 58-59 war bereits vom Konzept des „Gegenpols" die Rede. Die Herausforderung besteht allerdings darin, diesem Konzept nicht nur zuzustimmen, sondern es konsequent auf das eigene Leben zu beziehen. Das Schöne an diesem Ansatz ist, dass er uns in die Lage versetzt, sogar ernste Gefahren – wie zum Beispiel Irrlehre – in einer positiven Weise anzugehen.

Nehmen wir einmal an, die derzeitige Stärke Ihrer Gemeinde liegt im affektiven Bereich (blau) und ihre Gefahrenzone ist Emotionalismus. Die Konzentration auf den „Gegenpol" (in diesem Fall auf die Farben grün und rot mit ihren Schwerpunkten „Reflexion" und „Aktivität") wird Sie automatisch vor Ihrer Gefahrenzone schützen. Sie müssen keine Predigten über die Gefahren des Emotionalismus halten und den Leuten sagen, warum dieser Weg direkt in die Hölle führt. Predigen Sie vielmehr darüber, wie ein Mensch im Bereich der gegenüberliegenden Farbbereiche Wachstum erleben kann – und Sie werden Ihr Ziel viel effektiver erreichen.

Es ist erstaunlich, wie gut dieser Ansatz funktioniert, ganz gleich was der jeweilige Ausgangspunkt ist und wie stark die jeweilige Gefahr bereits ausgeprägt ist.

Regel 5: Konzentrieren Sie sich auf den Ausgangspunkt der Menschen, denen Sie dienen wollen, nicht auf Ihren eigenen

Möglicherweise haben Sie Ähnliches schon selbst erlebt: Ihr Pastor war auf einer Konferenz und hat eine tolle geistliche Entdeckung gemacht. Von diesem Tag an muss *jedes* Gemeindemitglied genau die gleiche Entdeckung machen. Oder Sie selbst haben herausgefunden, dass Wachstum im reflektiven Bereich (grün) für Sie der nächste Schritt zu geistlicher Reife ist, und versuchen nun, die unglücklichen Menschen in Ihrer Umgebung davon zu überzeugen, dass dies auch für jeden einzelnen von ihnen der wichtigste Schritt sei. Oder Ihre Kleingruppenleiterin hat ein Buch gelesen, das ihr half, in einem für sie entscheidenden Lebensbereich Veränderung zu erfahren. Nun lässt sie die ganze Gruppe das Buch lesen, damit jeder sich mit diesem „entscheidenden Lebensbereich" beschäftigt.

Menschlich betrachtet sind diese Reaktionen mehr als verständlich, aber sie sind zugleich unglaublich unreif. Zumindest von christlichen Leitern sollte man erwarten, dass sie sich anders verhalten.

Auf christlichen Konferenzen habe ich schon häufig Botschaften wie diese gehört: „Jeder von uns muss...", „Was jeder Christ braucht, ist...", „Das Kernproblem unseres Lebens ist..." oder „Der Schlüssel für Ihr Leben ist..." Wann immer ich solche Botschaften höre, bin ich mir ziemlich sicher, dass diese Redner, obwohl ihre Vorschläge für etwa ein Drittel der Zuhörer hilfreich sein mögen, die restlichen zwei Drittel in die falsche Richtung führen. Da jeder von uns einen anderen Ausgangspunkt hat, braucht auch jeder eine andere Anleitung, wie wir zum Ziel gelangen.

Der trinitarische Kompass und die Trinitätslehre

In welchem Verhältnis steht der trinitarische Kompass zur Lehre von der Trinität? Im vierten Jahrhundert hatte sich die Kirche mit der Frage auseinanderzusetzen, wie ihr Reden vom Vater, Sohn und Heiligen Geist sich mit dem Glauben an den einen Gott verträgt. Aus diesen Diskussionen entstand schließlich die klassische Trinitätslehre, die bis heute Gültigkeit hat: Gott wird verstanden als „eine Substanz" *(una substantia)* und „drei Personen" *(tres personae).*

Wenn Sie sich mit dem trinitarischen Kompass beschäftigen (siehe Schaubild auf Seite 53), werden Sie anderen Begriffen und Kategorien als den eben erwähnten begegnen: Das Bild des Lichtes – die drei Farben – die Konzentration auf Veränderungsprozesse und geistliches Wachstum – der Kontext der Gemeindeentwicklung – die Begriffe „Schöpfer", „Jesus" und „Geist", die kreisförmig um den Begriff „Gott" herum angeordnet sind. Es stellt sich die Frage: Ist dies die gleiche Lehre wie die klassische Trinitätslehre, oder gibt es Unterschiede?

Zwei verschiedene Fragen

Der trinitarische Kompass wurzelt in den klassischen Formulierungen des vierten Jahrhunderts. Viele Menschen übersehen allerdings, dass sich jedes der beiden Konzepte auf unterschiedliche Fragen bezieht:

1. Der Fokus der klassischen Lehre liegt auf der Frage, wie die Beziehungen, die die **drei Personen der Gottheit** zueinander haben, aussehen.

2. Der trinitarische Kompass konzentriert sich auf die Frage, wie die Beziehung aussieht, die **wir (die Christen)** zum dreieinigen Gott haben.

Beide Fragen sind wichtig, aber es sind nicht die gleichen Fragen. Deshalb kann es verwirrend sein, die gleichen Begriffe, die gefunden wurden, um die erste Frage zu beantworten, nun zur Beantwortung der zweiten Frage heranzuziehen, und umgekehrt.

Jedes Konzept wurde entwickelt, um eine ganz bestimmte Frage anzugehen, und das gleiche Konzept, das diese spezielle Frage hervorragend beantwortet, bietet nicht automatisch die hilfreichsten Antworten auf andere Fragen, weil es niemals zu diesem Zweck entwickelt worden ist.

Worum geht es uns?

Während die klassische Trinitätslehre nicht die Frage beantwortet, welche Beziehung *wir* – als einzelne Christen und ganze Gemeinden – zum dreieinigen Gott haben, beantwortet der trinitarische Kompass nicht die Frage, wie die Beziehungen der drei Personen der Gottheit zueinander definiert werden sollten. Bisweilen sind Leser meiner Bücher felsenfest davon überzeugt, dass ich die Frage der „innertrinitarischen Beziehungen" behandelt habe, aber tatsächlich habe ich nicht ein einziges Wort zu diesem Thema gesagt – nicht, weil es mir etwa nicht wichtig wäre, sondern einfach deshalb, weil es im Zusammenhang des NCD-Paradigmas nicht mein Thema ist.

Der trinitarische Kompass ist der Versuch, die Trinitätslehre zum Leben zu erwecken.

Mehr im Internet:

Im Internet (siehe Seite 162) finden Sie Antworten auf folgende Fragen:

• *Wie biblisch ist die natürliche Gemeindeentwicklung?*

• *Tendiert der trinitarische Kompass nicht in gewisser Weise zu dem, was in der Kirchengeschichte als „Modalismus" bezeichnet wurde?*

Ist der trinitarische Kompass „rechtgläubig"?

Wer diese Unterscheidung nicht macht, mag von der Tatsache irritiert sein, dass der trinitarische Kompass „andere" Kategorien benutzt als die klassische Trinitätslehre. Dann stellt man mir Fragen wie diese:

In den besten Zeiten der Kirchengeschichte wurden alle drei Dimensionen aufeinander bezogen.

- Warum *ersetzt* du den Begriff „Vater" durch „Schöpfer" oder „Sohn" durch „Jesus"?
- Warum wird in deinem Diagramm ein viertes Element *hinzugefügt*, nämlich das Wort „Gott" im Zentrum?
- Warum *weigerst* du dich, den Begriff „Personen" zu gebrauchen?

In Wirklichkeit habe ich aber überhaupt nichts „ersetzt", ich habe nichts „hinzugefügt" und nichts „verweigert". Dieser Eindruck kann nur entstehen, wenn jemand davon ausgeht, dass beide Konzepte (Trinitätslehre und trinitarischer Kompass) die gleiche Frage behandeln und dass ich die klassischen Formulierungen genommen habe, um sie dann solange zu verändern, bis sie meinen Zwecken dienten. Nichts dergleichen ist allerdings geschehen.

Keine Konkurrenz zwischen beiden Konzepten

Die Tatsache, dass der trinitarische Kompass andere Begriffe und Kategorien benutzt, als wir sie von den klassischen Formulierungen her kennen, hat den gleichen Hintergrund wie die Tatsache, dass verschiedene Bibelverse unterschiedliche Begriffe gebrauchen, um verschiedene – aber verwandte – Themen zu behandeln. Wenn in einem dieser Verse Jesus der „Sohn Gottes" genannt wird und in einem anderen „das Lamm", wäre es absurd daraus den Schluss zu ziehen, der Begriff „Lamm" habe den Begriff „Sohn Gottes" *ersetzt*. Der Begriff ist lediglich eine andere Art, einen spezifischen Aspekt Jesu in einem bestimmten Zusammenhang zu beschreiben.

An vielen Stellen der Bibel wird Jesus nicht „Sohn" genannt, sondern einfach „Jesus". Wenn ich den Begriff „Jesus" im trinitarischen Kompass benutze, dann ist das nicht häretischer als es der biblische Gebrauch dieses Namens ist. Das Gleiche gilt für den Gebrauch der Begriffe „Vater", „Geist", „Schöpfer" etc. Wenn die Bibel über Gott redet, benutzt sie eine Fülle von Begriffen, Titeln und Namen.

Die Lehre zum Leben erwecken

Der trinitarische Kompass ist ein Versuch, die Trinitätslehre auf unser Leben zu beziehen. Er stellt die Trinität ganz bewusst in den Kontext des persönlichen Wachstums und der Gemeindeentwicklung. Er versucht eine Brücke zu schlagen zwischen der theologischen Frage nach dem Wesen Gottes und der empirischen Frage nach Veränderungsprozessen in einer örtlichen Gemeinde.

In den letzten Jahren wurde ich wiederholt gebeten, ich solle öffentlich erklären, ob ich der Trinitätslehre „zustimme", weil man offensichtlich den Eindruck hatte, dass ich Schwierigkeiten damit hätte. Wann immer ich so eine Anfrage erhalte, ist meine Antwort

Meine Erfahrungen:

In Gesprächen über den trinitarischen Kompass habe ich ein interessantes Muster beobachtet. In unserer theologischen Ausbildung lernen wir bestimmte Paradigmen (z.B. griechische Metaphysik), Begriffe (z.B. Monarchismus, Modalismus, Dynamismus), Autorennamen (z.B. Sabellius). Wenn wir später einem anderen Konzept begegnen (z.B. in einem NCD-Buch), ordnen wir dieses Konzept den Paradigmen, Begriffen und Namen zu, die wir aus unserer Ausbildung kennen. Wo immer wir eine Affinität zwischen alten und neuen Quellen feststellen, übertragen wir das Gesamtpaket von Aussagen, die bei den uns bekannten Quellen mit diesem Aspekt verbunden waren, auf die neue Quelle. Man mag sich z.B. erinnern, dass ein bestimmter Irrlehrer das Bild des Lichtes benutzte – so, wie wir es im trinitarischen Kompass tun. Folglich projiziert man die Lehren dieses Irrlehrers auf NCD und unterstellt uns Aussagen, die wir weder lehren noch teilen.

Das, was das Christentum von allen Religionen unterscheidet, ist Gottes dreifache Offenbarung: Er offenbart sich in der Schöpfung (grüner Bereich), hier durch den Regenbogen symbolisiert; er offenbart sich in Jesus Christus (roter Bereich), hier durch das Kreuz symbolisiert; und er offenbart sich im Heiligen Geist (blauer Bereich), hier durch die Taube symbolisiert.

diese: „Ich sehe das Zentrum unserer Arbeit darin, das zum Leben zu erwecken, wofür die Väter dieser Lehre gekämpft haben. Nach meinem Verständnis ist dies ein sehr viel stärkeres Ernstnehmen einer Lehre, als es eine bloße verbale Zustimmung jemals sein könnte."

Es ist ein wahres Drama, dass in weiten Teilen der Christenheit die Trinitätslehre als lebloses, irrelevantes Konzept verstanden wird, das zwar theologisch wichtig sei, aber nichts mit unserem täglichen Leben zu tun hat. Es bewegt mich ungeheuer zu sehen, wie dramatisch sich diese Situation derzeit vor unseren Augen wandelt, und dass die *NCD Community* ein wichtiger Teil dieser weltweiten Bewegung Gottes ist.

Wie wir Gefahren vermeiden können

Die Trinitätslehre wurde nicht als Selbstzweck entwickelt, sondern vor allem mit dem Ziel, den christlichen Glauben gegen klar erkennbare Gefahren zu verteidigen. Die Kirchengeschichte hat indessen gezeigt, dass es nicht möglich ist, die Wahrheit allein durch die Formulierung von rechtgläubigen Bekenntnissen zu schützen. Die Wahrheit wird nur dann offenbar, wenn Menschen ganzheitlich erleben – mit ihren Köpfen, Herzen und Händen –, wer der dreieinige Gott ist. Dazu beizutragen ist das Ziel der natürlichen Gemeindeentwicklung.

Hat in der Vergangenheit die Trinitätslehre praktische Auswirkungen auf Ihr Leben gehabt?

Das NCD-Farbprofil

Das NCD-Farbprofil wird Ihnen zeigen, welche der drei Farben derzeit in Ihrem Leben am stärksten entwickelt ist und auf welchen Bereich Sie sich besonders konzentrieren sollten. Wenn Sie dieses Buch gemeinsam mit anderen Christen durcharbeiten, können Sie auch für Ihre gesamte Gemeinde ein Farbprofil erheben.

Dieser Test soll nicht der geistlichen Unterhaltung dienen, sondern Teil eines langfristigen Entwicklungsprozesses sein.

Bevor Sie beginnen, einige kurze Erklärungen:

1 Lesen Sie zunächst die folgenden 36 Aussagen durch und kreuzen Sie jeweils die Spalte an, die Sie oder Ihre Gemeinde am besten beschreibt. Antworten Sie so spontan wie möglich und seien Sie ehrlich zu sich selbst. Beachten Sie bitte, dass es in den Fragen 1-18 um Ihr eigenes Leben geht, in den Fragen 19-36 dagegen um das Leben Ihrer Gemeinde. Es kann sinnvoll sein, den Fragebogen mit Bleistift auszufüllen, so dass Sie den Test nach einiger Zeit wiederholen können.

2 Nachdem Sie alle Fragen beantwortet haben, folgen Sie den Anweisungen auf Seite 75. Sie können die Ergebnisse Ihres *persönlichen Farbprofils* umgehend berechnen.

3 Um ein *gemeindliches Farbprofil* zu erheben, geben Sie Seite 75 der Person, die in Ihrer Gemeinde für das Farbprofil zuständig ist. Sobald sie Ihre Antworten zusammen mit denen anderer Gemeindemitglieder in ein Formular eingegeben hat, das auf der NCD-Website bereitgestellt ist, wird sie das gemeindliche Ergebnis erhalten.

Meine Erfahrungen:

Immer wieder werden wir gefragt, warum es nicht möglich ist, das Farbprofil oder andere Tests aus NCD-Büchern „separat" statt als Teil eines Buches zu erhalten. Der Hauptgrund, warum wir uns entschieden haben, keine „separaten Tests" anzubieten, ist dieser: Wir wollen nicht einer weit verbreiteten „Fastfood-Mentalität" Vorschub leisten, wobei diese Instrumente einfach nur zur geistlichen Unterhaltung eingesetzt werden, statt als Baustein eines ernsthaften und langfristigen Entwicklungsprozesses. Außerhalb des Zusammenhangs dieses Buches und ohne die Erläuterungen, die den Lesern an die Hand gegeben werden, macht das Farbprofil keinerlei Sinn. Es könnte sogar kontraproduktiv sein, da die reinen „Ergebnisse" in der Regel mehr Missverständnisse produzieren als Fragen beantworten.

*Wenn Sie der **Pastor** bzw. eine Person sind, die für das Farbprofil in Ihrer Gemeinde verantwortlich sind, befolgen Sie bitte folgende Schritte:*

1 Sie sollten sich sicher sein, dass Sie das Farbprofil nicht zur Unterhaltung einsetzen, sondern als Teil eines langfristigen Entwicklungsprozesses. Sorgen Sie dafür, dass jeder Teilnehmer an diesem Prozess ein Exemplar des Buches hat. Bitte beachten Sie, dass es für den Einsatz in Gruppen Staffelpreise gibt. Weitere Informationen erhalten Sie über den Verlag (Kontaktadresse auf Seite 2).

2 Um das Farbprofil für Ihre Gemeinde zu erheben, sollten mindestens 30 Prozent der regelmäßigen Gottesdienstbesucher ein Exemplar des Buches haben und den Fragebogen ausfüllen.

3 Sammeln Sie die ausgefüllte Seite 75 von jedem Teilnehmer ein und geben Sie die Daten in das Formular ein, das auf der Website *www.ncd-international.org/community* bereitgestellt wird. Sobald Sie die Daten hochgeladen haben, erhalten Sie die Ergebnisse für Ihre Gemeinde. Sie werden auf der Grundlage einer statistischen Norm errechnet, die für jedes Land und jeden Sprachbereich separat erstellt wurde.

Die Auswertung über das Internet ist kostenlos. Es ist ein exklusiver Service für die Leser des Buches *Farbe bekennen mit Natürlicher Gemeindeentwicklung*.

Die folgende Aussage trifft...

auf mich zu:

	sehr stark	stark	weniger stark	nur schwach	gar nicht	
1						Es ist mir wichtig, viel Zeit darauf zu verwenden, Dinge konsequent durchzudenken.
2						Wenn etwas getan werden muss, möchte ich einbezogen sein.
3						Es ist mir wichtig, Gottes Gegenwart in meinem Leben zu spüren.
4						Ich bin gerne unter Menschen, deren Lebensstil anders als meiner ist.
5						Mein Leben ist darauf ausgerichtet, anderen Menschen zu einer persönlichen Beziehung zu Christus zu verhelfen.
6						Es ist mir wichtig, gefühlsmäßig aufgerichtet zu werden, wenn ich Gott im Gebet begegne.
7						In meinen täglichen Entscheidungen spielt soziale Gerechtigkeit eine wichtige Rolle.
8						Es ist mir wichtig, geistlichen Regeln zu folgen, die meine Hingabe an Christus stärken.
9						Der Heilige Geist leitet mich in meinen täglichen Entscheidungen.
10						Ich bin politisch engagiert.
11						Mir ist es wichtig, täglich die Bibel zu lesen.
12						Ich habe schon häufig übernatürliche Erweise von Gottes Macht erlebt.
13						Ich bemühe mich, mich regelmäßig mit Kunst zu beschäftigen.
14						Feste Zeiten der Stille und Meditation sind ein wichtiger Bestandteil meines Lebens.
15						Zeiten des Lobpreises und der Anbetung bauen mich geistlich auf.
16						Meine Entscheidungen sind auf wissenschaftliche Fakten gegründet.
17						Für mich ist das Zentrum christlicher Ethik ein heiliges Leben nach Gottes Willen.
18						Ich spüre häufig Gottes Gegenwart in meinem Leben.
	4	3	2	1	0	

Die folgende Aussage trifft...

auf meine Gemeinde zu:

	sehr stark	stark	weniger stark	nur schwach	gar nicht	
19						Das Klima unserer Gemeinde ist vorwiegend intellektuell.
20						Unsere Gemeinde motiviert die Menschen, sich gemeindlich zu engagieren.
21						Unsere Gemeinde tut ihr Bestes, eine warme Atmosphäre zu schaffen.
22						Unterschiedliche Meinungen werden in unserer Gemeinde geschätzt.
23						Unsere Gemeinde unterstützt die Mitglieder in ihren evangelistischen Bemühungen.
24						Viele unserer gemeindlichen Aktivitäten sind darauf ausgerichtet, Menschen bei der Heilung ihrer Gefühle zu helfen.
25						Unsere Gemeinde setzt sich für soziale Gerechtigkeit ein.
26						Unsere Gemeinde unterstützt die Gläubigen dabei, in ihrer persönlichen Beziehung zu Christus Wachstum zu erleben.
27						In unserer Gemeindearbeit erleben wir häufig Manifestationen der Kraft des Heiligen Geistes.
28						Unsere Gemeinde betont die politische Dimension des christlichen Glaubens.
29						Im Leben unserer Gemeinde spielt die Autorität der Bibel eine zentrale Rolle.
30						Es ist ein wichtiges Merkmal unserer Gemeinde, dass wir mit Zeichen und Wundern rechnen.
31						Unserer Gemeinde spürt man eine hohe Wertschätzung von Kunst ab.
32						Andachten sind ein normaler Teil vieler unserer gemeindlichen Zusammenkünfte.
33						Zeiten des Lobpreises und der Anbetung sind für unsere Gemeinde zentral.
34						Wissenschaftliches Denken spielt im Leben unserer Gemeinde eine wichtige Rolle.
35						Unsere Gemeinde ist dafür bekannt, dass sie dem Zeitgeist zum Trotz moralischen Kompromissen widersteht.
36						Unsere Gemeinde misst der geistlichen Erfahrung einen hohen Stellenwert bei.
	4	3	2	1	0	

So werten Sie das NCD-Farbprofil aus

Kapitel 2

Haben Sie alle Fragen beantwortet? Dann können Sie mit der Auswertung beginnen. Das ist gar nicht so schwer, wenn Sie sich an die folgenden sieben Schritte halten:

Schritt 1: Seite heraustrennen

Trennen Sie dieses Auswertungsblatt entlang der Perforation heraus.

Schritt 2: Rohdaten zusammenstellen

Tragen Sie in die beiden unten stehenden Auswertungstabellen (Tabelle A und Tabelle B) zu jeder Frage des Fragebogens die Zahlenwerte ein, die Ihrer jeweiligen Antwort entsprechen. Sie finden die entsprechenden Zahlen am Fuße jeder Antwortspalte (4-0).

Tabelle A

						Farbe	Gesamt
1	4	7	10	13	16	**Grün**	
2	5	8	11	14	17	**Rot**	
3	6	9	12	15	18	**Blau**	

Tabelle B

						Farbe
19	22	25	28	31	34	**Grün**
20	23	26	29	32	35	**Rot**
21	24	27	30	33	36	**Blau**

Schritt 3: Rohdaten von Tabelle A zusammenzählen

Nun addieren Sie bitte in jeder waagerechten Zeile die Werte von Tabelle A. Tragen Sie das Ergebnis in das Feld *Gesamt* ein. Das gibt Ihnen für jeden Farbbereich einen „Rohwert". Die Werte von Tabelle B brauchen Sie nicht zu addieren.

Beachten Sie, dass diese Werte noch nicht das Ergebnis Ihres persönlichen Farbprofils darstellen. Um Ihre persönlichen Werte zu erhalten, müssen Sie die oben errechneten Rohdaten in die „Normierungstabelle" auf Seite 76 übertragen.

Die wissenschaftliche Normierung wurde vom Institut für natürliche Gemeindeentwicklung auf der Basis von interkonfessionellen Testgruppen entwickelt. Sie unterscheidet sich in jeder Sprache, in der dieses Buch erscheinen ist.

Auf der nächsten Seite geht die Auswertung weiter.

So werten Sie das NCD-Farbprofil aus (Fortsetzung)

Schritt 4: Rohdaten in die Normierungstabelle übertragen

Übertragen Sie nun die drei Zahlen, die Sie in der Spalte *Gesamt* von Tabelle A finden, in die Normierungstabelle (rechts). Kreisen Sie zu jeder Farbe den Zahlenwert ein, den Sie in der Auswertungstabelle errechnet haben. Wenn Sie zum Beispiel in der Auswertungstabelle für *Rot* den Wert 19 errechnet haben, sollten Sie in der Normierungstabelle in der roten Zeile die Zahl 19 einkreisen. Sollte der exakte Zahlenwert in der Tabelle nicht enthalten sein, dann kreisen Sie bitte den nächstniedrigen Wert ein.

Schritt 5: Persönliche Ergebnisse betrachten

Die Normierungstabelle zeigt Ihnen nun, welche Farbe den höchsten und welche den niedrigsten Profil-Wert hat (die *Profil-Werte* finden Sie in der schwarzen Zeile). Das gibt Ihnen einen Anhaltspunkt, auf welchen Bereich Sie sich konzentrieren sollten. Tragen Sie für jede Farbe den Profil-Wert in die Tabelle *Ihr persönliches Farbprofil* auf Seite 77 ein.

Schritt 6: Gemeindliches Farbprofil erheben

> Das Farb-Profil zeigt Ihnen, auf welche Bereiche Sie sich konzentrieren sollten.

Um ein Farbprofil für Ihre ganze Gemeinde zu erheben, befolgen Sie bitte folgende Anleitungen:

a. Geben Sie diese Seite des Buches der Person, die in Ihrer Gemeinde für das Farbprofil verantwortlich ist. Sie benötigt sowohl die Ergebnisse von Tabelle A als auch von Tabelle B, da beide in die Auswertung des gemeindlichen Farbprofils einfließen.

b. Sobald Ihre Gemeinde die Daten von zumindest 30 Prozent ihrer Gottesdienstbesucher hat, kann die Person, die für das Farbprofil zuständig ist, die Daten ins Internet hochladen. Sie wird daraufhin umgehend das gemeindliche NCD-Farbprofil erhalten, das aufgrund einer statistischen Norm errechnet wird, die speziell für Gemeinden in Ihrem Land erstellt wurde.

c. Über diese Person erhalten Sie auch die Ergebnisse des gemeindlichen Farbprofils. Schreiben Sie sie in die Tabelle *Ihr gemeindliches Farbprofil* auf Seite 77.

Schritt 7: Mit Kapitel 6 fortfahren

Beachten Sie, dass es in Kapitel 6 (es beginnt auf Seite 166) ausdrücklich um die Frage geht, wie Sie fortfahren können, nachdem Sie sowohl für sich selbst als auch für Ihre Gemeinde ein Farbprofil erhoben haben. Wenn Sie die Prinzipien der natürlichen Gemeindeentwicklung bereits gut kennen, können Sie direkt auf Seite 166 fortfahren.

Normierungstabelle

Profil-Werte	Grün	Rot	Blau
80		23	24
79	23	21	24
78			23
77			23
76			23
75	19	22	22
74			22
73			22
72	18	21	21
71			21
70			20
69	17	20	20
68			20
67		19	
66	16	19	19
65			19
64	15	18	
63			18
62		17	18
61			17
60	14		17
59		16	
58		16	
57	13	15	16
56		15	
55			15
54	12	14	
53			14
52			14
51	11	13	
50			13
49		12	13
48			
47	10	11	
46		11	12
45			
44	9	10	11
43		10	
42			10
41	8	9	10
40			
39		8	9
38	7		
37		7	8
36			
35	6	6	7
34			
33			6
32	5	5	
31			5
30			
29	4	4	
28		3	4
27	3		
26		2	3
25			
24	2	1	2
23			
22	1	0	1
21	0	0	0
20			

Ihr Weg zu geistlicher Balance

E s ist *eine* Sache, den eigenen Ausgangspunkt ausfindig zu machen (dies war der Zweck der vorangegangenen Seiten), es ist aber etwas völlig Anderes, auf dieser Grundlage praktische Schritte zu planen, die mehr Balance in Ihr Leben bringen (darum geht es auf den restlichen Seiten dieses Buches). Ich gehe ganz realistisch davon aus, dass die Mehrheit derjenigen, die ein Farbprofil erheben, niemals praktische Konsequenzen daraus ziehen werden. Es gibt eine weit verbreitete Tendenz – insbesondere in der westlichen Welt – derartige Instrumente lediglich zur geistlichen Unterhaltung zu nutzen, anstatt sie als Ausgangspunkt für einen langfristigen Wachstumsprozess zu betrachten.

Ich möchte Sie ausdrücklich einladen, in einen Prozess der persönlichen Transformation einzutreten. Wenn Sie die Gelegenheit haben, sich in einer Gruppe von Mitchristen auf diesen Prozess einzulassen – vielleicht sogar mit Ihrer ganzen Gemeinde – umso besser. Ich kenne zwar nicht Ihren persönlichen Ausgangspunkt und Ihre spezifischen Problembereiche, aber ich weiß, dass Sie dieser Prozess zu einem höheren Grad geistlicher Reife führen wird. Garantiert!

Ihre Ergebnisse

Bevor Sie fortfahren, tragen Sie bitte die drei „Profil-Werte" Ihres persönlichen Farbprofils in die folgende Tabelle ein. Sie finden die „Profil-Werte" im schwarzen Balken der Normierungstabelle auf Seite 76:

Der trinitarische Kompass führt sie zu einem ständig wachsenden Grad geistlicher Reife.

Ihr persönliches Farbprofil	
Ihr Profil-Wert für grün:	_____
Ihr Profil-Wert für rot:	_____
Ihr Profil-Wert für blau:	_____

In die folgende Tabelle können Sie die „Profil-Werte" Ihrer Gesamtgemeinde eintragen. Sie erhalten diese Werte über die Person, die in Ihrer Gemeinde für das Farbprofil zuständig ist.

Ihr gemeindliches Farbprofil	
Ihr gemeindlicher Profil-Wert für grün:	_____
Ihr gemeindlicher Profil-Wert für rot:	_____
Ihr gemeindlicher Profil-Wert für blau:	_____

Meine Erfahrungen:

Ich benutze gerne diesen und andere „Drei-Farben-Tests" im Zusammenhang mit NCD-Konferenzen, da sie dabei helfen, die abstrakte Lehre über die drei Farben unmittelbar auf das persönliche Leben der Teilnehmer zu beziehen. Das funktioniert umso besser, je mehr radikale Vertreter der drei Farben anwesend sind. Wenn ich die Teilnehmer einlade, in Kleingruppen zu arbeiten (wobei jede Gruppe Vertreter aller drei Farben umfasst), erleben die meisten, wie hilfreich es ist, sich mit Menschen zu vernetzen, die genau in den Bereichen, die in ihrem eigenen Leben nur schwach entwickelt sind, Stärken haben. Es gibt keinen anderen Teil von NCD-Konferenzen, in denen ich so viel Lachen, so viele Tränen und so intensives Gebet erlebe wie im Laufe dieser Kleingruppen-Übungen.

Ihr persönliches Farbprofil

*Benutzen Sie dieses Diagramm zur Darstellung Ihres **persönlichen** Farbprofils. Nehmen Sie die „Profil-Werte" der Tabelle „Ihr persönliches Farbprofil" auf Seite 77. Kreuzen Sie auf jeder der drei gepunkteten Linien den Punkt an, der Ihrem Profilwert für diese Farbe am nächsten kommt. Verbinden Sie die drei Punkte, so dass ein Dreieck entsteht. Die unten stehende Abbildung zeigt, wie das Bild am Ende aussehen könnte.*

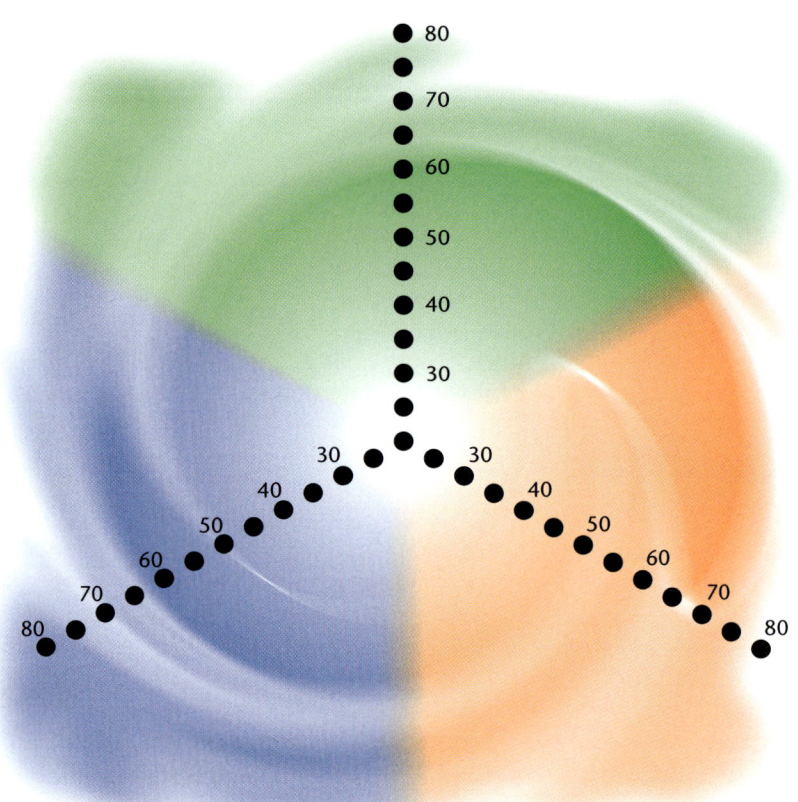

Eine grafische Darstellung entwickeln

Sie werden es wahrscheinlich als hilfreich empfinden, eine grafische Darstellung der beiden Farbprofile zu entwickeln. Wenn Sie den oben stehenden Anleitungen folgen, werden die Ergebnisse als Dreieck erscheinen. Die meisten Menschen können mit so einer grafischen Darstellung weitaus mehr anfangen als lediglich mit den drei nackten Zahlen (siehe Beispielgrafik links).

Beispiel für die grafische Darstellung des NCD-Farbprofils.

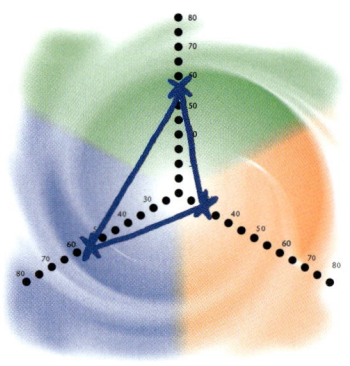

Eine solche grafische Darstellung wird offenbaren, dass in aller Regel keiner der drei Farbbereiche völlig fehlt und dass andererseits kein Bereich bereits perfekt entwickelt ist. Es geht vielmehr um die Frage, *wie stark* jede der drei Farben zur Zeit entwickelt ist. Ist Ihr Farbprofil relativ ausgewogen, dann sollten Sie dies nicht als Hinweis darauf nehmen, dass Sie bereits Ihr Ziel erreicht haben. Vielmehr sollten Sie sich in diesem Fall in allen drei Farbbereichen um Wachstum bemühen.

Die Ergebnisse verändern sich

Denken Sie bitte daran, dass das gerade erhobene Farbprofil Ihre *derzeitige* Situation beschreibt. Wenn Sie oder Ihre Gemeinde das Profil zu einem späteren Zeitpunkt wiederholen sollten, könnte es sein, dass Sie völlig andere Ergebnisse erhalten. Das gilt umso

Ihr gemeindliches Farbprofil

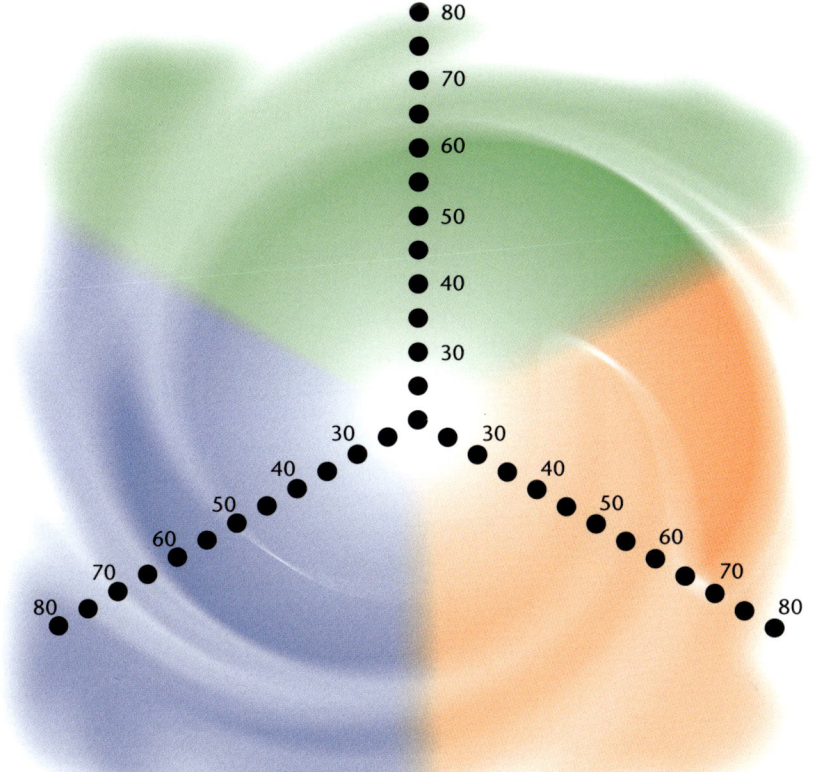

*Benutzen Sie dieses Diagramm zur Darstellung Ihres **gemeindlichen** Farbprofils. Bitten Sie die Person, die in Ihrer Gemeinde für das Farbprofil zuständig ist, Ihnen die gemeindlichen Resultate zu geben und tragen Sie sie in die Abbildung ein. Verbinden Sie die drei Punkte, so dass ein Dreieck entsteht.*

mehr, je konsequenter Sie in der Zwischenzeit an einem der drei Farbbereiche gearbeitet haben. Indem Sie das Farbprofil wiederholt erheben, können Sie leicht sehen, ob Ihre Bemühungen zu sichtbaren Fortschritten geführt haben.

Kompass und Wachstumsprozess

Wie können Sie auf der Grundlage des Farbprofils praktische Schritte planen, um konkrete Fortschritte zu erzielen? Kapitel 6 dieses Buches geht ausführlich auf diese Frage ein. Wenn Sie bereits mit den NCD-Prinzipien vertraut sind, können Sie durchaus direkt mit Kapitel 6 weitermachen. Die Kapitel 3-5 werden Ihnen allerdings helfen, ein besseres Verständnis für die einzelnen Prinzipien der natürlichen Gemeindeentwicklung zu bekommen und Ihnen zeigen, welche Hilfsmittel es gibt, um die Prinzipien persönlich und gemeinschaftlich umzusetzen.

Sollten Sie das Farbprofil innerhalb einer NCD-Aktion einsetzen (siehe Seite 164), dann wird es im Laufe der gesamten Aktion eine wichtige Rolle spielen. Sie werden eine Reihe von zusätzlichen Hilfsmitteln erhalten, um die Ergebnisse des Farbprofils sowohl auf persönlicher als auch auf gemeindlicher Ebene auszuwerten. Darüber hinaus werden Sie erleben, was es praktisch bedeutet, wenn eine große Anzahl von Christen gleichzeitig an diesem Prozess beteiligt ist. Viel Spaß!

Was wäre im Lichte des Farbprofils der wichtigste nächste Schritt für Sie?

Die Prinzipien

3

Menschliche Wachstumsprinzipien können durchaus funktionieren: beruflicher Aufstieg, wirtschaftlicher Erfolg, sogar Gemeindewachstum können die Folgen sein. Das Problem vieler dieser Konzepte ist jedoch, dass sie keinerlei nachhaltige Kraft haben. Sie hängen von der ständigen Zufuhr externer Energie ab, und in dem Moment, wo diese Energie nachlässt, bricht alles zusammen. Welch ein Unterschied zu den Gesetzmäßigkeiten, die wir in Gottes Schöpfung studieren können! Dort gilt das Prinzip: Sobald die Wachstumshindernisse beseitigt sind, geschieht Wachstum ganz „von selbst". Es ist nicht unsere Verantwortung, Wachstum zu produzieren. Gott kümmert sich darum.

Kapitel 3

„Prinzipien" – Inflation eines Begriffs

Im Laufe der letzten Jahre ist es zunehmend populärer geworden, über Prinzipien zu reden. Ich bin mir gar nicht so sicher, ob ich mich darüber freuen soll oder nicht. Sicherlich, im Unterschied zur Situation vor zehn Jahren lässt sich ein neu erwachtes Interesse an den Wurzeln geistlicher Frucht feststellen. Das ist eine erfreuliche Entwicklung.

Bei Prinzipien geht es um die Wurzel, nicht um äußere Erscheinungsformen.

Da allerdings der häufige Gebrauch des Wortes „Prinzip" zu einer Inflation des Begriffs geführt hat, gibt es heute kaum noch ein Element des gemeindlichen Lebens, das nicht irgendwann, irgendwo schon als „Prinzip" präsentiert wurde. Ob wir über geistliche Kampfführung sprechen, Gottesdienste für Kirchenferne, bestimmte Systeme von Kleingruppenarbeit oder eine besondere evangelistische Aktionsform – alles das wird uns als „Prinzip" verkauft. Dieser Gebrauch des Wortes hat zu beträchtlicher Verwirrung geführt.

Warum wir eine klare Definition brauchen

Vor diesem Hintergrund erschien es mir wichtig, die Kriterien zu nennen, die wir in der natürlichen Gemeindeentwicklung anlegen, wenn wir von Prinzipien sprechen (siehe Seite 19). Wir sprechen nur dann von einem Prinzip der Gemeindeentwicklung, wenn es sich um etwas handelt, das (a) universell gültig ist, das (b) durch Forschung bewiesen ist, das (c) auf das Wesentliche des christlichen Lebens gerichtet ist und das (d) für unterschiedliche Situationen jeweils neu individualisiert werden muss.

Mein Plädoyer für eine klare Definition des Begriffs „Prinzip" speist sich keineswegs aus rein akademischem Interesse, sondern hat einen ausgesprochen praktischen Hintergrund. Wenn jemand versucht, Ihnen eine bestimmte Arbeitsform als „Prinzip" zu verkaufen, ohne Ihnen Beweise für die universelle Gültigkeit zu liefern, dann wissen Sie nicht, ob dieses angebliche „Prinzip" in Ihrer Situation funktionieren wird oder nicht. Vielleicht funktioniert es ja, vielleicht aber auch nicht.

Wenn Sie es dagegen mit einem wirklichen Prinzip zu tun haben, dann wissen Sie von vornherein, dass es funktionieren wird. Ihre Aufgabe besteht darin, das Prinzip zu *individualisieren*, so dass es in Ihren Kontext passt (unser Kriterium d). Dieser fortwährende Prozess, universell gültige Prinzipien für den Gebrauch in örtlichen Gemeinden zu individualisieren, ist das, was die Praxis der natürlichen Gemeindeentwicklung ausmacht.

Warum Forschung wichtig ist

Eine ganze Reihe von Christen hat nicht wirklich verstanden, warum unser Institut sich so viele Jahre lang auf empirische Forschung konzentriert hat. Für sie ist das Wort „Forschung" einfach kein Begriff, mit dem sie irgendeine geistliche Bedeutung verbinden würden. Der Hintergrund für unseren einseitigen Fokus ist aber relativ leicht zu erklären. Wir wollten nicht bloß „hilfreiche Ideen" verbreiten, sondern universell gültige Prinzipien der Gemeindeentwicklung. Und ohne universelle Forschung gibt es einfach keinen Weg zu wissen, ob wir es mit einem universellen Prinzip zu tun haben oder nicht.

Meine Erfahrungen:

Kürzlich sprach ich mit einem Vertreter einer der bekannten Modellgemeinden. „Die Art, wie du NCD als prinzipienorientierten Ansatz gegen Gemeindemodelle positionierst, ist nicht hilfreich", sagte er. „Modellgemeinden wie unsere lehren genauso wie du Prinzipien. Da gibt es keinen Unterschied."
Sicherlich ist es richtig, dass die Mehrheit der Modellgemeinden viel über Prinzipien redet. Aber viele Menschen übersehen, dass innerhalb einer modellorientierten Weltanschauung der Begriff „Prinzip" keineswegs das Gleiche bedeutet wie in NCD. In den meisten Fällen werden einfach die Fundamente eines bestimmten Modells als „Prinzipien" bezeichnet – völlig unabhängig davon, ob sie für alle Kulturen, Gemeindegrößen und geistlichen Stile gelten oder nicht. So gut wie nie gibt es globale Untersuchungen, die verifizieren könnten, ob die genannten Kriterien erfüllt sind.

Da universelle Prinzipien per Definition für die unterschiedlichsten Kulturen gelten, geht vom prinzipienorientierten Ansatz ein starker einheitsstiftender Impuls aus.

Vieles von dem, was wir als „Prinzipien" ausfindig machten, stimmt mit dem überein, was man auch hätte erwarten können und was die Mehrheit der Gemeindewachstums-Lehrbücher schon immer vertreten hat. Es gab aber auch Entdeckungen, die uns alle überraschten. Etliches von dem, was ich heute lehre, habe ich völlig anders gelehrt, bevor wir unsere Forschung gemacht hatten. Es ist die ständige Herausforderung eines wissenschaftlichen Ansatzes, die Theorie mit immer wieder neuen empirischen Beweisen in Einklang zu bringen.

Universelle Prinzipien und persönliche Werte

Da Prinzipien per Definition für alle Situationen gelten, gelten sie auch für alle Arten von Gemeindemodellen. Es lässt sich zeigen, dass jede Modellgemeinde nur in dem Maße erfolgreich sein wird, wie sie – bewusst oder unbewusst – die Prinzipien anwendet, für die wir den Namen „natürliche Gemeindeentwicklung" gewählt haben. Diese Entdeckung ist eine der wichtigsten Ergebnisse unserer Forschung in 40.000 Gemeinden. Deshalb ist es vom Ansatz her verfehlt, Gemeindemodelle als etwas zu sehen, das in Konkurrenz zum prinzipienorientierten Ansatz von NCD stehen könne. Keine Modellgemeinde kann ohne die Prinzipien auskommen, die in diesem Buch beschrieben werden.

Eine wachsende Zahl von Gemeinden, die sich einem bestimmten Modell verpflichtet wissen, hat sich entschieden, die Prinzipien der natürlichen Gemeindeentwicklung bewusst anzuwenden. Sie betonen sowohl die universellen Prinzipien der Gemeindeentwicklung als auch die Besonderheiten ihres jeweiligen Modells. Während die *Prinzipien* widerspiegeln, was sie mit allen gesunden Gemeinden rund um den Globus gemeinsam haben, sind die Besonderheiten ihres jeweiligen Modells das, was sie von anderen Gemeinden unterscheidet. Es sind Ausdrucksweisen ihrer *Werte*; Hinweise auf das, was sie als wertvoll für sich selbst entdeckt haben. Ich denke, dass dieses integrative Vorgehen einen ausgesprochen reifen Umgang mit Modellen und Prinzipien darstellt.

Denken Sie an körperliche Gesundheit: Welche Art von Ratschlägen passen in die Kategorie „Prinzipien", welche sind „Modelle"?

Kapitel 3

Was ist „Von-selbst-Wachstum"?

Im Laufe dieses Kapitels werden wir eine Fülle unterschiedlicher Prinzipien der Gemeindeentwicklung betrachten, die unsere Forschungen ans Tageslicht gebracht haben. Alle diese Prinzipien haben jedoch einen gemeinsamen Nenner: Jedes einzelne zielt auf „Von-selbst-Wachstum". In der natürlichen Gemeindeentwicklung ist es nicht unsere Aufgabe, das Wachstum der Gemeinde selber zu „machen", sondern die von uns Menschen geschaffenen Wachstumsblockaden abzubauen. Dann wächst die Gemeinde ganz „von selbst".

Gottes gesamte Schöpfung zeigt uns, wie „Von-selbst-Wachstum" funktioniert.

„Von-selbst-Wachstum" in der Bibel

Der Begriff „Von-selbst-Wachstum" geht auf die Worte Jesu über die Gesetzmäßigkeiten des Reiches Gottes zurück, wie sie uns in Markus 4,26-29 überliefert sind: „Mit dem Reich Gottes ist es so, wie wenn ein Mensch Samen aufs Land wirft und schläft und aufsteht, Nacht und Tag; und der Same geht auf und wächst – er weiß nicht, wie. Denn *von selbst* bringt die Erde Frucht, zuerst den Halm, danach die Ähre, danach den vollen Weizen in der Ähre. Wenn sie aber die Frucht gebracht hat, so schickt er alsbald die Sichel hin; denn die Ernte ist da."

Aus diesem Gleichnis geht klar hervor, was die Aufgabe des Menschen ist und was nicht: Er kann und soll säen, er kann und soll ernten, er kann und soll „schlafen und aufstehen". Was er nicht kann, ist dies: die Frucht produzieren. Der Text sagt, diese wachse „von selbst" (das zugrunde liegende griechische Wort heißt *automate*). In unzähligen Gemeinden wird allerdings das genaue Gegenteil versucht: Wir bemühen uns, aus eigener Kraft die Gemeinde zum Wachstum zu bringen – und am Ende haben wir einfach keine Energie mehr, das zu tun, was wir nach Gottes Willen tun sollten: das Säen und das Ernten.

Verschiedene Arten von Wachstum

Viele Gemeinden sind zwar an Wachstum interessiert, haben aber kein stark entwickeltes Gespür für „Von-selbst-Wachstum". Sie freuen sich über *jede* Art von Wachstum, ob menschlich oder göttlich verursacht, ob als Frucht ihres eigenen Energieeinsatzes oder „von selbst". Dieser Unterschied ist jedoch von größter geistlicher und strategischer Bedeutung.

Es ist durchaus möglich, zahlenmäßiges Wachstum auf andere Art und Weise zu erzielen als durch Anwendung der in diesem Buch beschriebenen Prinzipien. Wir können auch dadurch Wachstum erreichen, dass wir ständig die Energie, die wir in die Gemeinde investieren, erhöhen. Das Problem mit der Art von Wachstum, das auf diese Weise zustande kommt, ist jedoch, dass ihm keinerlei nachhaltige Kraft innewohnt. Sobald wir unseren Energieeinsatz zurückfahren – weil wir frustriert sind oder ausgebrannt oder einfach nur eine kleine Pause brauchen –, besteht die Gefahr, dass der gesamte Dienst zu stagnieren beginnt. Um fortwährendes Wachstum zu erleben, erfordert dieser Ansatz eine kontinuierliche Steigerung unserer menschlichen Energiezufuhr.

Meine Erfahrungen:

Die Einsicht, dass in einer Gemeinde bereits alles vorhanden ist, was sie zum Wachstum braucht, hat meine eigenen Seminare tief greifend beeinflusst. Um es in den Kategorien der Karikatur mit den „quadratischen Rädern" (Seite 85) auszudrücken: Ich weiß, dass es nicht meine Aufgabe ist, die Gemeinde zu schieben und zu ziehen. Vielmehr ist es mein Ziel, ihr dabei zu helfen, die „runden Räder" zu entdecken, die bereits in ihr vorhanden sind, und sie an die richtige Stelle zu montieren. Manchmal schaue ich mir diese Karikatur direkt vor einer NCD-Konferenz an, um mich selbst daran zu erinnern, was meine Aufgabe und was Gottes Aufgabe ist. Ich weiß, dass viel davon abhängt, ob ich mich in der Rolle dessen sehe, der die Gemeinde zu „schieben" hat, oder als jemand, der ihr hilft, bisher ungenutzte Räder zu entdecken.

Diese Karikatur ist zu einem der wichtigsten Hilfsmittel geworden, um zu vermitteln, worum es beim „Von-selbst-Wachstum" geht. Der „Wagen mit den quadratischen Rädern" symbolisiert die Situation von Christen, die dieses Prinzip noch nicht entdeckt haben. Sie bemühen sich, in eigener Kraft zu tun, was Gott gerne für sie tun möchte.

Mehr und mehr Druck

In meiner Arbeit habe ich zahllose Varianten dieses Ansatzes kennen gelernt: Leitungsstile, die systemimmanent einen 16-Stunden-Tag erfordern; Frömmigkeitsübungen, die einen enormen Druck auf Gemeindemitglieder ausüben; Erwartungen an die Mitarbeiterschaft, die sich nur schwer mit Beruf und Familie in Einklang bringen lassen; Gottesdienste, die eine unglaubliche, fast schon unmenschliche Vorbereitung erfordern, um die immer anspruchsvoller werdenden Besucher zufrieden zu stellen.

Verstehen Sie mich nicht falsch. Mit diesen Anmerkungen möchte ich keineswegs sagen, dass alle diese Aktivitäten wertlos seien und diejenigen, die für sie verantwortlich sind, ungeistliche Menschen. In aller Regel sind es wunderbare Menschen, die darauf brennen, etwas für das Reich Gottes zu tun. Aber das Problem ist, dass sie in ihrem Eifer, Ergebnisse zu erzielen, vielleicht sogar schnelle Ergebnisse, das Geheimnis des „Von-selbst-Wachstums" übersehen.

„Von-selbst-Wachstum" benötigt Zeit

Da „Von-selbst-Wachstum" organisches Wachstum ist, benötigt es Zeit, so wie jeder organische Prozess Zeit braucht. Wir sollten nicht erwarten, am gleichen Tag säen und ernten zu können. Es gibt unterschiedliche Jahreszeiten – in der Landwirtschaft genauso wie in unserem persönlichen Leben und im Leben der gesamten Gemeinde – und wir müssen lernen, im Einklang mit diesen Jahreszeiten zu leben.

Bedeutet dies, dass „Langsamkeit" ein Zeichen von Gesundheit ist? Natürlich nicht. Ich bin schon unzähligen Gemeinden begegnet, die unglaublich langsam waren – allerdings nicht, weil sie sich mitten in einem organischen Wachstumsprozess befanden, sondern schlicht, weil Entscheidungen hinausgezögert, Schwachpunkte verdrängt und Konflikte ausgesessen wurden. Langsamkeit an sich ist definitiv keine Tugend. Wann immer Ihnen jemand jedoch rasche Resultate verspricht, besteht der Verdacht, dass die Gesetzmäßigkeiten des „Von-selbst-Wachstums" übersehen wurden. Vieles, was zu kurzfristigen Ergebnissen führt, hat langfristig kontraproduktive Folgen.

Mehr im Internet:

Im Internet (siehe Seite 162) finden Sie Antworten auf folgende Fragen:

• Gibt es säkulare Gegenstücke zu dem, was in NCD „Von-selbst-Wachstum" heißt?

• Wenn „Von-selbst-Wachstum" so gut funktioniert, warum versuchen es dann so viele Christen aus eigener Kraft?

Ein anderer Ansatz

Es könnte sein, dass Sie zögern, sich auf die natürliche Gemeindeentwicklung einzulassen, da Sie fürchten, dies bedeute zusätzlichen Zeitaufwand für gemeindliche Aktivitäten, wo Sie doch heute schon mehr als genug zu tun haben. Das Ziel der natürlichen Gemeindeentwicklung ist jedoch nicht, *mehr* zu tun, sondern die anstehende Arbeit *anders* zu tun. Da der entscheidende Unterschied in nichts anderem als der Freisetzung von „Von-selbst-Wachstum" besteht, ist das Ergebnis, dass Sie mit weniger Aufwand mehr erreichen.

Organische Wachstumsprozesse benötigen Zeit – das gilt in der Gemeinde wie in der Natur.

„Wunderbare Theorie", werden Sie vielleicht denken. „Aber funktioniert das tatsächlich im wirklichen Leben?" Auf Seite 12 dieses Buches habe ich bereits erwähnt, dass wir in unserer Datenbank alle Gemeinden ausgewählt haben, die drei oder mehr NCD-Gemeindeprofile gemacht haben, um zu studieren, welche Veränderungen sich in den 31 Monaten zwischen Profil 1 und Profil 3 feststellen lassen. Wir lernten, dass in diesem Zeitraum die Qualität im Durchschnitt um 6 Punkte stieg und die Wachstumsrate um 51 Prozent, wobei der Anteil des Transferwachstums abnahm und der des Bekehrungswachstums zunahm. Bei diesen qualitativen und quantitativen Veränderungen könnte man vermuten, dass der Preis dafür in einer gestiegenen Arbeitsbelastung der Mitarbeiter, verbunden mit schrumpfender Freizeit, bestünde.

Mehr Zeit für Hobbys?

Da wir die Daten aller dieser Gemeinden in unserem Computer haben, entschlossen wir uns herauszufinden, ob dies tatsächlich so ist. Der Fragebogen für das Gemeindeprofil enthält 170 Einzelaspekte, die mit der Qualität der Gemeinde in Verbindung stehen. Einige dieser Punkte betreffen das Gebetsleben der Christen, andere den Einsatz ihrer geistlichen Gaben, andere die Qualität des Gottesdienstes, wieder andere die Erfahrungen in Kleingruppen, etc. Für jeden dieser Punkte errechneten wir, wie stark die Qualität zwischen Profil 1 und Profil 3 gewachsen ist.

Der Punkt, bei dem sich die zweitstärkste positive Veränderung feststellen ließ, ist der folgende: „Ich habe – trotz meines gemeindlichen Engagements – genügend Zeit für ein Hobby." Zur Zeit des dritten Profils gab es 9,3 Prozent mehr Zustimmung zu dieser Aussage. In fast allen anderen Bereichen gab es ebenfalls bemerkenswerte positive Veränderungen, aber gewöhnlich nicht annähernd so stark wie in diesem Bereich.

Wenn wir diese Entdeckung aus der technischen Sprache der Forschung in unser Alltagsleben übersetzen, können wir die Schlussfolgerung ziehen: Eine der sichtbarsten Veränderungen in Gemeinden, die sich auf die natürliche Gemeindeentwicklung einlassen, ist die, dass sich die gemeindlichen Mitarbeiter weniger unter Druck fühlen. Gleichzeitig sind sie in der Lage, ihre Aufgaben besser als zuvor zu erfüllen. Sie sind messbar glücklicher, erfüllter, effektiver und sehen mehr Frucht. Und all dies wird nicht durch ein Mehr, sondern ein Weniger an Arbeit erreicht. Dies ist eine empirisch messbare Folge dessen, worum es beim „Von-selbst-Wachstum" geht. Es ist keine abstrakte Theorie, sondern – wie alle Gaben Gottes – eine Realität, die das tägliche Leben prägt. Danke, himmlischer Vater!

Können Sie Ähnlichkeiten zwischen der Karikatur auf Seite 85 und der Arbeit Ihrer eigenen Gemeinde sehen?

Zwei verschiedene Arten von Prinzipien

A uf den nächsten Seiten möchte ich Ihnen die Prinzipien näher erläutern, aus denen sich die natürliche Gemeindeentwicklung zusammensetzt. Wir unterscheiden zwei verschiedene Arten von Prinzipien: *sechs Wachstumskräfte* (in früheren NCD-Büchern wurden sie als „biotische Prinzipien" bezeichnet) und *acht Qualitätsmerkmale* gesunder Gemeinden. Während die Qualitätsmerkmale eine Antwort auf die Frage *„Was* sollen wir tun?"* darstellen, geht es bei den Wachstumskräften um die Frage: *„Wie* sollen wir es tun?"*

In diesem Buch ist neben diesen Prinzipien auch von Hilfsmitteln die Rede, die entwickelt wurden, um die NCD-Prinzipien praktisch umzusetzen. Noch einmal möchte ich deutlich betonen, dass diese Hilfsmittel nicht mit den Prinzipien verwechselt werden dürfen. Wenn Sie sie als hilfreich empfinden, benutzen Sie sie; wenn nicht, dann eben nicht. Wenn es jedoch um Prinzipien geht, stellt sich die Sache anders dar: Sie *müssen* sie anwenden. Natürlich könnten Sie sich dagegen entscheiden, aber das würde die Prinzipien nicht davon abhalten, Ihr Leben zu beeinflussen. Prinzipien gelten, ob Sie sie bewusst anwenden mögen oder nicht; sie gelten auch dann noch, wenn Sie sich ihnen verweigern sollten. Von daher ist es einfach eine kluge Entscheidung, sie bewusst für das Reich Gottes einzusetzen.

Sechs Wachstumskräfte

Die unten stehende Tabelle fasst die sechs Wachstumskräfte zusammen. Bei jedem einzelnen dieser Prinzipien geht es um Freisetzung des „Von-selbst-Wachstums". Im wirklichen Leben ist es nicht möglich, die einzelnen Prinzipien streng voneinander abzugrenzen, da jedes den gleichen Grundansatz teilt. Die sechs Begriffe konzentrieren sich lediglich auf verschiedene Ausdrucksweisen dieses Grundansatzes.

Ich habe die sechs Wachstumskräfte aus dem Studium von Gottes Schöpfung gelernt, insbesondere durch die Hilfe von Biologie und Ökologie. Deshalb habe

Die unten stehende Tabelle fasst die sechs Wachstumskräfte zusammen. Um die Anwendung dieser Prinzipien zu lernen, ist es hilfreich, sich die genannten Fragen zu stellen, wann immer eine Entscheidung getroffen werden muss.

Vernetzung

Wie wirkt sich diese Entscheidung auf andere Bereiche des Lebens aus?

Multiplikation

Trägt diese Entscheidung zu Multiplikation oder lediglich zu Addition bei?

Energieumwandlung

Macht sich diese Entscheidung die Kräfteverhältnisse der Umwelt zunutze?

Sechs Wachstumskräfte

Nachhaltigkeit

Kommen die Ergebnisse dieser Entscheidung der Aufrechterhaltung der Arbeit zugute?

Symbiose

Trägt diese Entscheidung zu einer fruchtbaren Kooperation unterschiedlicher Arbeitsformen bei?

Fruchtbarkeit

Bringt diese Maßnahme sichtbare Frucht für das Reich Gottes?

Bevollmächtigende Leitung

Sind die Leiter darauf ausgerichtet, andere Christen zum Dienst zu befähigen?

Gabenorientierte Mitarbeiterschaft

Werden Aufgaben nach dem Kriterium der geistlichen Begabung vergeben?

Leidenschaftliche Spiritualität

Ist das geistliche Leben der Gemeindeglieder von Leidenschaft geprägt?

Zweckmäßige Strukturen

Tragen die gemeindlichen Strukturen zum Wachstum bei?

Acht Qualitätsmerkmale

Inspirierender Gottesdienst

Ist der Gottesdienstbesuch für die Gemeindemitglieder eine inspirierende Erfahrung?

Ganzheitliche Kleingruppen

Gehen die Kleingruppen auf die wirklichen Fragen der Teilnehmer ein?

Bedürfnisorientierte Evangelisation

Sprechen die evangelistischen Aktivitäten die Bedürfnisse derer an, die gewonnen werden sollen?

Liebevolle Beziehungen

Sind die Beziehungen der Gemeindemitglieder von Liebe geprägt?

Die oben stehende Tabelle fasst die acht Qualitätsmerkmale gesunder Gemeinden zusammen. Die jeweiligen Fragen bringen den entscheidenden Punkt jedes einzelnen Prinzips zum Ausdruck.

ich mich bewusst für Namen entschieden, die uns an diesen Ursprung erinnern. Das sollte uns allerdings nicht dazu führen zu glauben, es handle sich hier um „ungeistliche" Konzepte. Wer hat diese Prinzipien erfunden? Niemand anderes als Gott der Schöpfer, der Vater Jesu Christi. In seiner Weisheit hat er bestimmt, dass seine gesamte Schöpfung – einschließlich der Gemeinde – nach diesen Gesetzmäßigkeiten funktioniert. Genauso wie Naturgesetze für Christen und Nichtchristen in gleicher Weise gelten, trifft dies auch auf die sechs Wachstumskräfte zu. Eine Gemeinde, die Schwierigkeiten hat, die geistliche Bedeutung dieser Prinzipien zu erkennen, hat höchstwahrscheinlich grundsätzlich Schwierigkeiten mit der „grünen Zone" unseres trinitarischen Diagramms.

Acht Qualitätsmerkmale

Die acht Qualitätsmerkmale (siehe oben stehende Tabelle) sind das direkte Ergebnis unserer Forschung. Dies sind die Eigenschaften, die alle wachsenden Gemeinden – unabhängig von Unterschieden in Kultur, Theologie oder Größe – gemeinsam haben. Wachsende Gemeinden haben in jedem der acht Bereiche eine messbar höhere Qualität als stagnierende und schrumpfende.

Wie wir später noch sehen werden, ist es nicht möglich, die sechs Wachstumskräfte von den acht Qualitätsmerkmalen zu trennen. Es ist das Wesen jedes einzelnen Qualitätsmerkmals, die Wachstumskräfte zur Entfaltung zu bringen. Mit anderen Worten, alle diese Prinzipien hängen untrennbar zusammen. Es ist nicht möglich, aus diesem Angebot unser „Lieblingsprinzip" herauszupicken und die anderen unbeachtet zu lassen. Es ist ein Kennzeichen der natürlichen Gemeindeentwicklung, dass sie nicht einen bestimmten Punkt propagiert, sondern darum bemüht ist, alle Prinzipien der Gemeindeentwicklung miteinander in Einklang zu bringen. Das geschieht deshalb, weil „Balance" ein entscheidender Bestandteil von Gesundheit ist.

Welche der im Text genannten Prinzipien haben Sie bereits in Aktion erlebt?

Sechs Wachstumskräfte

Die überwältigende Akzeptanz, die die acht Qualitätsmerkmale mittlerweile weltweit gefunden haben, geht – zumindest teilweise – auf ein Missverständnis zurück. Die acht Substantive (Leitung, Mitarbeiterschaft, Spiritualität etc.) klingen so allgemein, dass sich jeder mit ihnen identifizieren kann. Was viele jedoch übersehen, ist die Bedeutungsnuance, die die acht Adjektive (bevollmächtigend, gabenorientiert, leidenschaftlich etc.) in die Begriffe einbringen. Während wir die Substantive in fast jeder Gemeinde finden können, lassen sich die Adjektive nur in gesunden Gemeinden feststellen.

Wenn Sie sich die einzelnen Adjektive einmal genauer anschauen, werden Sie merken, dass jedes eine Kurzform für die Freisetzung der sechs Wachstumskräfte darstellt. Was bedeutet zum Beispiel bevollmächtigende Leitung? Es ist ein Kürzel für eine Art von Leitung, die sich darum bemüht, die Wachstumskräfte der Vernetzung, Multiplikation, Energieumwandlung, Nachhaltigkeit, Symbiose und Fruchtbarkeit freizusetzen. Entsprechendes gilt für die anderen sieben Qualitätsmerkmale.

Das „N" in NCD

Kürzlich sagte mir der Bischof einer großen Kirche: „Ich mag Ihre acht Qualitätsmerkmale sehr. Wir praktizieren das in den meisten unserer Gemeinden. Was wir nicht so sehr mögen, ist Ihre Lehre über die sechs Wachstumskräfte." Ich fragte ihn: „Wie können Sie die acht Qualitätsmerkmale mögen, wenn Sie die sechs Wachstumskräfte nicht mögen? Die Freisetzung der Wachstumskräfte ist doch gerade das, worum es bei jedem einzelnen Qualitätsmerkmal geht." Er antwortete: „Wir haben unsere eigenen Vorstellungen, wie wir in den acht Bereichen arbeiten sollten. Das wird in unseren Gemeinden viel besser angenommen als Ihre ‚Von-selbst-Philosophie'."

Als der Bischof mir ausführlicher von den Methoden berichtete, die die Gemeinden in ihrer Arbeit eingesetzt hatten, wurde deutlich, dass sie im Großen und Ganzen genau das fortgesetzt hatten, was sie bereits seit Jahrzehnten zu tun gewohnt waren (ohne dass sich dies jemals als sonderlich erfolgreich herausgestellt hätte); nun aber hatten sie die gleichen Aktivitäten und sogar die gleichen Fehler anhand der Namen der acht Qualitätsmerkmale organisiert. Dies ist eine häufige Falle: Wir suchen uns diejenigen Elemente der natürlichen Gemeindeentwicklung heraus, die uns am besten gefallen, und das Ergebnis ist oft nicht viel mehr als eine Reorganisation der alten schlechten Gewohnheiten mit Hilfe einer neuen Terminologie. Wenn wir die sechs Wachstumskräfte aus NCD entfernen, reduzieren wir natürliche Gemeindeentwicklung auf Gemeindeentwicklung, wir streichen das „N" aus NCD.

Von den „Lilien auf dem Feld" lernen

Wenn Jesus über die Gesetzmäßigkeiten des Reiches Gottes sprach, ließ er selten eine Gelegenheit aus, die Bedeutung des „N" zu betonen. In seinen Gleichnissen bezog er sich ständig auf die Natur – die Lilien auf dem Feld, die von selbst wachsende Saat, das Wachstum des Senfkorns, der vierfache Acker, der Baum und seine Früchte,

> Wenn Jesus über das Reich Gottes sprach, bezog er sich immer wieder auf die Natur.

Meine Erfahrungen:

Wenn ich über die sechs Wachstumskräfte rede, höre ich bisweilen von Pastoren wachsender Gemeinden, dass sie diese Prinzipien nicht anwendeten, sondern lediglich das Wort Gottes predigten. Wann immer ich das auf einer Konferenz höre, bitte ich die entsprechende Person gewöhnlich zu einem Interview auf die Bühne. Im Laufe des Interviews wird den Teilnehmern deutlich, dass dieser Pastor die genannten Prinzipien sehr wohl anwendet, ohne sich dessen bewusst zu sein. In einer Situation hatte mich ein Pastor wegen meiner Aussagen über die sechs Wachstumskräfte sogar der „Irrlehre" verdächtigt. Als ich ihn zum Interview auf die Bühne bat, stellte sich indessen heraus, dass er Zeit seines Lebens genau diese Prinzipien angewandt hatte.

die Gesetze des Säens und Erntens. Ein typisches Beispiel für diese Lehre ist Matthäus 6,28: „Schaut die Lilien auf dem Feld an, wie sie wachsen." Das Wort „anschauen", das in den meisten Übersetzungen benutzt wird, drückt allerdings die Bedeutung des zugrunde liegenden griechischen Wortes nur unvollkommen aus: *katamathete* ist die Intensivform von *manthano*, was lernen, untersuchen oder erforschen bedeuten kann. Wenn im Griechischen die Vorsilbe *kata* vor ein Verb gesetzt wird, hat das in der Regel den Effekt, dass die Ursprungsbedeutung des Verbes intensiviert wird. So bedeutet *katamathete*: sorgfältig lernen, genau untersuchen, mit ganzer Hingabe erforschen.

Und was ist es, das wir mit solcher Akribie erforschen sollen? Nicht etwa die Schönheit der Lilien, sondern ganz ausdrücklich ihre Wachstumsmechanismen („wie sie wachsen"). Sie sollen wir studieren, sie sollen wir untersuchen, über sie sollen wir meditieren – all das ist in der Befehlsform *katamathete* enthalten –, um die Prinzipien des Reiches Gottes kennen zu lernen.

Wie wir die Wachstumskräfte studiert haben

Genau das haben wir in unserer Arbeit getan. Wir sahen die sechs Wachstumskräfte überall in Gottes Schöpfung und studierten sie eingehend aus der Perspektive von Biologie und Ökologie. Wir beobachteten sie in Tausenden von Gemeinden rund um den Globus und untersuchten sie in unseren Forschungen. Und schließlich gibt uns die Bibel endlose Illustrationen, wie Gott diese Kräfte für den Bau seines Reiches – einschließlich der Gemeinde – eingesetzt hat.

Ich habe festgestellt, dass östliche und südliche Kulturen den Ansatz der Wachstumskräfte relativ schnell begreifen, während westliche Kulturen an dieser Stelle sehr viel mehr Schwierigkeiten haben. Das spiegelt einmal mehr die Begrenzungen des linearen Denkens wieder, das in der westlichen Welt so weit verbreitet ist. Lineares Denken ist hervorragend, wenn es um technische Zusammenhänge geht, aber es reicht einfach nicht aus, um „Von-selbst-Wachstum" zu verstehen. An dieser Stelle kann die westliche Welt sowohl vom Osten mit seiner bi-polaren Denkstruktur als auch vom Süden mit seiner kreisförmigen, zyklischen Orientierung noch eine Menge lernen (siehe Seite 28).

Einen „sechsten Sinn" entwickeln

Auf den nächsten Seiten werde ich die sechs Wachstumskräfte näher erläutern, wobei ich für jedes Prinzip drei praktische Schritte vorschlagen werde. Sollten Sie Schwierigkeiten haben, einige der Prinzipien zu verstehen, machen Sie sich darüber keine großen Gedanken. Das Verständnis jedes einzelnen Prinzips ist weitaus weniger wichtig als die Entwicklung eines wachsenden *Gespürs* für die Funktionsweise aller sechs Kräfte als Gesamtpaket.

> **Pastoren wachsender Gemeinden haben mit den gleichen Schwierigkeiten wie andere zu kämpfen, aber sie sehen endloses Wachstumspotenzial, wo andere nur Probleme sehen.**

Mehr im Internet:

Im Internet (siehe Seite 162) finden Sie Antworten auf folgende Fragen:

• Gibt es Trainingsprogramme, die uns helfen, die Anwendung dieser Prinzipien zu lernen?

• Warum werden diese Prinzipien so selten in theologischen Ausbildungsstätten und Universitäten gelehrt?

Pastoren wachsender Gemeinden haben in aller Regel dieses Gespür entwickelt. Manchmal erscheint dies geradezu als ein „sechster Sinn". Sie sind mit den gleichen Herausforderungen wie andere konfrontiert, und doch sehen sie endloses Wachstumspotenzial, wo andere lediglich Probleme erkennen. In vielen Fällen mögen sie sich dessen gar nicht bewusst sein, aber was sie fortwährend tun,

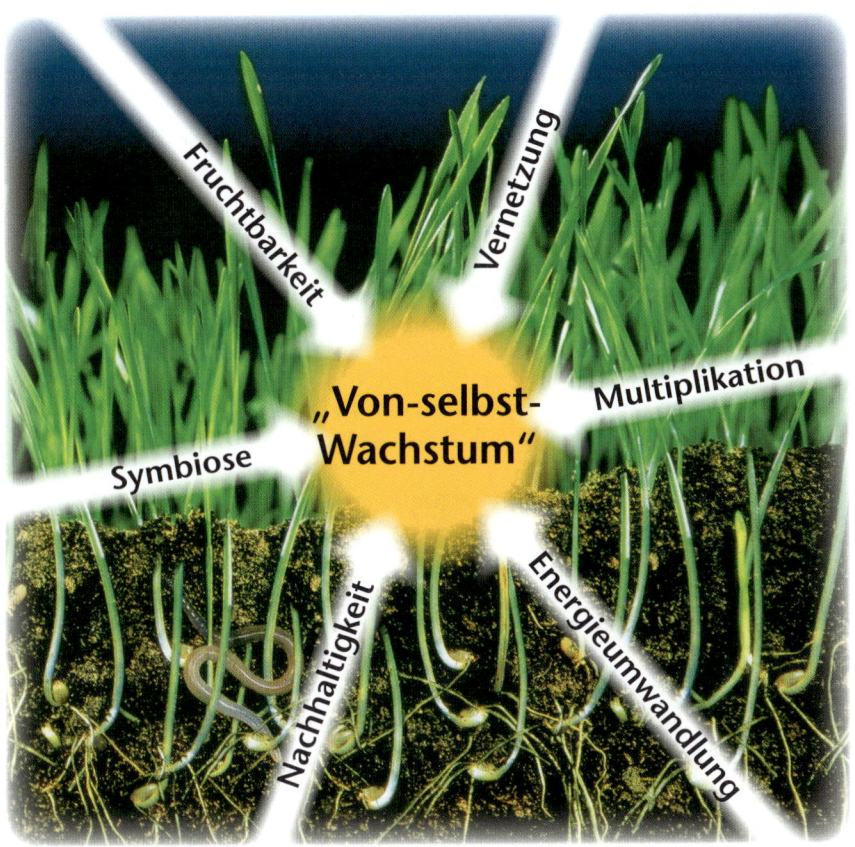

Die sechs Wachstums-
kräfte funktionieren
am besten, wenn sie
im Zusammenspiel
in Aktion treten.
Jede einzelne Kraft
trägt zu „Von-selbst-
Wachstum" bei.

ist die Freisetzung von Gottes Wachstumskräften. Das ist für sie so normal, so natürlich, so selbstverständlich, dass sie darüber noch nicht einmal nachdenken müssen. Die Wachstumskräfte sind zu einem Teil ihrer Persönlichkeit geworden.

Ein neues Paradigma

Nehmen wir einmal an, Sie gehören bereits zu denen, die diese Prinzipien anwenden, ohne viel darüber nachzudenken. Wahrscheinlich werden Ihnen die nächsten Seiten gefallen, denn sie beschreiben genau das, was bereits Ihren Alltag prägt, ohne dass Sie es jemals aus dieser Perspektive betrachtet hätten.

Es könnte aber auch sein, dass Sie den entgegengesetzten Ausgangspunkt haben. Vielleicht haben Sie festgestellt, dass Sie normalerweise überhaupt nicht im Einklang mit den Wachstumskräften handeln. Die gute Nachricht ist, dass sich diese Kunst erlernen lässt. Ich habe erlebt, wie rein lineare, technokratische Denker allmählich zu konsequenten „Von-selbst-Denkern" reiften. Das braucht natürlich Zeit, aber es lohnt den Aufwand. Eine solche Veränderung wird nicht nur Ihren gemeindlichen Aktivitäten zugute kommen, sondern buchstäblich allen Lebensbereichen. Statt ständig Ihren eigenen Energiepegel zu erhöhen, werden Sie lernen, die Energien zu nutzen, die Gott bereits zur Verfügung gestellt hat. Wenn die „Lilien auf dem Feld" das können, dann sollte das auch für Sie im Bereich des Möglichen liegen.

*In welchem Maße
treffen Sie bereits
Ihre täglichen Ent-
scheidungen im Ein-
klang mit den sechs
Wachstumskräften?*

Kapitel 3

Wachstumskraft 1: Vernetzung

Eines der großen Wunder in Gottes Schöpfung besteht darin, dass hier alle Einzelelemente – von den kleinsten Mikroorganismen bis hin zu den Gestirnen – in einer mit menschlichen Kategorien kaum fassbaren Weisheit aufeinander bezogen sind und sich so gegenseitig regulieren. Ein bestimmtes Phänomen nicht isoliert, sondern in seinem komplexen Beziehungsgefüge zu betrachten – das ist eine Kunst, die in der Bibel „Weisheit" genannt wird.

In Gottes Schöpfung sind alle Elemente miteinander verbunden.

Keine Gemeinde kann sich leisten, diese Wachstumskraft außer Acht zu lassen. Wir können die Wirkungsweise dieses Prinzips studieren, wenn wir uns wiederholte Gemeindeprofile anschauen. Wann immer eine Gemeinde an einem der acht Qualitätsmerkmale arbeitet, ändert sich nicht nur der Wert für diesen Bereich, sondern es ändern sich alle acht Werte. Die Arbeit am Qualitätsmerkmal gabenorientierte Mitarbeiterschaft zum Beispiel hat deutlich sichtbare Auswirkungen auf andere Bereiche, wie z.B. Leitung, Spiritualität, Strukturen und Beziehungen.

Schritt 1: Betrachten Sie kurzfristigen Erfolg mit Skepsis

Der größte Feind dieses Wachstumsprinzips ist wahrscheinlich unser Fixiertsein auf kurzfristige Erfolge. Diese Orientierung verleitet uns nämlich dazu, lediglich auf ein einziges Element zu schauen, ohne dessen Vernetzung mit allen anderen Elementen zu beachten. Wer sich auf diesen Ansatz einlässt, mag tatsächlich in einem bestimmten Bereich zu schnellen Ergebnissen gelangen; aber die Wahrscheinlichkeit ist groß, dass das langfristige Ergebnis kontraproduktiv ist, weil unzählige andere Bereiche einfach nicht beachtet worden sind.

Um diese Gesetzmäßigkeit zu verstehen, vergleichen Sie einmal das Angebot einer „Wunderpille" mit der Entwicklung eines gesunden Lebensstils einschließlich ausgewogener Ernährung, körperlichem Training und geistlichen Übungen. Was hat wohl die nachhaltigere Wirkung? Mit Sicherheit der gesunde Lebensstil. Was ist jedoch populärer? Die Pille. Und sollte diese spezielle Pille einmal nicht funktionieren, macht ja nichts, wir werden morgen einfach die nächste probieren. Schließlich wollen wir schnelle Ergebnisse.

Schritt 2: Entwickeln Sie ein Bewusstsein für Nebenwirkungen

Lineares Denken verführt uns zu glauben, jede Handlung habe nur einen einzigen Effekt, nämlich den erwünschten. Dieser Glaube hat aber wenig mit der Realität zu tun. Wann immer wir etwas tun, hat es buchstäblich Hunderte Effekte, sichtbare und unsichtbare, positive und negative, angestrebte und überraschende. Die meisten von uns müssen es erst noch lernen, ein Gespür für diese Nebenwirkungen zu entwickeln. Die pharmazeutische Industrie ist gesetzlich verpflichtet, nicht nur die beabsichtigte Wirkung, sondern auch die Nebenwirkungen jedes Medikaments zu dokumentieren. Es wäre mit Sicherheit hilfreich, etwas Ähnliches auch für geistliche Medizin zu entwickeln.

Es gibt kein Rezept für Gemeindeentwicklung, das „an sich" gut ist. Ist es gut, einen vollzeitlichen Evangelisten zu engagieren? Manchmal ja, manchmal nein. Der gesegnete Dienst des neuen Vollzeitlers

Meine Erfahrungen:

Das Studium des Prinzips der Vernetzung gab mir die Grundidee für den Aufbau unserer eigenen Organisation: als Netzwerk von Hunderten Einheiten, die sinnvoll miteinander in Beziehung gesetzt werden. Wer ausschließlich in Hierarchien zu denken gewohnt ist, hat mit unserer Organisationsstruktur bisweilen Schwierigkeiten und bezeichnet sie als „unabhängig" (independent). Aber es gibt wohl kaum eine Beschreibung, die irreführender wäre als diese. Die Grundstruktur der NCD Community ist nicht „independent", sondern „interdependent" (vernetzt). Da Vernetzung „Vonselbst-Wachstum" freisetzt, ist es für mich nicht überraschend, dass unser internationaler Dienst so schnell gewachsen ist. Eine auf Interdependenz angelegte Struktur ist sowohl einem hierarchischen Ansatz als auch einer unabhängigen Arbeit haushoch überlegen.

In Gottes Schöpfung lassen sich Mikrokosmos und Makrokosmos nicht voneinander trennen. Da alles miteinander verbunden ist, haben Veränderungen in einem Bereich Auswirkungen auf viele andere Bereiche.

könnte ja die negative Nebenwirkung haben, dass die Gemeindemitglieder ihre eigene evangelistische Verantwortung gleichsam an ihn „delegieren". Ist ein Gottesdienst für Kirchenferne eine gute oder schlechte Sache? Es gilt das Gleiche: Ein solcher Gottesdienst kann ein wunderbarer Weg sein, gottesdienstliche Erfahrungen mit einer bestimmten Form von Evangelisation zu verbinden; aber er kann auch ausgesprochen kontraproduktiv sein, wenn dieser Ansatz nicht zur gemeindlichen Kultur oder den vorhandenen Gaben passen sollte. Entsprechendes kann zu Gebetsstilen, Spendensystemen, Bibelstudien-Hilfen und ganzen Gemeindemodellen gesagt werden. Ohne die Nebenwirkungen zu betrachten, ist es unmöglich, die beabsichtigte Hauptwirkung zu bewerten.

Schritt 3: Behalten Sie das „ganze NCD-Paket" im Blick

Vor einiger Zeit beschwerte sich ein Pastor darüber, dass NCD nicht funktioniere. „Wir haben bereits zwei Ihrer Bücher gelesen", sagte er mir, „und unsere Gemeinde wächst immer noch nicht." Offensichtlich hatte er das Lesen eines Buches mit der Umsetzung der Prinzipien verwechselt. Es besteht die ernsthafte Gefahr, die Einzelelemente der natürlichen Gemeindeentwicklung mit „Wunderpillen" zu verwechseln, anstatt zu sehen, dass NCD ein System ist, das sich aus zahlreichen miteinander vernetzten Elementen zusammensetzt (siehe Seite 17). Natürlich können Sie in dieses System einsteigen, indem Sie zunächst einmal ein einziges Element herauspicken. NCD ist bewusst so angelegt. Wenn Sie sich dann aber mit diesem Element beschäftigen, sollten Sie darauf achten, das Gesamtbild nicht aus dem Blick zu verlieren.

Wo haben Sie das Prinzip der Vernetzung in Ihrem eigenen Leben bereits beobachten können?

Kapitel 3

Wachstumskraft 2: Multiplikation

In Gottes Schöpfung ist unbegrenztes Größenwachstum unnatürlich. Ein Baum wird nicht unbegrenzt größer, sondern bringt neue Bäume hervor, die wiederum neue Bäume hervorbringen. Dies ist das Prinzip der Multiplikation, das Gottes gesamte Schöpfung durchzieht.

> **Alles Lebendige, das Gott geschaffen hat, ist für endlose Multiplikation bestimmt.**

Meine Erfahrungen:

Mit 1,93 Meter bin ich ziemlich groß und ein bisschen zu schwer (96 kg). Wann immer ich spüre, dass Menschen den Unterschied zwischen additivem und multiplikativem Wachstum nicht verstehen, nehme ich meinen eigenen Körper als Beispiel. Ich sage: „In meiner Jugend bin ich ziemlich schnell gewachsen und hatte an meinem 17. Geburtstag bereits meine heutige Körpergröße erreicht. Danach bin ich leider noch ein bisschen zu stark in die andere Richtung gewachsen, aber mit regelmäßigem Sport bin ich schon in der Lage, das Ganze in Grenzen zu halten. Ich bin jedoch Gott dankbar, dass er mein Wachstum an einem bestimmten Punkt anhielt. Statt einen endlos wachsenden, fetten und hässlichen ‚Mega-Schwarz' zu konstruieren, wohnen heute drei ausgesprochen gut aussehende ‚Mini-Schwarze' in unserem Haus. Das ist Multiplikation im Unterschied zu Addition." Der Blick auf meinen massiven Körper hilft den meisten, die Pointe zu verstehen.

Während der Begriff „Multiplikation" in der Bibel nicht vorkommt, finden wir dort doch unzählige Illustrationen, wie Gott dieses Prinzip gebrauchte. Das beste Beispiel ist der Dienst Jesu: Er investierte sich in seine zwölf Jünger, die ihrerseits den Auftrag bekamen, Menschen zu Jüngern zu machen, die wiederum neue Jünger machten. Was ist der Missionsbefehl eigentlich anderes als ein Aufruf zu fortwährender Multiplikation?

Schritt 1: Erkennen Sie, dass das Gegenteil von Multiplikation nicht Division, sondern Addition ist

In der Mathematik ist das Gegenteil der Multiplikation die Division. In der Gemeindeentwicklung kommt aber eine andere Logik zum Tragen. Das wirkliche Gegenteil eines „multiplikativen Denkens" ist ein „additives Denken". Addition bedeutet, die bestehende Organisation zu vergrößern, indem man neue Elemente hinzuaddiert: $2 + 2 + 2 + 2 + 2$. Multiplikation dagegen bedeutet, neuen Organismen zum Leben zu verhelfen, die ihrerseits neuen Organismen zum Leben verhelfen: $2 \times 2 \times 2 \times 2 \times 2$.

Ein Wachstumsprozess, der auf additivem Denken basiert, erreicht sehr schnell natürliche Grenzen. Ein Wachstumsprozess indessen, der auf multiplikativem Denken basiert, wird ausschließlich durch die Gegenkräfte der Umgebung begrenzt.

Schritt 2: Akzeptieren Sie das „Sterben" als Teil des Lebens

Vor Jahren hatte ich mit einer komplizierten Situation in einer großen Denomination zu tun und schlug den Beteiligten vor, eine Reihe von Gemeinden zu schließen. Die Emotionen, die daraufhin unter den ansonsten recht ruhigen Menschen ausbrachen, waren geradezu explosiv. „Und wir dachten, Sie seien Experte in Gemeindewachstum, nicht Gemeindesterben", schrie mich einer der Leiter an. „Sie möchten unsere Gemeinden töten", fügte ein anderer hinzu. Niemand rief tatsächlich „Mörder!", aber ich bin sicher, dass die Mehrheit genau das dachte.

In vielen Kirchen ist es ein Tabu, überhaupt darüber nachzudenken, ob es sinnvoll sein könnte, eine Gemeinde, einen Arbeitszweig oder eine Gruppe zu schließen. Wenn wir uns jedoch an Gottes Schöpfung orientieren, sollte das eines der natürlichsten Dinge der Welt sein. Wo Multiplikationsprozesse funktionieren, kann auch in großer Unbefangenheit vom „Sterben" geredet werden. Warum sollten christliche Gruppen und auch ganze Gemeinden nicht nach einer gewissen Zeit sterben dürfen? Dieser Gedanke wird jedenfalls dann nicht beängstigend sein, wenn die Gemeinde oder Gruppe zwischenzeitlich vier Kinder, 16 Enkel und 54 Urenkel hervorgebracht haben sollte. In Gottes Schöpfung kann der individuelle Organismus sterben; die genetische Information bleibt und pflanzt sich weiter fort.

Stellen Sie sich das Wachstum einer Seerose in einem Teich vor. Am Anfang des Jahres hat die Seerose genau ein Blatt. Nach einer Woche sind es zwei Blätter. Eine Woche später vier. Nach 16 Wochen schließlich ist die Hälfte der Wasseroberfläche mit Blättern bedeckt. Wie lange dauert es, bis auch die zweite Hälfte des Teiches bedeckt ist? Noch einmal 16 Wochen? Nein, lediglich eine weitere Woche. So funktioniert Multiplikation.

Wissen Sie, was unsere langfristigen Ziele mit NCD International sind? An einem bestimmten Tag werden wir alle unsere Partner einladen, um unsere Organisation in einem feierlichen Akt zu „beerdigen". Dieser Tag wird wahrscheinlich einer unserer letzten Beiträge zu „Von-selbst-Wachstum" sein, und wenn alles gut vorbereitet wird, kann es durchaus einer der nachhaltigsten werden.

Schritt 3: Vergessen Sie nie, dass die wahre Frucht eines Apfelbaums nicht ein Apfel, sondern ein weiterer Apfelbaum ist

Es war Donald McGavran, der Vater der Gemeindewachstumsbewegung, der mir dieses Prinzip beibrachte. „Was ist die wahre Frucht eines Apfelbaums?", fragte er mich, neugierig meine Antwort erwartend. Damals war ich noch so naiv, spontan zu antworten: „Natürlich ein Apfel." Es schien, als habe McGavran nur auf diese Antwort gewartet. „Falsch", sagte er und machte eine bedeutungsvolle Pause. „Die wahre Frucht eines Apfelbaums ist nicht ein Apfel, sondern ein weiterer Apfelbaum." McGavran bemühte sich sehr, deutlich zu machen, dass dieses Konzept als eine lebensverändernde Botschaft für mich gemeint war.

Ich brauchte einige Jahre, bevor ich die Weisheit dieser Aussage wirklich begriffen hatte. Wenn die wahre Frucht eines Apfelbaumes nicht ein Apfel ist, sondern ein weiterer Apfelbaum, dann ist die wahre Frucht einer Kleingruppe nicht ein neuer Christ, sondern eine weitere Gruppe; dann ist die wahre Frucht eines Evangelisten nicht ein Bekehrter, sondern ein neuer Evangelist; dann ist die wahre Frucht einer Gemeinde nicht eine neue Gruppe, sondern eine neue Gemeinde; dann ist die wahre Frucht eines Leiters nicht ein Nachfolger, sondern ein neuer Leiter. Das ist in der Tat eine lebensverändernde Botschaft. Danke, Donald McGavran, für die Geburtshilfe bei dieser großartigen Entdeckung!

Wo haben Sie das Prinzip der Multiplikation in Ihrem eigenen Leben bereits beobachten können?

Wachstumskraft 3: Energieumwandlung

Wenn ich mir eines der NCD-Prinzipien aussuchen und es zu meinem „Lieblingsprinzip" erklären dürfte (obwohl ich mich bemüht habe, Ihnen einzuschärfen, dass wir so etwas niemals tun sollten), dann wäre es zweifelsohne dieses: die Wachstumskraft der Energieumwandlung. Diese Kraft ist derartig dramatisch, dass ich dies nur auf die Tatsache zurückführen kann, dass Gott selbst in seiner Weisheit dieses Prinzip erfunden hat.

Gesundheitsschädigende Energie wird in gesundheitsfördernde umgewandelt.

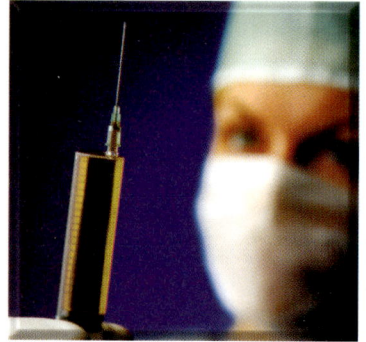

In der Bibel begegnet uns dieses Prinzip auf Schritt und Tritt. Eines der berühmtesten Beispiele ist wohl die Art, wie sich Paulus auf dem Areopag auf den „unbekannten Gott" (also offensichtlich einen Götzen!) beruft und dies zum Anknüpfungspunkt seiner evangelistischen Botschaft macht (Apg. 17). Dass Gott die Verfolgung der Christen benutzt hat (Apg. 8) und bis heute benutzt, um das Evangelium zu verbreiten, ist nichts anderes als eine weitere Variante des gleichen Prinzips. Das Blut der Märtyrer wird zur Saat des Evangeliums. Feindliche Energie wird in heilige Energie umgewandelt.

Das gleiche Prinzip kann in der Natur beobachtet werden. Es beschreibt die Art, wie ein Organismus mit Viren umgeht. Viren machen krank, also sind sie schlecht. In geringer Dosis regen Viren den Körper allerdings an, Gegenmaßnahmen zu ergreifen und so die körpereigenen Abwehrkräfte zu stärken. Das ist genau das Prinzip, das sich der Arzt beim Impfen zunutze macht. Gesundheitsschädigende Energie wird über den Prozess der Immunisierung in gesundheitsförderliche umgewandelt.

Schritt 1: Machen Sie förderliche und hinderliche Kräfte ausfindig

Da es bei diesem Prinzip um die Nutzung der in der Umgebung vorhandenen Energie geht, sollten Sie zunächst analysieren, wie die Energie-Situation in Ihrem Umfeld aussieht. Was sind die förderlichen und hinderlichen Kräfte im Blick auf Ihr Ziel? Wenn Sie sich diese Frage stellen, werden Ihnen höchstwahrscheinlich viele Punkte in den Sinn kommen, bei denen Sie sich gar nicht so sicher sind, ob das nun eine „förderliche" oder „hinderliche" Kraft ist: gesellschaftliche Trends, politische Entscheidungen, wirtschaftliche Entwicklungen, bestehende Konflikte etc. Gemäß der Logik des Prinzips der Energieumwandlung können anscheinend hinderliche Kräfte sich am Ende als für die christliche Sache förderlich herausstellen.

Schritt 2: Hören Sie damit auf, gegen hinderliche Kräfte anzukämpfen

Natürlich können Sie sich dafür entscheiden, gegen hinderliche Kräfte zu kämpfen, und viele dieser Kämpfe wären moralisch sogar gerechtfertigt. Das wird Sie aber eine Menge Energie kosten, und am Ende des Kampfes werden Sie sich fragen müssen, wie viel Sie tatsächlich erreicht haben. Viele der hinderlichen Kräfte in Ihrer Umgebung lassen sich ohnehin nicht ändern. Da jeder von uns nur begrenzte Energiereserven hat, sollten wir diese so weise wie möglich einsetzen. Wenn Sie sie bereits in Kämpfen, die ohnehin nicht gewonnen werden können, verbraucht haben, besteht die Gefahr,

Meine Erfahrungen:

Da ich viel reisen muss, verbringe ich mehr Zeit als die meisten Menschen damit zu warten. Jahrelang ärgerte ich mich über die „vergeudete Zeit". Alles änderte sich in dem Moment, als ich begann, das Prinzip der Energieumwandlung anzuwenden. Ich habe zahlreiche Techniken entwickelt, wie ich Wartezeiten kreativ gestalten kann. Häufig nutze ich sie dazu, neue Sprachen zu lernen, da ich auswendig gelernte grammatische Strukturen selbst dann wiederholen kann, wenn ich zum Beispiel in einer Schlange stehe. Auf diese Weise habe ich mir in den letzten Jahren Grundkenntnisse in mehr als 20 Sprachen angeeignet. Wenn ich von einer Reise nach Hause komme, sagte meine Frau früher: „Ich hoffe, du hattest nicht zu lange Wartezeiten." Heute sagt sie: „Ich hoffe, du hattest viele Wartezeiten." Sie weiß, wie wertvoll diese kreativen Zeitinseln für mich geworden sind.

Foto einer Windkraft-anlage unweit unseres Hauses im nordfrie-sischen Emmelsbüll. Die Windräder „produzieren" nicht Energie, sondern wandeln lediglich diejenige Energie, die es in unserer Gegend im Überfluss gibt, um: Wind. In Nord-friesland erleben wir den Wind die meiste Zeit als „feindliche Energie". Die Wind-räder wandeln sie in nützliche Energie um: Elektrizität.

dass nicht mehr genügend Energie vorhanden ist, um sich dem dritten und wichtigsten Schritt zu stellen.

Schritt 3: Nutzen Sie die gegnerische Kraft für das Reich Gottes

Auf unserem ersten NCD World Summit in Südafrika berichtete Eddie Leo, ein Vertreter des indonesischen NCD-Partners, über die Erweckung, die unsere indonesischen Freunde erleben. Unter anderem berichtete er, dass ihre eigene Gemeinde allein innerhalb der letzten sechs Monate um 1600 Menschen gewachsen sei. Einige der anderen Nationalen NCD-Partner wollten von Eddie wissen, was sie selber tun könnten, um eine ähnliche Erweckung zu erleben. „Ihr möchtet wirklich Erweckung?", fragte Eddie sie. „Dann betet für Verfolgung." Eddie sagte das mit jenem freundlich-sanften indonesischen Lächeln, dass man leicht übersehen konnte, dass er diesen Satz bitter, bitter ernst meinte. Ohne Zweifel ist die Verfolgung, die unsere indonesischen Freunde erleben – und ich spreche von *wirklicher* Verfolgung, nicht lediglich von einigen eingeschlagenen Kirchenfenstern – eine der Haupttriebfedern der Erweckung. Sie haben gelernt, feindliche Energie kreativ für das Reich Gottes nutzbar zu machen.

Allerdings sollten wir nicht den Fehler machen, das Prinzip der Energieumwand-lung ausschließlich mit derartig dramatischen Situationen in Verbindung zu brin-gen. Im Grunde ist es ein bodenständiges Prinzip, das für alle Lebensbereiche gilt: für den Umgang mit Wartezeiten am Flughafen wie für den Umgang mit Konflikten; für die Bewältigung finanzieller Schwierigkeiten wie für Phasen feh-lender Motivation. Die ständige Frage sollte lauten: Wie können wir die Situation am besten für das Reich Gottes nutzen? Das ist eine ausgesprochen kreative Fra-gestellung und sie ist obendrein biblisch. Die Verheißung von Römer 8,28 lautet: „Wir wissen, dass denen, die Gott lieben, alle Dinge zum Besten dienen."

Wo haben Sie das Prinzip der Ener-gieumwandlung in Ihrem eigenen Leben bereits beob-achten können?

Kapitel 3

Wachstumskraft 4: Nachhaltigkeit

Nach Gottes Plan enthält die Frucht jedes Organismus den Samen zur Fortpflanzung. Da natürliche Fortpflanzung dem Prinzip der Multiplikation folgt statt dem der Addition (siehe Seite 94), führt die Wachstumskraft der Nachhaltigkeit zu dramatischen Resultaten.

> Wer im Einklang mit dieser Kraft lebt, braucht sich über Wachstum keine Gedanken mehr zu machen.

Angesichts der Tatsache, dass Ihre Ressourcen begrenzt sind, sollten Sie dieses Prinzip weise anwenden. Wenn Sie Ihre Entscheidungen im Einklang mit diesem Prinzip treffen, brauchen Sie Ihre Energie nicht mehr auf zwei verschiedene Bereiche aufzuteilen:

1. Das eigentliche Ergebnis, das Sie mit einer bestimmten Maßnahme erzielen wollen (die *Frucht*);

2. Die Aufrechterhaltung und das Wachstum Ihrer Arbeit (der *Samen*).

In Gottes Schöpfung bringt die gleiche Energie die Frucht und den Samen zugleich hervor; das Ergebnis Ihrer Arbeit trägt automatisch zur Aufrechterhaltung der Arbeit bei. Nach Gottes Plan ist es sogar so, dass sich beide Bereiche gar nicht voneinander trennen lassen, da die Frucht per Definition bereits den Samen enthält. Wer im Einklang mit dieser Wachstumskraft lebt, braucht sich über die Aufrechterhaltung und das Wachstum der Gemeinde (Bereich 2) keine Gedanken mehr zu machen. Warum nicht? Weil dies gleichsam „von selbst" geschieht. Es ist eine natürliche Folge Ihrer Arbeit in Bereich 1.

Schritt 1: Überprüfen Sie jede Frucht auf Samen

Je weniger Sie im Einklang mit den in diesem Buch beschriebenen Prinzipien leben, desto größer ist die Wahrscheinlichkeit, dass die „Frucht", die Sie hervorbringen, keinerlei positive Auswirkungen auf die Aufrechterhaltung Ihrer Arbeit hat. Sie mögen wunderschöne Blüten hervorbringen, aber wenn diese zu welken beginnen, werden Sie keine Samenkörner in ihnen entdecken.

Denken Sie einmal über die Auswirkungen dieses Konzepts auf den finanziellen Bereich nach. Oft investieren Christen (1) Geld in die Ergebnisse, die sie mit einer bestimmten Maßnahme erreichen wollen, und (2) in die Aufrechterhaltung ihres Dienstes, da dieser ja die Grundlage für zukünftige Aktivitäten bildet. Wenn jedoch der Dienst im Einklang mit der Wachstumskraft der Nachhaltigkeit konzipiert ist, brauchen sie nur noch in den ersten Bereich zu investieren, ohne überhaupt über den zweiten Bereich nachzudenken. Dieses Prinzip erklärt, warum wir in NCD International hartnäckig Spenden zurückweisen. Vielmehr soll die natürliche Frucht unserer Arbeit gleichzeitig für die finanzielle Basis der Arbeit sorgen. Deshalb gibt es in NCD International weder eine Fundraising- noch eine PR-Abteilung. Hundert Prozent der vorhandenen Energie soll in die tatsächlichen Ergebnisse investiert werden, die wir erreichen wollen.

Schritt 2: Nutzen Sie jede Gelegenheit, andere zu trainieren

Es ist äußerst erhellend zu beobachten, wie Jesus dieses Prinzip angewandt hat. Er hatte nicht getrennte Programme für Dienste am Volk einerseits und für Jüngerschaftsschulung andererseits. Indem er dem Volk diente, schulte er gleichzeitig seine Jünger.

Meine Erfahrungen:

Bevor wir heirateten, arbeitete meine Frau Brigitte in einem Waisenhaus in Indien. Als sie dort ankam, bestand der Nahrungsplan der Kinder ausschließlich aus Reis und Pfefferwasser. Einmal pro Woche kaufte Brigitte jedem der Kinder ein Ei, was zum Höhepunkt der Woche wurde. Einmal im Monat konnten sie sich sogar ein Huhn für die ganze Gruppe leisten. Drei Monate bevor Brigitte Indien verlassen musste, begann sie darüber nachzudenken, wie diese Versorgung weitergehen könnte. Anstatt ein weiteres Huhn und weitere Eier zu kaufen, erwarb sie beim nächsten Marktbesuch zwei lebende Hennen und einen Hahn. Ein halbes Jahr nachdem sie Indien verlassen hatte, hatten die Kinder dreimal pro Woche Eier und einmal pro Woche Hühnerfleisch. Die Kinder in Hühnerzucht einzuführen hatte eine nachhaltigere Wirkung als alle Eier und Hühner, die zuvor gekauft worden waren.

Blumen sind ohne Zweifel schön, aber das ist nicht ihre wichtigste Funktion in Gottes Schöpfung. Jede Blume enthält die Fähigkeit zur Aufrechterhaltung der Art. Wenn die Blüte auf dem Gipfel ihrer Schönheit ist, ist davon kaum etwas zu sehen. In dem Moment jedoch, in dem sie zu welken beginnt, wird der Same sichtbar.

Durch dieses „On-the-job-Training" kann mit weniger Energieeinsatz gleichzeitig eine höhere Qualität von Mitarbeiterschulung erreicht werden.

In gesunden Gemeinden lässt sich beobachten, dass sie nicht einerseits Leiter haben und andererseits Trainingsprogramme, um neue Leiter zu rekrutieren. Vielmehr werden neue Leiter dadurch trainiert, dass sie an den Leitungsprozessen teilhaben. Wenn Sie erst einmal gelernt haben, jede Gelegenheit zu nutzen, um andere Menschen zu trainieren, werden Sie spüren, wie Sie die Kraft der Nachhaltigkeit auszustrahlen beginnen.

Schritt 3: Lösen Sie nicht die Probleme der Menschen, sondern helfen Sie ihnen, ihre eigenen Lösungen zu finden

Wahrscheinlich kennen Sie den berühmten Spruch: „Gib einem Menschen einen Fisch und du sättigst ihn für einen Tag; lehre ihn fischen und du sättigst ihn sein Leben lang." Das ist es, worum es beim Prinzip der Nachhaltigkeit geht. Viel zu vieles in der christlichen Welt ist darauf ausgerichtet, den Menschen gleichsam Fische anzubieten (Lösungen ihrer Probleme), anstatt sie das Fischen zu lehren (selber Problemlösungen zu entwickeln). In der natürlichen Gemeindeentwicklung bemühen wir uns um eine konsequente Anwendung dieses Prinzips. Das erklärt, warum Sie in den NCD-Materialien keine Schritt-für-Schritt-Anleitungen finden, die für jede Situation gelten. Vielmehr lehren wir universelle Prinzipien und investieren viel Energie, Menschen bei der Anwendung dieser Prinzipien zu helfen. Auf diese Weise werden Menschen befähigt, die Lösungen ihrer Probleme selbst zu finden.

Wo haben Sie das Prinzip der Nachhaltigkeit in Ihrem eigenen Leben bereits beobachten können?

Kapitel 3

Wachstumskraft 5: Symbiose

Symbiose ist – nach der Definition von „Webster's Dictionary" – „das enge Zusammenleben zweier unterschiedlicher Organismen zum gegenseitigen Nutzen". In dieser Definition sind beide Elemente wichtig: (1) die „Unterschiedlichkeit" der beiden Organismen und (2) der „gegenseitige Nutzen". Wenn eines dieser beiden Elemente vernachlässigt wird, kann das Prinzip der Symbiose nicht seine Kraft entfalten.

In der aktuellen Managementliteratur wird dieses Prinzip gerne als „Win-Win-Beziehung" bezeichnet: Es soll keine Gewinner und Verlierer mehr geben, sondern bei allen Entscheidungen nur noch gemeinsame Gewinner. Was von manchen Managementtheoretikern wie eine revolutionäre Neuentdeckung gefeiert wird (und vielleicht ist es für so manchen Manager ja tatsächlich eine Neuheit), ist nichts anderes als das, was uns Jesus in der „Goldenen Regel" schon vor 2.000 Jahren beizubringen versucht hat. Er nannte es freilich weder „win-win" noch „Symbiose", sondern „Liebe deinen Nächsten wie dich selbst".

Die Feinde der Symbiose sind Monokultur und Konkurrenz.

Schritt 1: Vermeiden Sie sowohl Monokultur als auch Konkurrenz

Zu diesem Prinzip gibt es zwei Gegenmodelle: Konkurrenz und Monokultur. Das Konkurrenzmodell geht – wie der symbiotische Ansatz – ebenfalls von unterschiedlichen Organismen aus, aber diese fördern sich nicht gegenseitig, sondern fügen einander Schaden zu. Bei der Monokultur indessen – im Bereich von Wirtschaft, Gesellschaft und Kirche nennt sich das Ganze „Monopolismus" – ist die Artenvielfalt verloren gegangen, nur noch ein Typ dominiert. Damit ist zwar jeglicher Konkurrenzkampf ausgeschaltet, gleichzeitig aber auch die für alles Lebendige so wichtigen symbiotischen Wechselwirkungen im Zusammenspiel der unterschiedlichen Arten.

Sie können dieses Prinzip auf alle Bereiche des gemeindlichen Lebens beziehen. Denken Sie nur an so unterschiedliche Themen wie „Ökumene", „Kleingruppen", „geistliche Gaben", „Frömmigkeitsrichtungen" und „interkulturelle Begegnungen". In allen diesen Bereichen lassen sich unschwer Christen ausfindig machen, die zu einer monopolistischen Sicht neigen und geistliche Einheit mit Uniformität verwechseln. Andere dagegen betonen Werte wie „Unabhängigkeit" und „Vielfalt" und enden im Konkurrenzkampf. Wenn wir Webster's Definition anlegen, betont die eine Gruppe die erste Säule der Definition; die andere Gruppe betont die zweite Säule. Aber beide sind nicht in der Lage zu erkennen, dass die Kombination beider Ansätze der Schlüssel wäre.

Schritt 2: Lernen Sie Vielfalt schätzen

Als ich auf einer NCD-Konferenz in Japan über dieses Prinzip sprach, sagte mir einer der teilnehmenden Pastoren: „Sie haben in dem, was Sie sagten, absolut Recht. Leider sind Menschen so unterschiedlich. Als Leiter müssen wir das akzeptieren." Meine Entgegnung war: „Danke, dass Sie mir zustimmen, aber bitte entschuldigen Sie, dass ich Ihnen nicht zustimmen kann. Menschen

Meine Erfahrungen:

Unser NCD-Netzwerk funktioniert auch deshalb so gut, weil die Menschen, aus denen es sich zusammensetzt, im Blick auf Mentalität, Kultur und theologische Überzeugungen extrem verschieden sind. Das gilt auch für die beiden Leiter des Netzwerkes, meinen Kollegen Christoph Schalk und mich. Wir sind in fast allen Lebensbereichen extrem unterschiedlich. Da wir aber beide sehr genau wissen, wie das Prinzip der Symbiose funktioniert, beschwert sich keiner von uns darüber, dass der jeweils Andere so anders fühlt, denkt und handelt. Wir wissen, dass wir unterschiedlich sein müssen, um effektiv den vielen unterschiedlichen Menschen und Bedürfnissen in unserem Netzwerk begegnen zu können. Und wir wissen, dass wir durch die Anwendung des Prinzips der Symbiose in unserem Leitungsteam zu „Von-selbst-Wachstum" im gesamten Netzwerk beitragen.

Symbiose bedarf einer Vielfalt unterschiedlicher Organismen, die an der gleichen Stelle zusammenleben. Zwar kann auch eine Monokultur beeindruckende Mengen an Frucht hervorbringen. Da die Monokultur jedoch blind ist für die stabilisierende Wirkung von Hecken, Feuchtgebieten und kleinräumiger Vielfalt, muss hier der Einsatz von künstlichem Dünger, Pestiziden etc. weitaus höher sein.

sind nicht *leider* so unterschiedlich, sondern sie sind es nach Gottes Plan. Und wir müssen diese Vielfalt nicht nur *akzeptieren*, sondern dankbar für sie sein, uns über sie freuen, sie feiern." Solange wir die unausweichliche Tatsache der Vielfalt lediglich „akzeptieren", während wir in unserem Herzen weiterhin von einer uniformistischen, monopolistischen Kirche träumen, sind wir noch weit davon entfernt, die Bedeutung eines symbiotischen Ansatzes zu verstehen.

Schritt 3: Vernetzen Sie unterschiedliche Ansätze, so dass sie voneinander profitieren

Unterschiedlichkeit an sich – die erste Säule in Webster's Definition – führt uns nicht weiter. Die Herausforderung besteht darin, unterschiedliche Ansätze so zu vernetzen, dass alle Beteiligten davon profitieren. Schauen Sie sich noch einmal die eben erwähnten Themen an: Ökumene, Kleingruppen, geistliche Gaben, Frömmigkeitsrichtungen, interkulturelle Begegnungen. In jedem einzelnen Fall kann die Unterschiedlichkeit zu Kämpfen führen – und im Falle der interkulturellen Begegnungen sogar zu Kriegen –, wenn es nicht gelingt, die verschiedenen Ansätze aufeinander zu beziehen.

Es ist gewiss nicht einfach, dies erfolgreich zu tun – weder in der Politik noch in der Gemeinde. Aber das ist es, worum es in der Kunst der Leiterschaft geht. Ein wahrer Leiter ergreift nicht Partei für eine der konkurrierenden Gruppen, sondern hilft allen dabei zu erkennen, dass eine symbiotische Beziehung für jede Partei von Vorteil ist. In unserem NCD-Netzwerk ist es eine Frage des Überlebens geworden, inwieweit es uns gelingt, dieses Prinzip anzuwenden. Da die Kulturen, Stile und theologischen Überzeugungen der beteiligten Gruppen so extrem unterschiedlich sind, besteht ein erheblicher Teil unserer Arbeit darin, den Beteiligten zu zeigen, dass die Anwendung des Prinzips der Symbiose für alle von Vorteil ist.

Wo haben Sie das Prinzip der Symbiose in Ihrem eigenen Leben bereits beobachten können?

Kapitel 3

Wachstumskraft 6: Fruchtbarkeit

Alles Lebende in Gottes Schöpfung ist dadurch gekennzeichnet, dass es in der Lage ist, Frucht zu bringen. Natürlich gibt es Situationen, in denen keine Frucht – oder nicht genügend Frucht – produziert wird. Aber in jedem einzelnen Fall ist dies ein Zeichen, dass etwas nicht so funktioniert, wie es funktionieren sollte. Die Überprüfung der Frucht, die ein Organismus langfristig bringt, ist ein Indikator für dessen Gesundheit.

Das Überprüfen der Frucht ist ein geeignetes Mittel um festzustellen, wie gesund der Organismus ist.

Es ist gewiss kein Zufall, dass Jesus sich wiederholt auf dieses natürliche Prinzip bezieht und es auf die geistliche Ebene überträgt. In Matthäus 7 lesen wir: „So bringt jeder gute Baum gute Früchte; aber ein fauler Baum bringt schlechte Früchte", und: „An ihren Früchten sollt ihr sie erkennen" (Verse 17 und 16). Wann immer in der Bibel von Frucht die Rede ist, sind damit sichtbare Manifestationen gemeint, auch wenn sie unsichtbare Wurzeln haben mögen. Da Frucht sichtbar ist, ist es möglich, sie zu überprüfen. Das Prinzip der Fruchtbarkeit zielt auf diese Überprüfung. Die folgenden drei Schritte sollen Ihnen helfen, die Anwendung dieses Prinzips in Ihren Alltag zu integrieren.

Schritt 1: Definieren Sie die Frucht

Beginnen Sie, indem Sie die Frage stellen: „Was genau wollen wir erreichen?" Um später die Frucht zu messen (Schritt 3), müssen Sie von vornherein wissen, um welche Art von Frucht des Ihnen geht. Wenn Sie eigentlich Kartoffeln ernten wollten, dann sollten Sie später nicht die Äpfel des Apfelbaums als die angestrebte Frucht präsentieren. Ob Sie es mir glauben oder nicht, genau das zu tun ist ein Lieblingssport unzähliger Christen.

Meine Erfahrungen:

Einmal im Jahr treffe ich mich mit meinem Kollegen Christoph Schalk, um die Arbeit der vergangenen zwölf Monate auszuwerten. Soweit ich mich erinnern kann, haben wir in diesen Runden nicht ein einziges Mal die Frage gestellt, ob unsere eigene Organisation gewachsen sei. Keiner von uns hat auch nur das geringste Interesse an dieser Frage. Was wir allerdings wissen wollen, ist, in welchem Ausmaß der Dienst gewachsen ist. Jedes Jahr erwarten wir messbar mehr Frucht als im Jahr zuvor. Wenn das nicht geschehen sollte, ändern wir sofort und radikal unsere Arbeitsweise (in aller Regel dadurch, dass bestimmte Dinge „zurückgeschnitten" werden), da wir fest davon überzeugt sind, dass es unsere Verantwortung als Leiter ist, zu einer ständig wachsenden Fruchtbarkeit beizutragen.

Wenn Sie z.B. eine evangelistische Aktion planen, sollten Sie von vornherein definieren, welche Art von Frucht Sie anstreben: Menschen, die für Christus gewonnen wurden. Wenn es dann später ein Ergebnis der Aktion sein sollte, dass die Gemeinschaft der Gläubigen gestärkt wurde, aber niemand zum Glauben gekommen ist, dann können Sie sich zwar immer noch von Herzen über die gesteigerte Qualität der christlichen Gemeinschaft freuen, aber Sie sollten sie nicht mit der Frucht Ihrer Aktion verwechseln. Höchstwahrscheinlich hätten Sie dieses Ergebnis sehr viel effektiver durch andere Mittel als die evangelistische Aktion erreichen können.

Schritt 2: Planen Sie für Frucht

Nachdem Sie definiert haben, was Sie erreichen möchten, stellen Sie die Frage: „Wie wollen wir es erreichen?" Hier ist die Reihenfolge von entscheidender Bedeutung. Stellen Sie die zweite Frage erst, nachdem Sie Ihr Ziel klar definiert haben. Dabei ist es wichtig, dass Ihre Planung im Einklang mit den in diesem Buch beschriebenen Wachstumskräften geschieht. Wenn Sie für Frucht planen (und nicht für eine Maschine), dann müssen die Prinzipien des Lebens zum Zuge kommen, nicht die Gesetzmäßigkeiten der Technik.

Nehmen wir einmal an, Sie planen eine evangelistische Aktion. Dann ist es durchaus möglich, entweder einem technokratischen

In Gottes Schöpfung ist Fruchtbarkeit ein Kennzeichen des Lebens. Wenn ein Weinstock keine Frucht trägt, muss er zurückgeschnitten werden. Deshalb ist es nicht überraschend, dass die Bibel uns ähnliche Anleitungen im Blick auf geistliche Frucht gibt (Joh. 15,1-8).

Verfahren zu folgen oder aber sich darum zu bemühen, „Von-selbst-Wachstum" freizusetzen. Im ersten Fall werden Sie vielleicht damit beginnen, sich um die für die Aktion nötigen Finanzen zu kümmern. Sie werden möglicherweise auf „große Namen" bauen, um den Erfolg der Evangelisation zu garantieren. Sie könnten versucht sein, manipulative Methoden anzuwenden, um genügend „Entscheidungen" zu erreichen. Wenn Sie dagegen den organischen Prinzipien des Lebens folgen, werden Sie es vielleicht vorziehen, zunächst einmal Ihre ganze Kreativität einzusetzen, um Wege zu erkunden, wie sich Ihr Ziel ohne einen Cent erreichen lässt. Sie werden nach natürlichen Multiplikationsprozessen Ausschau halten. Sie werden nicht nur an „Entscheidungen für Christus" interessiert sein, sondern an lebenslangen Veränderungen. Sie werden für nachhaltige Frucht planen.

Schritt 3: Überprüfen Sie die Frucht

Vergessen Sie niemals, sich schließlich die dritte Frage zu stellen: „In welchem Maße haben wir unser Ziel erreicht?" Sollten Sie entdecken, dass Ihre Maßnahmen nicht so fruchtbar waren, wie sie hätten sein sollen oder können, dann folgen Sie der biblischen Anleitung, die „Reben zu reinigen" (Joh. 15,1-4), um die Fruchtbarkeit zu steigern. Diese drei Schritte gelten für alle Lebensbereiche, da es unser Auftrag ist, in allen Bereichen des Lebens Frucht zu bringen, nicht nur im Rahmen unserer gemeindlichen Aktivitäten.

In der natürlichen Gemeindeentwicklung spielt das Prinzip der Fruchtbarkeit eine wichtige Rolle. Das NCD-Gemeindeprofil wurde z.B. entwickelt, um die Qualität einer Gemeinde zu überprüfen (Schritt 3). Diese Ergebnisse werden Ihnen helfen, sich konkrete Ziele für weiteren qualitativen Zuwachs in den entscheidenden Bereichen zu setzen (Schritt 1) und Pläne zu entwickeln, wie Sie diese Ziele im Einklang mit den sechs Wachstumskräften erreichen können (Schritt 2). Schließlich erheben Sie ein weiteres Profil, um zu sehen, wie erfolgreich Ihre Maßnahmen waren (Schritt 3).

Wo haben Sie das Prinzip der Fruchtbarkeit in Ihrem eigenen Leben bereits beobachten können?

Kapitel 3

Acht Qualitätsmerkmale

W enn Sie ein Buch über ein Thema lesen, das mit einem der acht Qualitätsmerkmale zu tun hat, werden Sie eine verwirrende Entdeckung machen. Die Mehrheit der Autoren neigt dazu, Ihnen ihre Einsichten in einem dieser Bereiche als *den* Schlüssel zum Gemeindewachstum zu verkaufen. Wenn Sie ein Buch über Leiterschaft lesen, werden Sie erfahren, dass Leiter *der* Schlüssel sind. Wenn Sie ein Buch über Evangelisation lesen, werden Sie mit der Botschaft konfrontiert, Evangelisation sei *der* Schlüssel. Und wenn Sie ein Buch über Kleingruppen öffnen, dann wissen Sie bereits, bevor Sie das erste Wort gelesen haben, was als *der* Schlüssel präsentiert werden wird...

Es gibt nicht einen Schlüssel zum Gemeindewachstum, sondern zumindest acht verschiedene Schlüssel.

Acht verschiedene Schlüssel

Es gibt nur zwei Möglichkeiten, dieses Phänomen zu interpretieren. Entweder hat die Mehrheit dieser Autoren Unrecht – denn das, was der eine als „den" Schlüssel präsentiert, widerspricht gewöhnlich dem Schlüssel, den der andere präsentiert. Oder aber alle diese Autoren haben Recht, denn jeder von ihnen präsentiert einen entscheidenden Schlüssel des Gemeindewachstums; ihr Fehler besteht lediglich darin, dass sie sich – anstatt die verschiedenen Schlüssel aufeinander zu beziehen – ausschließlich auf einen Schlüssel konzentrieren (was völlig in Ordnung ist) und ihn als den einzigen ausgeben (was nicht in Ordnung ist).

Fakt ist, dass es diesen *einen* Schlüssel zum Gemeindewachstum nicht gibt; es gibt zumindest acht verschiedene Schlüssel. Wenn ein Autor Ihnen weismachen möchte, es gäbe lediglich einen Schlüssel, möchte ich Sie ermutigen, folgendermaßen zu reagieren:

1. Glauben Sie dieser Botschaft nicht, da sie eindeutig sowohl der biblischen als auch der empirischen Wahrheit widerspricht.

2. Lernen Sie so viel wie möglich von den Einsichten, die dieser Autor auf seinem Spezialgebiet gesammelt hat, denn das kann Ihnen viele wertvolle Erkenntnisse vermitteln.

„Das Einzige ist Gebet"

Die Neigung, die acht Schlüssel auf einen einzigen Faktor zu reduzieren, ist so weit verbreitet wie die Christenheit. Als ich auf einer NCD-Konferenz in Korea sprach, sagte mir einer der Pastoren: „Das Einzige, was wir für Gemeindewachstum tun können, ist zu beten." Als wir uns später sein Gemeindeprofil anschauten, wurde deutlich, dass es in dieser Gemeinde tatsächlich viel Gebet gab, erkennbar an einem hohen Wert für das Qualitätsmerkmal „leidenschaftliche Spiritualität". Die hohen Werte in den meisten der anderen sieben Bereiche offenbaren allerdings eindeutig, dass die Gemeinde auch noch vieles andere tat als nur zu beten. Zum Beispiel evangelisierten sie (Qualitätsmerkmal 7), sie setzten geistliche Gaben ein (Qualitätsmerkmal 2), sie sammelten sich in Kleingruppen (Qualitätsmerkmal 6), sie praktizierten das christliche Liebesgebot (Qualitätsmerkmal 8).

Gott sei Dank taten Sie all das, denn die Bibel trägt uns eindeutig auf, alle diese Dinge zu tun. Nirgendwo in der Bibel finden wir die

Meine Erfahrungen:

Bisweilen beschweren sich Christen darüber, dass einige für sie wichtige Dimensionen des christlichen Dienstes nicht in unserer Liste der „acht Qualitätsmerkmale" enthalten sind. Meine Entgegnung ist: „Wenn ich Pastor einer Gemeinde wäre, würde ich mit Sicherheit viele Dinge tun, die nicht auf unserer Liste stehen – einfach deshalb, weil ich davon überzeugt bin, dass Gott das von uns erwartet." Der Grund, warum wir diese Punkte nicht unserer Liste hinzugefügt haben, ist, dass wir ausschließlich diejenigen Aspekte als „Qualitätsmerkmale wachsender Gemeinden" definierten, die eine universelle, positive Korrelation zu zahlenmäßigem Wachstum aufweisen. Wenn ich eine solche Liste nach meinem eigenen theologischen Geschmack zusammengestellt hätte, hätte ich noch weitere Punkte hinzugefügt. Die Stärke unserer Liste ist jedoch, dass sie ausschließlich universell verifizierbare Wachstumsprinzipien enthält.

Freisetzung der sechs Wachstumskräfte	Arbeitsbereich
Bevollmächtigende	Leitung
Gabenorientierte	Mitarbeiterschaft
Leidenschaftliche	Spiritualität
Zweckmäßige	Strukturen
Inspirierender	Gottesdienst
Ganzheitliche	Kleingruppen
Bedürfnisorientierte	Evangelisation
Liebevolle	Beziehungen

Jedes Qualitätsmerkmal besteht aus einem Adjektiv (Spalte A) und einem Substantiv (Spalte B). Wie wir bereits gesehen haben (Seite 89), sind die Adjektive darauf ausgerichtet, „Von-selbst-Wachstum" freizusetzen. Sie sind der Schlüssel zum Verständnis jedes der acht Qualitätsmerkmale.

merkwürdige Botschaft, das Einzige, was wir für Gemeindewachstum tun könnten, sei das Gebet. Im Unterschied zu manchen populären Büchern reduziert die Heilige Schrift eben nicht alles auf einen einzigen Schlüssel. Vielmehr beschreibt sie verschiedene unterschiedliche Schlüssel, und Gebet ist ohne Zweifel einer von ihnen. Gebet ist absolut entscheidend für das Wachstum der Gemeinde, wie der koreanische Pastor zu Recht betonte. Das Gleiche gilt jedoch für jedes andere der acht Qualitätsmerkmale in gleicher Weise.

Biblische Prinzipien

Da die Bibel deutlich jedes der acht Qualitätsmerkmale lehrt, warum sind wir dann so zurückhaltend, die Qualitätsmerkmale als „biblische Prinzipien" zu bezeichnen? Vor allem aus zwei Gründen: Erstens bin ich bei meiner Beschäftigung mit diesem Thema derartig vielen Listen von „biblischen Prinzipien" begegnet, die mehr die theologische Überzeugung des jeweiligen Autors zum Ausdruck brachten als universelle Prinzipien der Bibel, dass ich die acht Qualitätsmerkmale nicht in eine Reihe mit diesen Versuchen stellen wollte.

Zweitens haben wir diese Prinzipien *nicht* durch Bibelstudium herausgefunden. Wir erforschten, so neutral wie möglich, Tausende von Gemeinden rund um den Globus und stellten die Frage, welche Kennzeichen wachsende Gemeinden gemeinsam haben. Wir taten das nicht, um unsere Lieblingsideen, die durch unser eigenes Bibelverständnis geprägt sind, zu bestätigen. Wir machten es mit einem offenen Geist, um zu lernen, was empirisch verifizierbar ist. Das Ergebnis war indessen, dass die umfassendste Studie, die es jemals zu diesem Thema gegeben hat, als „Geheimnis des Erfolgs" nichts anderes zum Vorschein brachte als das, was uns die Bibel bereits vor langer Zeit mitgeteilt hat. Ist doch interessant, oder?

Mehr im Internet:

Im Internet (siehe Seite 162) finden Sie Antworten auf folgende Fragen:

- *Könnte es nicht sein, dass es auch noch ein neuntes oder zehntes Qualitätsmerkmal gibt?*

- *Gibt es einen Bericht, der die empirische Methodik, die bei den Forschungen zur Anwendung kommt, beschreibt?*

Welches der acht Qualitätsmerkmale ist Ihnen spontan am sympathischsten? Warum?

Kapitel 3

Qualitätsmerkmal 1: Bevollmächtigende Leitung

Beachten Sie, dass das erste Qualitätsmerkmal nicht „vollmächtige", sondern „bevollmächtigende" Leitung heißt. Lassen Sie mich den Unterschied erklären. Vollmächtige Leitung – das könnte bedeuten: Es gibt einen genialen, allround-begabten Leiter mit einer großen Vision. Dieser Leiter braucht nun ehrenamtliche Mitarbeiter als Helfer, damit seine Vision auch praktisch umgesetzt werden kann.

> **Wer einem bevollmächtigenden Leiter begegnet, spürt, wie er selber wächst.**

Das Superstar-Modell

Außerhalb des christlichen Bereichs wird dieses Konzept bisweilen als „Guru-Leiterschaft" bezeichnet. In christlichen Gemeinden gibt es jedoch durchaus Vergleichbares. Manche meinen sogar, dahinter verberge sich ein besonders effizientes Wachstumsprinzip: Hier der Guru-Leiter mit der großen Vision – dort das Fußvolk der Laien, die dem vollmächtigen Leiter bei der Erfüllung seines Lebenstraums zu Diensten stehen. Unsere Forschung zeigt jedoch, dass kaum etwas weiter von der Wahrheit entfernt ist. Leiter wachsender Gemeinden sehen es als eine ihrer wichtigsten Aufgaben, anderen Christen immer mehr zu dem Grad an Vollmacht zu verhelfen, der ihnen nach Gottes Plan zusteht. Sie befähigen, unterstützen, motivieren und begleiten die einzelnen Christen, damit diese schließlich zu dem werden, was Gott schon immer mit ihnen vorhatte. Mag sein, dass einige dieser Christen am Ende ganz andere Wege gehen als ihre Leiter. Ein bevollmächtigender Leiter kann sich von Herzen darüber freuen, weil er weiß, dass Gott für jeden Christen eine individuelle Berufung hat.

Interessant ist, dass die meisten Pastoren, deren Gemeinden in unserer Untersuchung die höchsten Werte erzielten, einer breiteren Öffentlichkeit kaum bekannt sind. Von ihnen lassen sich die grundlegenden Leiterschaftsprinzipien in der Regel jedoch besser lernen als von manchem weltbekannten „geistlichen Superstar". Leiter wachsender Gemeinden brauchen keine Superstars zu sein. Wenn jemand diese Rolle spielt (bzw. spielen muss, weil die Gemeinde das von ihm erwartet), dann ist das ein untrügliches Zeichen, dass etwas gründlich falsch gelaufen ist.

Erklärung, Motivierung, Freisetzung

Schauen Sie sich das Schaubild auf Seite 107 an. Es zeigt drei wesentliche Bestandteile bevollmächtigender Leitung: Erklärung, Motivierung und Freisetzung. Sollte nur eine dieser drei Dimensionen fehlen, hat die ganze Gemeinde ein ernstes Problem. Die Fähigkeit, komplizierte Zusammenhänge zu *erklären* – in Predigten, Bibelarbeiten oder Seminaren – ist eine wertvolle Gabe Gottes. Viele Christen mit dieser Gabe haben allerdings niemals gelernt, wie man Menschen *motiviert*. Sie glauben allen Ernstes, man müsse eine bestimmte Aufgabe nur gut genug erklären, um Menschen zum Dienst zu befähigen. Und selbst diejenigen, die Erklärung und Motivierung durchaus zu kombinieren in der Lage sind, sind oft nicht mutig genug, die Menschen wirklich *freizusetzen*. Sie behalten ein Maß an Kontrolle, das es anderen unmöglich macht, ihr volles Potenzial zu entfalten. Freisetzung bedeutet, sich so in Menschen zu investieren, dass *sie* ihre gottgegebenen Visionen erfüllen können.

Meine Erfahrungen:

Vor einiger Zeit machte eine kanadische Gemeinde bevollmächtigende Leitung als ihren Minimumfaktor ausfindig. Da der Pastor von einer weit verbreiteten Forderung nach „starken Leitern" beeinflusst war, verstand er, dass er selbst Teil des Problems war. Er war bereit zurückzutreten. „Ich bin definitiv nicht einer dieser starken Leiter", sagte er mir. Ein NCD-Trainer konnte ihn jedoch überzeugen, dass bevollmächtigende Leitung nicht das Gleiche wie „starke Leitung" ist und dass er definitiv das Potenzial hatte, andere Menschen zu bevollmächtigen. 18 Monate lang konzentrierte sich das Leitungsteam auf diesen Bereich und erlebte beträchtliches qualitatives Wachstum. In den gleichen 18 Monaten wuchs der Gottesdienstbesuch zahlenmäßig von 900 auf 1700 an.

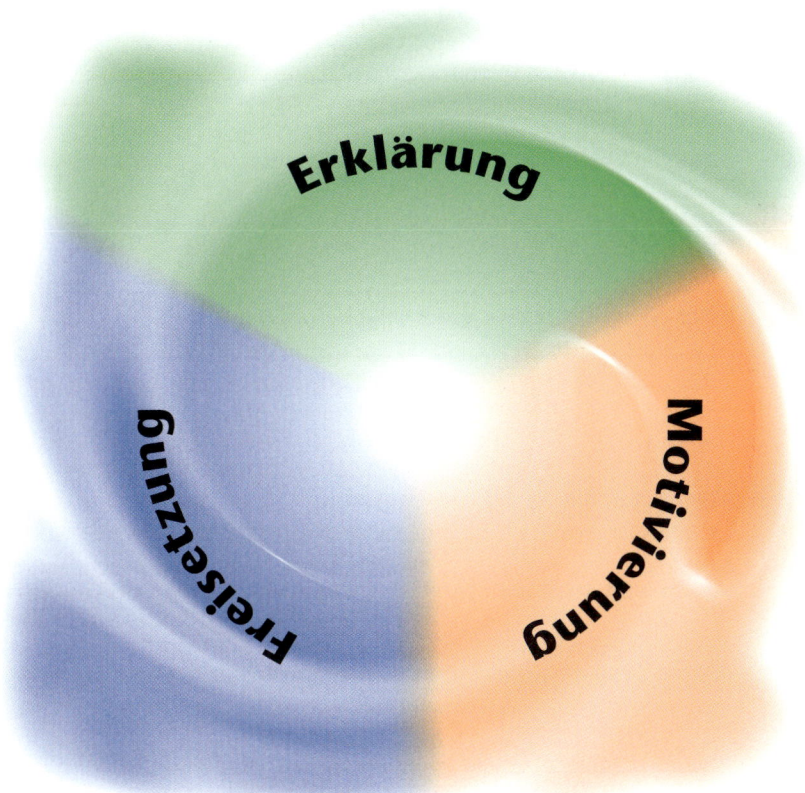

*Das Geheimnis bevoll-
mächtigender Leitung
besteht darin, erstens
die Qualität in den
Bereichen Erklärung,
Motivation und Frei-
setzung zu steigern,
und zweitens für eine
Balance dieser drei
Bereiche zu sorgen.*

Ihr persönlicher Beitrag

Wenn Sie selber Leiter sind, sollten Sie wissen, was zu tun ist: Konzentrieren Sie Ihren Dienst darauf, andere zu bevollmächtigen. Widerstehen Sie hartnäckig der Rolle des Superstars. Machen Sie ausfindig, welcher der drei genannten Bereiche (Erklärung, Motivierung, Freisetzung) bei Ihnen am schwächsten entwickelt ist und streben Sie nach Wachstum in diesem Bereich. Bei keinem anderen der acht Qualitätsmerkmale lassen sich so leicht Fortschritte erzielen wie bei bevollmächtigender Leitung – vorausgesetzt, dass das Leitungsteam bereit ist, an dieser Stelle zu arbeiten.

Sollten Sie kein Leiter sein, dann ist es Ihre Verantwortung, nach Leitern Ausschau zu halten, von denen Sie bevollmächtigt werden. Ein erster Schritt könnte darin bestehen, einen persönlichen Mentor zu suchen, der Ihnen dabei hilft, das Potenzial, das Gott in Ihr Leben gelegt hat, freizusetzen. Es gibt einen verblüffend einfachen Weg herauszufinden, ob jemand ein bevollmächtigender Leiter ist oder nicht. Wenn Sie in der Gegenwart eines bevollmächtigenden Leiter sind, spüren Sie, dass Sie selber wachsen. Die Begegnung mit einem „Superstar"-Leiter hat den gegenteiligen Effekt: Während der Leiter in Ihren Augen immer mehr wachsen mag, fühlen Sie sich selbst ziemlich klein und bedeutungslos.

*Welches Beispiel
für bevollmäch-
tigende Leitung,
das Sie persönlich
erlebt haben, hat
Sie am meisten
angesprochen?*

Kapitel 3

Qualitätsmerkmal 2: Gaben-orientierte Mitarbeiterschaft

Gabenorientierte Mitarbeiterschaft befähigt gewöhnliche Menschen, Außergewöhnliches zu erreichen.

Unser zweites Qualitätsmerkmal beruht auf der Einsicht: Gott hat selbst bestimmt, welche Christen nach seinem Plan welche Dienste in der Gemeinde wahrnehmen sollten. Die Aufgabe der Gemeindeleitung ist es, den Gemeindemitgliedern dabei zu helfen, ihre gottgegebenen Gaben ausfindig zu machen und einen Dienst zu finden, der zu diesen Gaben passt. Wenn Sie als Christ Ihren geistlichen Gaben gemäß leben, arbeiten Sie nicht mehr aus eigener Kraft, sondern der Geist Gottes arbeitet in Ihnen. So können Sie als ganz gewöhnlicher Mensch im wahrsten Sinne des Wortes außergewöhnlich Leistungen vollbringen.

Der Wagen mit den quadratischen Rädern

Unsere Forschungen brachten das traurige Ergebnis ans Tageslicht, dass die meisten Christen entweder überhaupt keine gemeindliche Aufgabe haben oder aber eine, die nicht zu ihren Gaben passt. Erinnern Sie sich an den Wagen mit den quadratischen Rädern (Seite 85)? Ein Mensch, der sich in einer Aufgabe engagiert, die nicht seinen Gaben entspricht, gleicht so einem quadratischen Rad. Und ein Christ, der gar keine gemeindliche Aufgabe hat? Der ist vergleichbar mit einem jener runden Räder, von denen noch so viele ungenutzt im Wagen liegen. Nun können Sie sich wahrscheinlich selbst vorstellen, was in den Kategorien dieses Bildes ein Christ wäre, der seinen geistlichen Gaben gemäß lebt! Kein Wunder, dass die praktische Anwendung dieses Prinzips derartig dramatische Auswirkungen auf das Wachstum der Gemeinde hat.

Eines der interessantesten Ergebnisse unserer Studie ist, dass kaum ein Faktor einen so starken Zusammenhang mit dem Lebensglück eines Christen hat wie die Frage, ob wir unseren geistlichen Gaben gemäß leben oder nicht. Ich kann das aus meinem eigenen Leben nur bestätigen. Seitdem ich mich bemühe, meinen eigenen Dienst konsequent im Einklang mit meinen Gaben zu gestalten, erlebe ich drei Effekte. Erstens bin ich seitdem ein glücklicherer Mensch, als ich es vorher war; zweitens bin ich wesentlich effektiver als zuvor; und drittens werde ich mehr denn je von anderen Christen missverstanden! Viele von uns sind so sehr an das Modell der „quadratischen Räder" gewöhnt, dass sie es fast schon als „ungeistlich" empfinden, wenn jemand sich dafür entscheiden sollte, ein „rundes Rad" sein zu wollen.

Weisheit, Engagement, Vollmacht

In meinem Buch *Die 3 Farben deiner Gaben* habe ich die Begriffe Weisheit (für den grünen Bereich), Engagement (für rot) und Vollmacht (für blau) ins Zentrum gestellt. Relativ häufig können Sie erleben, dass in einer Gemeinde eine oder zwei dieser Dimensionen vorhanden sind; aber eine „radikale Balance" (siehe Seiten 54-57) aller drei Dimensionen ist selten. Es gibt Gemeinden, die ziemlich stark im Weisheits-Bereich sind, aber denen es sowohl an Engagement als auch an geistlicher Vollmacht fehlt. Andere mögen im Bereich des Engagements bereits vorbildlich sein, da ihnen aber Vollmacht und

Meine Erfahrungen:

Als eine Pfingstgemeinde in den USA ihr erstes Gemeindeprofil erhob, machte sie gabenorientierte Mitarbeiterschaft als ihren Minimumfaktor ausfindig. Aufgrund ihrer theologischen Position, die die Bedeutung geistlicher Gaben stark hervorhebt („Wenn eine Gemeinde etwas über geistliche Gaben weiß, dann sind wir es"), hatten die Leiter zunächst Schwierigkeiten, das Ergebnis zu akzeptieren. Es dauerte einige Zeit, bevor sie die beiden Schlüsselprobleme entdeckten. Erstens war ihr Bild von geistlichen Gaben auf eine Hand voll Gaben reduziert. Zweitens waren es nur sehr wenige Gemeindemitglieder, die ihre Gaben einsetzten. Eine Änderung dieses Musters führte zu Konflikten und im ersten Jahr verlor die Gemeinde sogar Mitglieder. Nach zwei Jahren jedoch konnte man die Früchte dieser innergemeindlichen Reformation sehen.

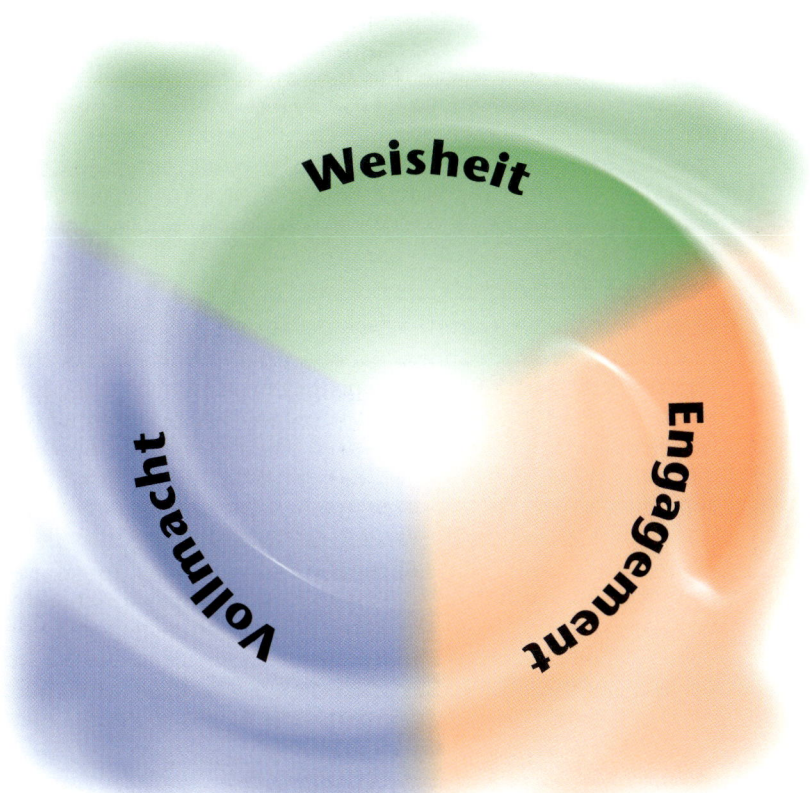

Das Geheimnis gabenorientierter Mitarbeiterschaft besteht darin, erstens die Qualität in den Bereichen Weisheit, Engagement und Vollmacht zu steigern, und zweitens für eine Balance dieser drei Bereiche zu sorgen.

Weisheit fehlen, sind sie längst nicht so effektiv, wie sie es nach Gottes Willen sein könnten. Wiederum andere sind stark im Bereich Vollmacht, da ihnen aber Engagement und Weisheit fehlen, stehen sie in der Gefahr, mit all ihrer Vollmacht eine Menge Schaden anzurichten. Wenn dagegen eine Balance aller drei Dimensionen erreicht wird, funktioniert eine Gemeinde nach Gottes Plan.

Ihr persönlicher Beitrag

Wenn Sie Ihre Gaben noch nicht ausfindig gemacht haben, sollten Sie das umgehend tun. Das Buch *Die 3 Farben deiner Gaben* enthält u.a. einen *Drei-Farben-Gabentest,* der Ihnen dabei helfen wird herauszufinden, welche Gaben Sie haben und welche nicht. Entspricht Ihr gemeindliches Engagement Ihren Gaben? Wenn nicht, lassen Sie nicht locker, bis Sie eine Aufgabe haben, die Ihnen die Möglichkeit gibt, Ihre Gaben zu entfalten. Wenn nötig, bitten Sie die Gemeindeleitung, gabenorientierte Aufgaben für Sie zu schaffen.

Wenn Sie selbst Leiter sind, besteht eine Ihrer Hauptaufgaben darin, diesen Prozess in Ihrem Verantwortungsbereich – ob Kleingruppe, örtliche Gemeinde oder Denomination – zu fördern. Bieten Sie Gabenberatung an. Bilden Sie Gabenberater aus. Gewöhnen Sie sich an, über Ihre Gaben und Grenzen zu reden. Weigern Sie sich, eine Aufgabe außerhalb des Bereichs Ihrer Gaben zu übernehmen. Leben Sie selbst den gabenorientierten Ansatz vor.

Welches Beispiel für gabenorientierte Mitarbeiterschaft, das Sie persönlich erlebt haben, hat Sie am meisten angesprochen?

Kapitel 3

Qualitätsmerkmal 3: Leidenschaftliche Spiritualität

Dass die Bezeichnung dieses Qualitätsmerkmals etwas abstrakt klingt, liegt in der Natur der Sache. Wir mussten einen Begriff wählen, der die unterschiedlichsten Frömmigkeitsrichtungen zu beschreiben vermag. Denn ein Ergebnis unserer Studie ist, dass es – wenn es um das Wachstum der Gemeinde geht – nicht auf den Frömmigkeitsstil ankommt, sondern darauf, dass der Glaube mit Hingabe, mit Feuer, mit Begeisterung gelebt wird. Der Grad der geistlichen Leidenschaft ist nachweislich der Punkt, der wachsende und nichtwachsende Gemeinden voneinander unterscheidet.

> **Im geistlichen Leben ist die Bewegung wichtiger als der augenblicklich erreichte Zustand.**

Geistliche Leidenschaft ersticken

Es gibt eine bestimmte Disziplin, in der wir Christen es nach meinen Erfahrungen zu einer traurigen Meisterschaft gebracht haben: Strategien zu erfinden, wie wir diese geistliche Leidenschaft verhindern können. Ich habe in meinem Büro für dieses Qualitätsmerkmal zwei Hängeordner eingerichtet. Im ersten sammle ich alle Hilfsmittel, die Christen dabei unterstützen, ihre geistliche Leidenschaft immer konsequenter auszuleben. In einem zweiten Ordner sammle ich Konzepte, die darauf abzielen, geistliche Leidenschaft bereits im Keime zu ersticken. Nach jeder Reise lege ich alles, was ich neu gelernt habe, in einem der beiden Ordner ab.

Hier ist das frustrierende Ergebnis: Der erste Ordner ist nicht viel mehr als zwei Zentimeter dick; der zweite Ordner dagegen ist mittlerweile so voll, dass ich die entsprechende Schublade kaum noch zukriege! Ich glaube, das allein sagt mehr über unseren Umgang mit geistlicher Leidenschaft, als die meisten von uns wahrhaben wollen.

Als wir die Daten von Tausenden Gemeinden auswerteten, machten wir eine interessante Entdeckung. Während die Zeit, die ein Christ täglich im Gebet verbringt, nur einen geringfügigen Zusammenhang mit der Qualität und dem Wachstum einer Gemeinde hat, steht das Kriterium, ob Zeiten des Gebets als eine „inspirierende Erfahrung" erlebt werden, in einem sehr starken Zusammenhang mit gemeindlicher Qualität und Quantität. Ähnliches zeigt sich auch im Blick auf den persönlichen Umgang mit der Bibel und andere Faktoren, die für die persönliche Spiritualität wichtig sind. Einmal mehr bestätigte sich: Nicht die Quantität ist der entscheidende Faktor, sondern die Qualität!

Bibelbezogen, geistgeleitet, weltzugewandt

Das Geheimnis leidenschaftlicher Spiritualität ist es, alle drei Farben ins Gleichgewicht zu bringen. Wir müssen eine Form von Spiritualität pflegen, die auf der Bibel gründet (roter Bereich), vom Heiligen Geist geleitet wird (blauer Bereich) und der Welt zugewandt ist (grüner Bereich). Beachten Sie bitte, dass dies keinerlei Kompromiss zwischen den drei Bereichen bedeutet, was letztlich zu Leidenschaftslosigkeit führen würde. Vielmehr liegt das Geheimnis darin, in eine radikale Entwicklung aller drei Bereiche zu investieren: radikal biblisch, radikal geisterfüllt, radikal „weltlich".

Meine Erfahrungen:

Als unsere koreanischen NCD-Partner die Daten aller Gemeinden, die ein Gemeindeprofil erhoben hatten, auswerteten, machten sie eine überraschende Entdeckung. Der häufigste Minimumfaktor war leidenschaftliche Spiritualität. Diese Entdeckung steht in schroffem Gegensatz zu einem weit verbreiteten Bild, das sich viele über koreanische Gemeinden gemacht haben und das weltweite Standards für gemeindliche Spiritualität gesetzt hat. Unsere Partner fanden jedoch heraus, dass in den letzten Jahren unzählige Gemeinden zu viel Druck auf die Menschen ausgeübt hatten. Viele Gemeindemitglieder und auch geistliche Leiter waren schlicht ausgebrannt. Gesetzliche Tendenzen machten sich breit. Diese Entdeckung half unseren Partnern, eine Form von Spiritualität zu fördern, die auf eine bessere Balance von Geben und Empfangen achtet.

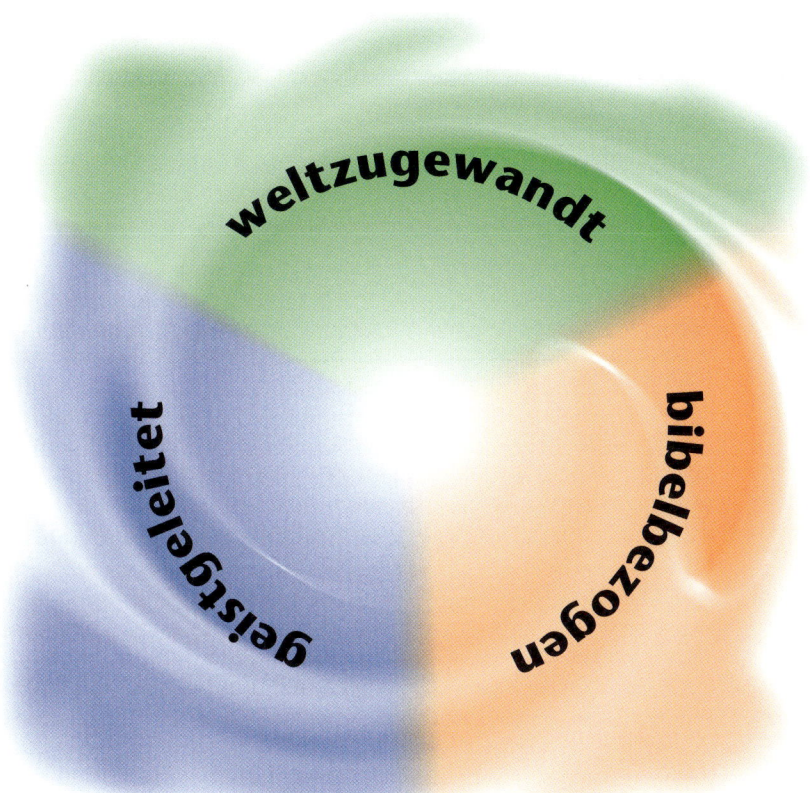

weltzugewandt

geistgeleitet

bibelbezogen

Das Geheimnis leidenschaftlicher Spiritualität besteht darin, erstens einen Ansatz zu entwickeln, der sowohl bibelbezogen und geistgeleitet als auch weltzugewandt ist, und zweitens für eine Balance dieser drei Bereiche zu sorgen.

Ihr persönlicher Beitrag

Wann immer Sie vereinfachenden Vorschlägen begegnen – „Wir müssen mehr beten! Wir müssen häufiger die Bibel lesen!" etc. – seien Sie skeptisch. Während solche Ratschläge für manche Christen durchaus hilfreich sein mögen, sind sie für andere kontraproduktiv. Nehmen Sie die drei eben beschriebenen Dimensionen als Ausgangspunkt: Welche ist derzeit in Ihrem Leben am schwächsten entwickelt? Ist es der rote Bereich? Dann könnte es tatsächlich eine gute Idee sein, mehr Zeit auf das Bibelstudium zu verwenden. Oder haben Sie den Eindruck, dass Ihr Leben nicht wirklich vom Heiligen Geist bestimmt wird (blauer Bereich)? Dann lassen Sie sich von Christen helfen, die an dieser Stelle erfahrener sind als Sie. Oder fehlt es Ihrer Spiritualität an „Weltlichkeit"? Dann wird es Ihnen höchstwahrscheinlich nicht viel helfen, einfach mehr zu beten. Vernetzen Sie sich mit Christen, die diese „weltliche" Art der Spiritualität bereits praktizieren.

Am wichtigsten: Bemühen Sie sich um kontinuierliches Wachstum. Werten Sie jedes Jahr aus, inwieweit Sie Fortschritte gemacht haben. Es mag zwar Jahre ohne jeden Fortschritt geben. Wenn das so ist, gestehen Sie es ein; betrachten Sie es nicht als Katastrophe, sondern als Herausforderung. Das Wesen des christlichen Glaubens ist es, in einem ständigen Wachstumsprozess zu stehen. Die Bewegung ist dabei wichtiger als der augenblicklich erreichte Zustand.

Welches Beispiel für leidenschaftliche Spiritualität, das Sie persönlich erlebt haben, hat Sie am meisten angesprochen?

Kapitel 3

Qualitätsmerkmal 4: Zweckmäßige Strukturen

Interessanterweise hat sich von allen acht Qualitätsmerkmalen „zweckmäßige Strukturen" als der kontroverseste Punkt herausgestellt. Auf den ersten Blick scheint diese Beobachtung nicht viel Sinn zu machen. Kann denn jemand ernstlich an „unzweckmäßigen Strukturen" interessiert sein? Die traurige Wahrheit ist indessen, dass in vielen Gemeinden das Modell des Wagens mit den quadratischen Rädern (Seite 85) schon so sehr zur Norm geworden ist, dass der Gebrauch von quadratischen Rädern als etwas völlig Normales angesehen wird.

Leiter müssen volle Verantwortung für die gemeindlichen Strukturen übernehmen.

Ein Mittel zum Zweck

Unglücklicherweise verwechseln viele Menschen die (ständig veränderbaren) Strukturen einer Gemeinde mit ihrem (unveränderlichen) Wesen. Deshalb sind sie gar nicht in der Lage, Strukturen als Mittel zum Zweck zu sehen. Vielmehr kämpfen Sie für eine Aufrechterhaltung der Strukturen, wie sie immer waren. Für sie ist das Kriterium der „Zweckmäßigkeit" kein geistliches Kriterium. Sie übersehen, wie sehr die Bibel vor einem gesetzlichen Umgang mit Strukturen warnt und wiederholt das Kriterium der Nützlichkeit betont: „Alles ist erlaubt, aber es ist nicht alles nützlich; alles ist erlaubt, aber es baut nicht alles auf" (1. Kor. 10,23).

Das wichtigste Kriterium für gemeindliche Strukturen ist, in welchem Maße sie ihren Zweck erfüllen. Was diesem Anspruch nicht gerecht wird (etwa entmündigende Leitungsstrukturen, unangemessene Gottesdienstzeiten oder Veranstaltungsformen, die ihr Zielpublikum nicht erreichen) wird geändert bzw. abgeschafft. Durch diesen fortwährenden Prozess der Selbsterneuerung werden traditionalistische Verkrustungen weit gehend vermieden.

Nach oben, nach innen, nach außen

Wenn ich über dieses Qualitätsmerkmal spreche, gibt es immer wieder Leute, die möchten, dass ich ihnen ein fix und fertiges Organigramm zeige, das sie in ihrer Gemeinde 1:1 umsetzen können. Eine solche Struktur gibt es jedoch nicht. Jede Gemeinde muss Strukturen entwickeln, die im Rahmen ihrer spezifischen Ziele, ihrer Größe, ihrer Geschichte und ihrer konfessionellen Identität zweckmäßig sind.

Es ist hilfreich, das Drei-Farben-Diagramm auf Seite 113 als Ausgangspunkt für eine Analyse der bestehenden Strukturen zu nehmen: Sind sie primär auf Wachstum nach „oben", nach „innen" oder nach „außen" gerichtet? Mit anderen Worten: Helfen sie Menschen dabei, persönliche Erfahrungen mit Gott zu machen (Dimension „oben"), stärken Sie primär die Gemeinschaft der Christen (Dimension „innen") oder sind sie auf den Dienst an der Welt gerichtet (Dimension „außen")? Wenn Sie eine solche Analyse durchführen, werden Sie schnell auf Bereiche aufmerksam, die Ihre Gemeinde in der Vergangenheit vernachlässigt hat. Man kann sich zwar relativ schnell darauf einigen, jede einzelne der drei genannten Dimensionen „wichtig" zu finden; aber es ist etwas ganz Anderes, Strukturen in der Gemeinde zu schaffen, die darauf abzielen, die Entwicklung des jeweiligen Bereiches konkret zu fördern.

Meine Erfahrungen:

Kürzlich hatte ich das Vorrecht, den Gottesdienst einer australischen Gemeinde zu besuchen, die zu denen mit der höchsten Qualität im Land gehört. Für mich war es keine Überraschung, dass es eine relativ kleine Gemeinde mit rund 80 Gottesdienstbesuchern war. Sie hatte die NCD-Prinzipien derartig konsequent angewandt, dass sie nicht nur die gesamte Gemeindearbeit um die acht Qualitätsmerkmale herum aufgebaut hatte (für jeden Bereich ein Leiter), sondern auch die Namen benutzte, die wir in unseren NCD-Materialien verwenden. So wurde ich u.a. dem Leiter für liebevolle Beziehungen, ganzheitliche Kleingruppen und inspirierende Gottesdienste vorgestellt. Diese Begriffe schienen allen Gemeindemitgliedern so natürlich über die Lippen zu gehen wie die Begriffe Bischof, Diözese oder Synode in anderen Kirchen.

Das Geheimnis zweckmäßiger Strukturen besteht darin, erstens die Qualität in jedem der drei Bereiche (nach oben gerichtet, nach innen gerichtet, nach außen gerichtet) zu steigern, und zweitens für eine Balance aller drei Bereiche zu sorgen.

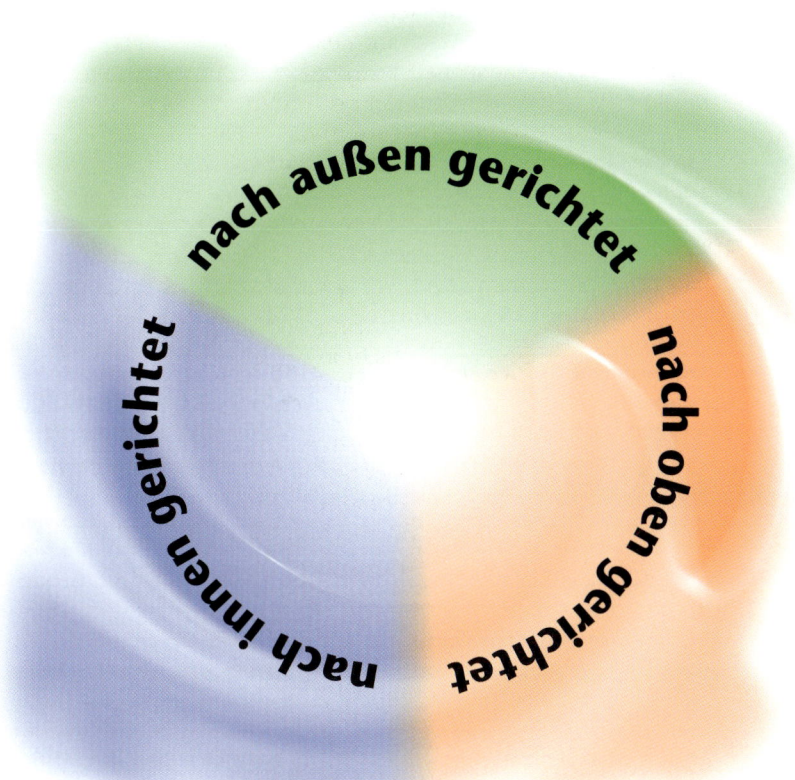

nach außen gerichtet

nach innen gerichtet

nach oben gerichtet

Ihr persönlicher Beitrag

Wenn Sie in Ihrer Gemeinde eine Leitungsposition haben, dann besteht einer Ihrer wichtigsten Beiträge darin, die volle Verantwortung für die gemeindlichen Strukturen, wie sie sich momentan darstellen, zu übernehmen. Delegieren Sie diese Verantwortung niemals an jemand anderen, weder an vorangegangene Generationen noch an Gott. Zweitens: Werten Sie aus, in welchem Maße die vorhandenen Strukturen ihren Zweck erfüllen. Drittens: Prüfen Sie, ob alle diejenigen Strukturen, die ihren Zweck effektiv erfüllen, gleichmäßig auf die drei genannten Dimensionen verteilt sind.

Es kann jedoch sein, dass Sie in keiner Leitungsverantwortung stehen, die es Ihnen ermöglichen würde, gemeindliche Strukturen direkt zu ändern. Wenn das der Fall sein sollte, machen Sie nicht den Fehler, unzweckmäßige Strukturen als etwas Normales anzusehen. Nur weil Millionen von Christen diesen Fehler gemacht haben, konnte sich der Ansatz der „quadratischen Räder" nahezu flächendeckend verbreiten. Wenn Sie von hinderlichen Strukturen umgeben sein sollten, dann fragen Sie die Gemeindeleitung beständig, wann diese geändert werden. Fragen Sie nicht „ob", fragen Sie „wann". Legen Sie sich im Blick auf diese Frage eine gewisse Penetranz zu. Und vergessen Sie nicht, Ihren eigenen kräftigen Beitrag zu zweckmäßigen Strukturen zu leisten: Beziehen Sie Ihre geistlichen Gaben auf konkrete Aufgaben in der Gemeinde.

Welches Beispiel für zweckmäßige Strukturen, das Sie persönlich erlebt haben, hat Sie am meisten angesprochen?

Kapitel 3

Qualitätsmerkmal 5: Inspirierender Gottesdienst

Der Gottesdienst: Es gibt wohl kaum einen Bereich, in dem die wichtige Unterscheidung zwischen Modellen und Prinzipien (Seiten 20-22) so häufig missachtet wird, wie diesen. Viele Christen meinen, sie müssten bestimmte Gottesdienstmodelle anderer Gemeinden übernehmen, weil dies angeblich ein Wachstumsprinzip sei.

Der Besuch eines inspirierenden Gottesdienstes macht Spaß.

Ein Prinzip – Tausende Modelle und Stile

Unsere Forschung zeigt: Wir können unsere Gottesdienste ganz auf Christen oder ganz auf Nichtchristen ausrichten; wir können sie mit christlichen Symbolen schmücken oder uns um eine säkulare Atmosphäre bemühen; wir können sie in liturgisch geordneter oder freier Form zelebrieren – all das ist für das Gemeindewachstum nachweislich nicht entscheidend. Entscheidend ist eine andere Frage: Ist der Besuch des Gottesdienstes eine „inspirierende Erfahrung"? Das ist das Kriterium, an dem sich wachsende und nichtwachsende Gemeinden deutlich voneinander unterscheiden. Und da unterschiedliche Menschen unterschiedliche Formen von Gottesdienst als „inspirierend" erleben, gibt es im Blick auf Gottesdienstformen kein richtig und falsch. Wir brauchen Gemeinden mit unterschiedlichen Stilen, um dem großen Mosaik unterschiedlicher Menschen, aus denen sich die Welt von heute zusammensetzt, effektiv dienen zu können.

In wachsenden Gemeinden ist es das übereinstimmende Urteil der Besucher, dass der Gottesdienst – für manche Christen ein fast schon häretisches Wort – „Spaß macht". Damit ist auch schon deutlich, woher der Widerstand gegen dieses Qualitätsmerkmal kommt, nämlich von Christen, die den Besuch des Gottesdienstes in erster Linie als die Erfüllung einer christlichen Pflichtübung verstehen. Man geht nicht deshalb in den Gottesdienst, weil dies ein schönes Erlebnis ist, das man auf keinen Fall missen möchte, sondern man geht hin, um Gott (oder dem Pastor oder wem auch immer) einen Gefallen zu tun. Bisweilen verbindet sich damit sogar die Auffassung, dass Gott eine solche „Treue" – das geduldige Ertragen einer an sich unangenehmen Übung – segnen wird. Wenn ich in Gruppen, die von diesem Denken geprägt sind, das Gleichnis von dem Wagen mit den quadratischen Rädern erzähle, findet man es in der Regel gar nicht lustig, sondern völlig normal, ja vieleicht sogar besonders geistlich, sich so zu verhalten wie die beiden dort beschriebenen Männer. Sehen Sie die Zusammenhänge?

Liturgie, Lehre, Lobpreis

Die Formen der Gottesdienstgestaltung können sich von Gemeinde zu Gemeinde stark unterscheiden, und dennoch gibt es einen gemeinsamen Nenner: In wachsenden Gemeinden werden Sie eine hohe Qualität in den drei Bereichen Liturgie (grün), Lehre (rot) und Lobpreis (blau) antreffen.

Wenn Sie sich mit diesen Begriffen beschäftigen, sollten Sie beachten, dass unterschiedliche Gruppen den einzelnen Worten unterschiedliche Bedeutungen beigelegt haben. Der Begriff „Liturgie" zum Beispiel bezieht sich nicht nur auf einen „formellen Stil", son-

Meine Erfahrungen:

Ein afrikanischer Pastor erzählte mir, wie seine Gemeinde ihren Minimumfaktor – inspirierender Gottesdienst – angegangen ist. Die Gemeinde hatte rund 30 Gottesdienstbesucher, aber im Blick auf ihren Gottesdienststil versuchte sie Modelle zu imitieren, die von Tausenden Besuchern lebten. Folglich investierten die Mitarbeiter ungeheuer viel Energie in die Gottesdienste und waren über das Ergebnis des Gemeindeprofils zutiefst enttäuscht. Eine Detailanalyse des Profils half ihnen zu verstehen, dass sie einem Muster folgten, das einfach nicht zu ihnen passte. Fortan reduzierten sie ihren Energieeinsatz in die Gottesdienste beträchtlich und ließen sich auf einen sehr viel weniger „gestylten", fast schon familiären Stil ein. Das führte nicht nur zu einem dramatischen Qualitätszuwachs im Bereich inspirierender Gottesdienst (+21 Punkte); das Qualitätsmerkmal bedürfnisorientierte Evangelisation wuchs fast ebenso beträchtlich (+18 Punkte).

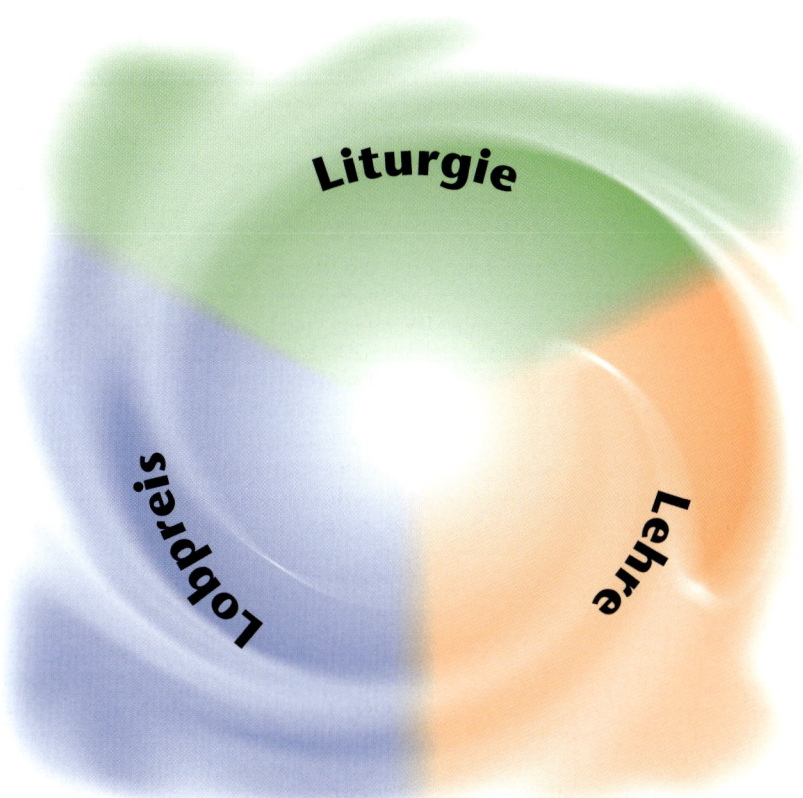

Das Geheimnis inspirierender Gottesdienste besteht darin, erstens die Qualität in den Bereichen Liturgie, Lehre und Lobpreis kontinuierlich zu steigern, und zweitens für eine Balance dieser drei Bereiche zu sorgen.

dern es lassen sich auch in angeblich „nicht-liturgischen" Gemeinden klare und bisweilen stark entwickelte „Liturgien" feststellen. Das Gleiche gilt für das Stichwort „Lobpreis": Er kann in unterschiedlichsten Formen praktiziert werden, mit Orgel oder mit Tamburin, mit Chor oder mit Band, mit klatschenden oder gefalteten Händen, mit erhobenen Armen oder gesenkten Häuptern. Was immer auch der Stil Ihrer Gemeinde sein mag, das Geheimnis ist, die Qualität in allen drei Bereichen zu steigern und für eine Balance dieser drei Bereiche zu sorgen.

Ihr persönlicher Beitrag

Vieleicht gehören Sie ja zu jenen Christen, die bisher glaubten, dass das Ertragen eines langweiligen Gottesdienstes eine christliche Tugend sei. Sie müssen das nicht länger glauben. Sie können mit gutem Recht von einem Gottesdienst erwarten, dass er Sie inspiriert und für die ganze Woche mit Energie auflädt.

Auf der anderen Seite könnte es sein, dass Sie Gott in der Vergangenheit vor allem in einer (oder zwei) der drei oben erwähnten Farbzonen begegnet sind. Wenn das so sein sollte, bemühen Sie sich, besonders diejenigen Farbzonen schätzen zu lernen, die Sie heute noch nicht so sehr ansprechen. Es ist nicht nur die Verantwortung der Gemeinde, sich darum zu bemühen, Balance in die Gottesdienste zu bringen; auch die einzelnen Christen sollten sich bemühen, Gott im Gottesdienst immer ganzheitlicher zu erleben.

Welches Beispiel für inspirierende Gottesdienste, das Sie persönlich erlebt haben, hat Sie am meisten angesprochen?

Kapitel 3

Qualitätsmerkmal 6:
Ganzheitliche Kleingruppen

Wachsende Gemeinden haben ein System von Kleingruppen entwickelt, in denen der einzelne Christ menschliche Nähe, praktische Hilfe und intensiven geistlichen Austausch finden kann. In diesen Gruppen wird nicht nur über Bibeltexte geredet oder der Auslegung eines Experten gelauscht, sondern hier werden biblische Impulse mit den alltäglichen Fragen der Teilnehmer zusammengebracht.

Eine ausgewogene Kleingruppe spricht die Köpfe, Hände und Herzen der Teilnehmer an.

Meine Erfahrungen:

Bei einem NCD-Seminar im Norden Norwegens, weit oberhalb des Nördlichen Polarkreises, hörte ich von einigen Teilnehmern, dass das Konzept der ganzheitlichen Kleingruppen, wie wir es vertreten, nicht wirklich in ihre Kultur passe. Die Menschen seien es einfach nicht gewohnt, sich über persönliche Dinge auszutauschen. Einer der Pastoren berichtete, dass dies zunächst auch sein Eindruck gewesen sei, als seine Gemeinde ganzheitliche Kleingruppen als Minimumfaktor herausfand. Nach 17 Monaten jedoch war genau dies der neue Maximumfaktor geworden. Was war geschehen? „Ich musste die Leute trainieren, mit anderen Menschen über Persönliches zu reden", sagte der Pastor. „Wann immer ich ein Gemeindemitglied traf, fragte ich: Hast du etwas Wichtiges erlebt, das du mir erzählen möchtest?" Nach einiger Zeit begannen die Menschen diese Frage regelrecht zu lieben und sie selbst zu stellen.

Kein Platz für Anonymität

Als ich einmal in einem Seminar von der größten Gemeinde der Welt in Seoul (Korea) erzählte, die damals mehr als eine halbe Million Mitglieder hatte, bekannte eine Teilnehmerin, sie könnte sich beim besten Willen nicht vorstellen, jemals Mitglied einer solchen Gemeinde zu sein. Als ich sie nach dem Grund fragte, sagte sie: „So viel Anonymität könnte ich nicht ertragen. Ich brauche die vertrauten Beziehungen zu Menschen, die ich gut kenne." Kurze Zeit später traf ich einen der Pastoren dieser Gemeinde und fragte ihn, wie man dort mit dem Problem der Anonymität umgehe. Ungläubig schaute er mich an: „Anonymität? Darüber hat sich bei uns noch niemand beschwert." Und er erzählte davon, wie diese Gemeinde ein Netzwerk von selbstständigen Zellgruppen mit maximal zwölf Mitgliedern entwickelt hat, in das die allermeisten Gemeindemitglieder integriert sind.

Nun ja, Korea ist weit weg, und mit einer Gemeindegröße von 500.000 Mitgliedern fertig zu werden ist wahrscheinlich auch nicht Ihr drängendstes Problem. Aber unsere Forschungen zeigen, dass das Prinzip, das der koreanischen Gemeinde zugrunde liegt, tatsächlich universelle Gültigkeit hat. Christliche Kleingruppen sind kein nettes, aber notfalls doch entbehrliches Hobby; nein, es gehört zum Wesen der Gemeinde Jesu Christi, für Orte zu sorgen, an denen die Christen diese Form von verbindlicher Gemeinschaft finden.

Köpfe, Hände, Herzen

Um was es bei ganzheitlichen Kleingruppen geht, lässt sich am besten verstehen, wenn wir sie als „gemeindlichen Mikrokosmos" betrachten. Das heißt, Sie können all das, was die Gemeinde als Ganze kennzeichnet – zum Beispiel die acht Qualitätsmerkmale – in abgewandelter Form auch auf der Ebene der Kleingruppen erwarten. Ganzheitliche Kleingruppen sollten die Köpfe (grüner Bereich), die Hände (rot) und die Herzen (blau) der Teilnehmer ansprechen. In dem Moment, wo nur eine dieser drei Dimensionen fehlt oder unterentwickelt ist, kann es sich zwar immer noch um eine Gruppe handeln, die eine wichtige Aufgabe erfüllt – aber es ist keine „ganzheitliche" Kleingruppe mehr.

Ihr persönlicher Beitrag

Wenn Sie eine Leitungsaufgabe in der Gesamtgemeinde wahrnehmen, sollten Sie alle gemeindlichen Kleingruppen daraufhin analysieren, wie ganzheitlich sie bereits arbeiten. Wenn Sie Leiter einer Kleingruppe sind, konzentrieren Sie sich mit dieser Fragestellung auf Ihre eigene Gruppe. Spricht sie bereits effektiv die Köpfe, Hände

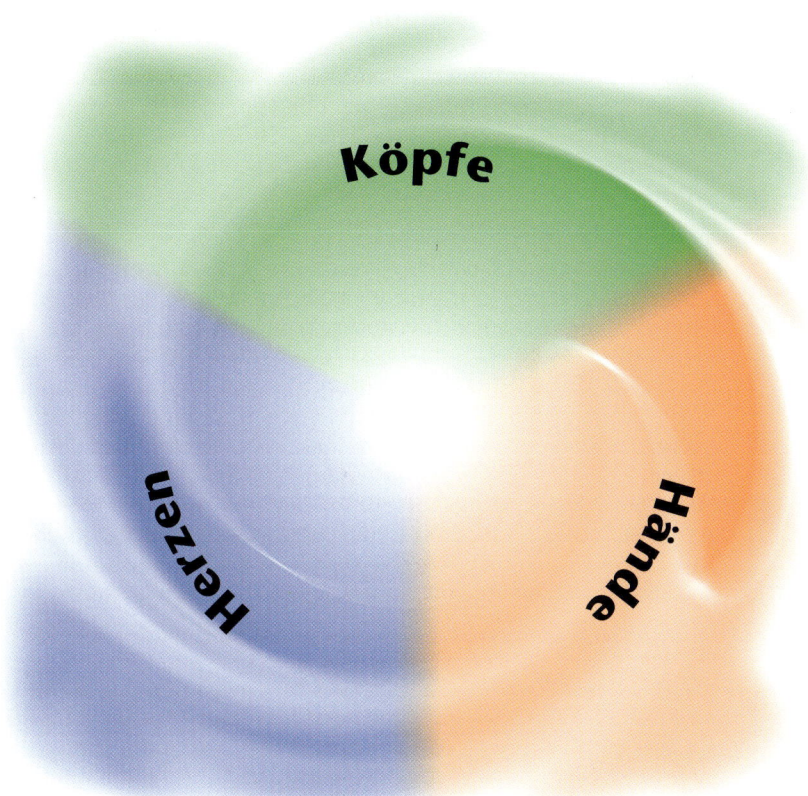

Das Geheimnis ganzheitlicher Kleingruppen besteht darin, erstens die Köpfe, Hände und Herzen der Teilnehmer anzusprechen, und zweitens für eine Balance dieser drei Bereiche zu sorgen.

und Herzen der Teilnehmer an? Bedarf einer dieser drei Bereiche Ihrer besonderen Aufmerksamkeit?

Sollten Sie Mitglied einer Kleingruppe sein, die noch nicht so ganzheitlich arbeitet, wie sie könnte, dann gibt es für Sie eine gute Nachricht. Dies ist derjenige Bereich des gemeindlichen Lebens, in dem Sie die größten Möglichkeiten haben, dramatische Veränderungen zu bewirken, ohne eine Leitungsaufgabe zu haben. Da Kleingruppen davon leben, dass sich die einzelnen Teilnehmer in sie investieren, hat jedes Mitglied direkten Einfluss darauf, wie ganzheitlich die Gruppe ist. Wachstum in den drei eben erwähnten Bereichen ist oft gar nicht so sehr eine programmatische Entscheidung, sondern Ergebnis dessen, wie sich die einzelnen Teilnehmer in die Gruppe einbringen.

Nehmen wir z.B. an, der blaue Bereich sei in Ihrer Gruppe unterentwickelt. Ihr Beitrag könnte dann darin bestehen, sich bewusst darum zu bemühen, mehr Persönliches einzubringen („Herz"). Sollte rot unterentwickelt sein, dann ermutigen Sie die anderen zu gemeinsamen Aktivitäten („Hand"). Falls grün Ihr Minimumfaktor ist, fordern Sie die Gruppe mit Argumenten und Fakten heraus („Kopf"). Da Kleingruppen eine so wichtige Rolle als gemeindlicher Mikrokosmos spielen, haben wir die Mehrzahl der NCD-Hilfsmittel für den Einsatz auf Kleingruppen-Ebene konzipiert. Das ist der Bereich, wo Transformationsprozesse (Seiten 41-43) am ehesten zu erwarten sind.

Welches Beispiel für ganzheitliche Kleingruppen, das Sie persönlich erlebt haben, hat Sie am meisten angesprochen?

Kapitel 3

Qualitätsmerkmal 7: Bedürfnisorientierte Evangelisation

E s ist gewiss kein weltweites Forschungsprojekt nötig, um Menschen davon zu überzeugen, dass Gemeindewachstum ohne Evangelisation nicht funktionieren kann. Wie anders sollte denn eine Gemeinde wachsen, wenn nicht dadurch, dass das Evangelium weitergesagt wird, so dass immer mehr Menschen Christen werden und sich der Gemeinde Jesu Christi anschließen? Dieser Prozess wird in der Christenheit normalerweise als „Evangelisation" bezeichnet.

Ein Geheimnis gesunder Gemeinden ist es, auf die Bedürfnisse von Nichtchristen einzugehen.

Der entscheidende Faktor

Die eigentlich spannende Frage war also nicht, ob Evangelisation nötig ist oder nicht, sondern wie eine Evangelisationspraxis aussehen sollte, die nachweislich zum Wachstum der Gemeinde beiträgt. Manche meinen ja, dass die „Holzhammermethode" der beste aller denkbaren Wege sei: Man versucht, bisweilen sogar mit ziemlich manipulativen Methoden, andere Menschen zu einer Entscheidung für den christlichen Glauben zu drängen. Kein Wunder, dass viele von uns ein flaues Gefühl in der Magengegend verspüren, sobald sie das Stichwort „Evangelisation" hören. Sie möchten zwar, dass Menschen zum Glauben an Jesus Christus finden. Aber was sie nicht wollen, ist die Anwendung drängerischer Methoden, die sich in ihrer Vorstellung untrennbar mit dem Begriff „Evangelisation" verbunden haben.

Es lässt sich jedoch zeigen, dass die Holzhammermethode so ziemlich das genaue Gegenteil dessen ist, was sich von der Evangelisationspraxis wachsender Gemeinden lernen lässt. Ihr Geheimnis ist vielmehr, das Evangelium auf eine Weise weiterzugeben, die die Fragen und Bedürfnisse von Menschen, die dem christlichen Glauben fern stehen, trifft.

Begleitung, Gebet, Zeugnis

Bedürfnisorientierte Evangelisation ist durch die drei Begriffe Begleitung, Gebet und Zeugnis geprägt. Wenn Sie die Christenheit in einem bestimmten Land oder in einer bestimmten Denomination beobachten, dann werden Sie mit Sicherheit jeden dieser drei Bestandteile irgendwo finden: Einige Gruppen konzentrieren sich auf den grünen Bereich (indem sie die Begleitung anderer Menschen und Taten praktischer Nächstenliebe betonen), andere auf den blauen Bereich (indem Sie das Gebet und die übernatürliche Dimension betonen) und wieder andere auf den roten Bereich (indem sie das Evangelium weitersagen). Es ist aber relativ selten, dass alle drei Dimensionen an einem Ort und in einer Gruppe zusammenkommen. Das ist jedoch der Schlüssel. Können Sie sich vorstellen, wie nachhaltig die Auswirkungen von Evangelisation wären, wenn alle drei Dimensionen stark entwickelt und strategisch aufeinander bezogen wären?

Ich muss mir das gar nicht vorstellen, da ich die Resultate dieses Ansatzes in unserer Arbeit fast täglich sehen kann. Menschen spüren, dass sie – wie von einer unsichtbaren Macht – zu Jesus gezogen werden. In dem Moment, wo sie die Botschaft des Evangeliums hören (roter Bereich), leuchtet sie ihnen unmittelbar ein, da sie bereits die Kraft des Evangeliums durchs Gebet (blauer Bereich)

Meine Erfahrungen:

Bedürfnisorientierte Evangelisation funktioniert am besten, wenn die Gemeinde im Bereich „liebevolle Beziehungen" eine hohe Qualität hat. Das war die Erfahrung einer Gemeinde in Malaysia, die sich ein Jahr lang auf liebevolle Beziehungen konzentriert hatte. Am Ende dieses Jahres offenbarte das Gemeindeprofil, dass die Qualität der Beziehungen um 20 Punkte gestiegen und der neue Minimumfaktor bedürfnisorientierte Evangelisation geworden war. Auf der Grundlage ihrer positiven Erfahrungen des Vorjahres begannen sie mit höchst kreativen, bedürfnisorientierten Aktionen wie z.B. kostenlosen medizinischen Untersuchungen für Senioren oder Badminton-Fellowships. Die Menschen empfanden diese Aktivitäten als Ausdruck der Liebe Gottes.

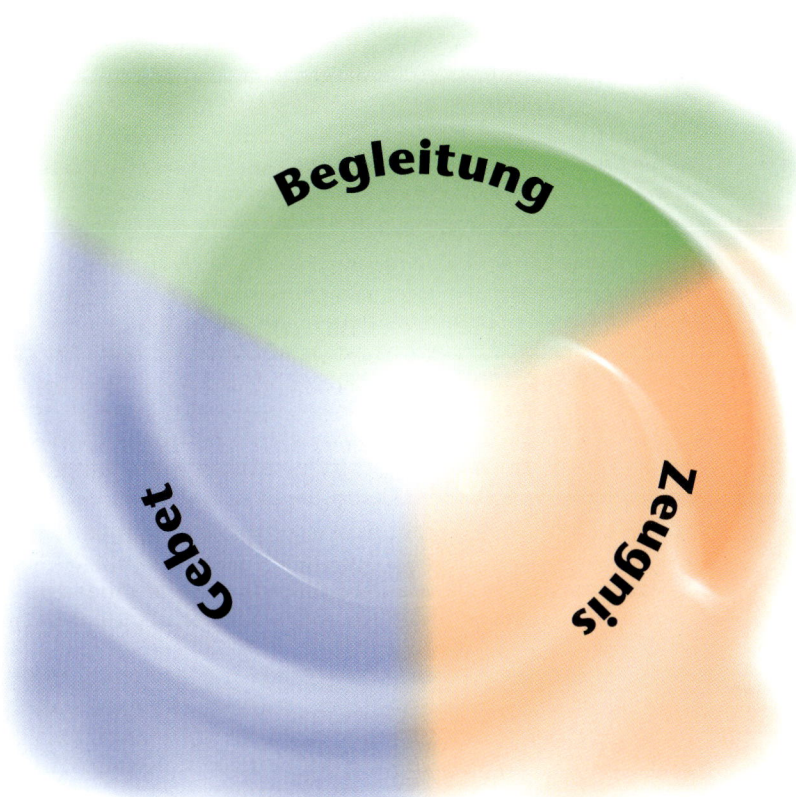

Das Geheimnis bedürfnisorientierter Evangelisation besteht darin, erstens die Qualität in den Bereichen Begleitung, Zeugnis und Gebet zu steigern, und zweitens für eine Balance dieser drei Bereiche zu sorgen.

und durch die Begleitung und Fürsoge der christlichen Gemeinschaft (grüner Bereich) erfahren haben.

Ihr persönlicher Beitrag

Da NCD ein gabenorientierter Ansatz ist (Qualitätsmerkmal 2), lehren wir nicht, dass „jeder Christ ein Evangelist" sei. Vielmehr gibt es Christen, die diese Gabe haben, und andere, die sie nicht haben. Aber jeder von uns ist verantwortlich dafür, seinen Beitrag zu leisten, dass der Missionsbefehl erfüllt wird, indem wir unsere jeweiligen Gaben in den Dienst der Evangelisation stellen.

Hier kann wiederum der trinitarische Kompass eine hilfreiche Rolle spielen. In jedem der drei Farbbereiche wird eine Vielzahl unterschiedlicher Gaben benötigt, damit Evangelisation kraftvoll geschehen kann. Ohne Zweifel spielt dabei die Gabe der Evangelisation eine zentrale Rolle – ganz besonders im roten Bereich mit seiner Konzentration auf die Bezeugung des Evangeliums. Aber ob Sie die Gabe des Helfens, der Organisation, des Gebets, der Seelsorge, der künstlerischen Kreativität oder der freiwilligen Armut haben – oder jede beliebige andere Gabe, die die Bibel nennt –, jede einzelne dieser Gaben wird ebenfalls dringend benötigt. Bedürfnisorientierte Evangelisation kann nur dann funktionieren, wenn jedes Glied des Leibes Christi seine jeweiligen Gaben in alle drei Bereiche investiert.

Welches Beispiel für bedürfnisorientierte Evangelisation, das Sie persönlich erlebt haben, hat Sie am meisten angesprochen?

Kapitel 3

Qualitätsmerkmal 8:
Liebevolle Beziehungen

O b Ihnen dieser Begriff gefallen mag oder nicht: Es lässt sich beweisen, dass wachsende Gemeinden einen messbar höheren „Liebesquotienten" haben als stagnierende und schrumpfende. Wann immer ich dieses Wort in Konferenzen benutze, gibt es bei einigen Christen Widerspruch: „Was ist denn das für ein fürchterlicher Begriff!" Ich kann mir vorstellen, dass es Ihnen ganz ähnlich geht. Deshalb lassen Sie mich kurz erklären, wie wir den „Liebesquotienten" ermittelt haben.

Authentische Liebe verleiht einer Gemeinde eine beinahe magnetische Anziehungskraft.

Was das Gemeindeprofil misst

Unser Fragebogen enthält eine ganze Reihe von Fragen, aus denen rückgeschlossen werden kann, wie liebevoll die Beziehungen sind, die die Christen untereinander haben. Wir fragen z.B., wie viel Zeit die Gemeindemitglieder außerhalb gemeindlicher Veranstaltungen mit anderen Christen verbringen, wie oft sie sich untereinander zum Essen oder Kaffeetrinken einladen, wie großzügig (bzw. knauserig) in der Gemeinde mit Komplimenten umgegangen wird, inwieweit dem Pastor die persönlichen Probleme der Mitarbeiter bekannt sind, wie viel in der Gemeinde gelacht wird.

Und das Ergebnis? Alle diese Punkte – und noch etliche mehr – haben einen hochsignifikanten Zusammenhang mit dem Wachstum der Gemeinde. Einen weitaus stärkeren Zusammenhang jedenfalls als viele Methoden, von denen einige Bücher über Gemeindewachstum gefüllt sind und von denen viele Christen überzeugt sind, dass sie das Geheimnis wachsender Gemeinden seien. Ist das eigentlich verwunderlich? Glaubwürdig gelebte Liebe verleiht einer Gemeinde eine sehr viel stärkere Ausstrahlungskraft, als alle Marketingbemühungen der Welt es vermögen. Marketing für die Gemeinde, das ist bestenfalls mit einer Plastikblume zu vergleichen. Sie mag einer echten Blume zum Verwechseln ähnlich sehen, aber sie duftet nicht. Wirkliche Liebe dagegen verströmt jenen geheimnisvollen Duft, dem man sich nur schwer entziehen kann.

Gerechtigkeit, Wahrheit, Gnade

Was sind nach biblischen Maßstäben die Bestandteile christlicher Liebe? In meinem Buch *Die 3 Farben der Liebe* habe ich gezeigt, dass das biblische Konzept auf den drei Säulen „Gerechtigkeit" (grüner Bereich), „Wahrheit" (rot) und „Gnade" (blau) beruht und dass die Herausforderung darin besteht, diese drei Dimensionen miteinander ins Gleichgewicht zu bringen.

Viel verbreiteter allerdings als das biblische ist das säkular-romantische Liebeskonzept, das die Dimensionen der Gerechtigkeit und Wahrheit völlig ignoriert und „Gnade" lediglich auf gewisse Aspekte des biblischen Verständnisses von Gnade reduziert. Da dieser Sprachgebrauch auch die Christenheit beeinflusst hat, wird das Streben nach einer Balance von Gerechtigkeit, Wahrheit und Gnade von vielen als etwas „Neues" empfunden – wobei man übersieht, dass es so alt ist wie das Alte Testament. Indem Sie herausfinden, welcher der drei Aspekte in Ihrer Gemeinde derzeit am schwächsten entwickelt ist, erhalten Sie einen hilfreichen Ansatzpunkt, worauf Sie sich in Zukunft konzentrieren sollten.

Meine Erfahrungen:

Bei einer NCD-Konferenz in Costa Rica beschwerte sich ein Pastor bei mir, das Gemeindeprofil habe ein „falsches Ergebnis" hervorgebracht. Ihr Minimumfaktor war liebevolle Beziehungen. „Dabei ist dieser Bereich mit Sicherheit eine unserer Stärken", sagte er mir. Als wir uns genauer anschauten, welches Verständnis von „Liebe" unseren Arbeitsmaterialien zugrunde liegt, wurde deutlich, dass ihr eigenes Verständnis fast ausschließlich von einem säkular-romantischen Liebesbegriff geprägt war, anstatt von dem Versuch, Gerechtigkeit, Wahrheit und Gnade in Balance zu bringen. Ich habe dieses Missverständnis in vielen lateinamerikanischen Gemeinden beobachtet.

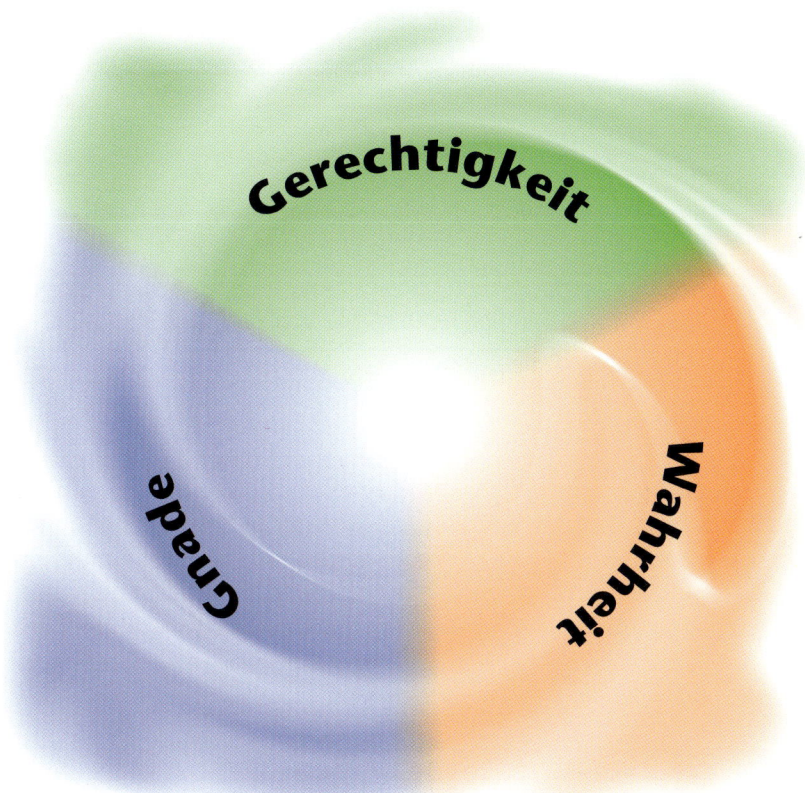

Das Geheimnis liebevoller Beziehungen besteht darin, erstens in den Bereichen Gerechtigkeit, Wahrheit und Gnade zu wachsen, und zweitens für eine Balance dieser drei Bereiche zu sorgen.

Ihr persönlicher Beitrag

Fragen Sie sich, wie stark jede der drei eben genannten Dimensionen in Ihrem eigenen Leben verankert ist. Das Buch *Die 3 Farben der Liebe* enthält einen wissenschaftlichen Test, der diesen Bereich ausfindig macht. Die Testergebnisse werden Ihnen helfen, (a) Ihre Stärken konsequenter als bisher in die Gemeindeentwicklung einzubringen und (b) sich in Ihren Wachstumsbemühungen auf den Bereich zu konzentrieren, der derzeit in Ihrem Leben am schwächsten entwickelt ist. Indem Sie in diesem Bereich qualitativ wachsen, werden Sie in die Lage versetzt, sowohl innerhalb als auch außerhalb der Gemeinde Gottes Liebe vollständiger als bisher widerzuspiegeln.

Wachstum in der Liebe funktioniert am besten im Kontext einer Gruppe von Mitchristen. Der optimale Platz ist sicherlich eine Kleingruppe. Der Nutzen eines solchen gemeinsamen Unternehmens besteht u.a. darin, dass Sie mit Menschen zusammengebracht werden, die genau in denjenigen Farbbereichen Stärken haben, die bei Ihnen derzeit am schwächsten entwickelt sind, und andererseits mit Menschen, die dringend auf Ihre Hilfe in dem Bereich, in dem Sie bereits stark sind, angewiesen sind. Ein solcher Prozess des Lernens und Lehrens, des Gebens und Empfangens, des Korrigierens und Ermutigens bringt wunderbar zum Ausdruck, worum es in der christlichen Gemeinschaft geht.

Welches Beispiel für liebevolle Beziehungen, das Sie persönlich erlebt haben, hat Sie am meisten angesprochen?

Kapitel 3

Die Prinzipien anwenden

Wer ist für die Anwendung der in diesem Kapitel beschriebenen Prinzipien verantwortlich? Auf diese Frage gibt es zwei Antworten. Erstens ist es die Verantwortung der Gemeindeleitung, zweitens ist es die Verantwortung jedes einzelnen Christen. Lassen Sie uns einen näheren Blick auf beide Bereiche werfen.

Die Verantwortung der Gemeindeleitung

Ich habe schon zahlreiche Leiter getroffen, die sich weigern, es als Teil Ihrer Verantwortung zu sehen, dafür zu sorgen, dass diese Prinzipien im Gemeindealltag zur Anwendung kommen. Wenn sie mit einer schwierigen gemeindlichen Situation konfrontiert sind, dann neigen sie dazu, die Verantwortung abzuschieben: auf den Zeitgeist, auf die kirchlichen Traditionen, auf die mangelnde Bereitwilligkeit der Menschen, auf die Erwartungen der Denomination, auf die Entscheidungen vergangener Generationen. Ohne Zweifel ist meist mehr als ein Körnchen Wahrheit in jeder dieser Antworten, denn alle diese Faktoren haben natürlich Einfluss auf die Gemeinde. Aber der Hinweis auf sie darf niemals zu einer Entschuldigung werden, der eigenen Verantwortung aus dem Wege zu gehen.

> Nur nach einer gründlichen Diagnose wissen Sie, welche Medizin für Sie die richtige ist.

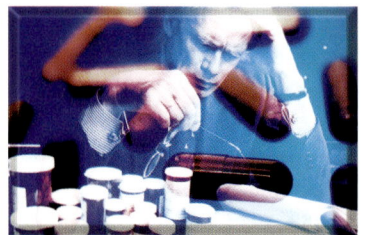

Mehr im Internet:

Im Internet (siehe Seite 162) finden Sie Antworten auf folgende Fragen:

• *Hat jede wachsende Gemeinde eine hohe Qualität?*

• *Was ist zu tun, wenn die Gemeindeleitung nicht offen für NCD ist?*

Als ich mit einem lutherischen Pfarrer in Deutschland über extrem unzweckmäßige Strukturen in seiner Ortsgemeinde sprach, sagte er mir: „Gott allein ist für diese Strukturen verantwortlich. Wir haben sie so hinzunehmen, wie sie sind." Ich entgegnete: „Es sind gewiss viele für diese Strukturen verantwortlich, aber Gott ist ganz sicher nicht einer von ihnen. Ich kann Ihnen versichern, dass er niemals unzweckmäßige Strukturen geschaffen hat. Wir Menschen haben sie geschaffen. Es kann zwar sein, dass einige dieser Strukturen von anderen Menschen und vor langer Zeit geschaffen wurden. Aber jetzt sind sie dafür nicht mehr verantwortlich, sondern wir. Als Leiter ist es ganz sicher nicht unsere Aufgabe, Strukturen hinzunehmen, wie sie sind, sondern für Veränderung zu arbeiten. Das ist es, was Gott von Leitern erwartet. Wenn wir dieser Verantwortung nicht gerecht werden, sind wir ‚untreue Haushalter'. Und das ist gemäß der Bibel eine ziemlich ernste Situation." Ich empfinde die Tendenz, eigene Verantwortung auf andere abzuschieben – insbesondere dann, wenn sie auf Gott abgeschoben wird – extrem beunruhigend. Wenn ich mit einer solchen Situation zu tun hatte, habe ich schon wiederholt die ersten Seiten der Bibel aufgeschlagen, die Geschichte von Adam und Eva und der Schlange gelesen und die betreffenden Leiter gefragt, ob sie die Geschichte in irgendeiner Weise anspreche. Einige verstanden unmittelbar – andere hatten nicht die geringste Ahnung, worüber ich eigentlich redete…

Ich muss allerdings hinzufügen, dass die überwältigende Mehrheit von Leitern, denen ich begegnet bin, bereit ist, sich ihrer Verantwortung zu stellen. Sie sind sich voll bewusst, dass dies eine enorme Herausforderung ist, aber eine Aufgabe, die Gott von ihnen erwartet und für die er sie auch befähigt hat.

Die Verantwortung jedes Christen

Es wäre allerdings ein großes Missverständnis, das Thema Gemeindeentwicklung vor allem als ein Thema für Leiter zu sehen. Ich hoffe, die letzten Seiten

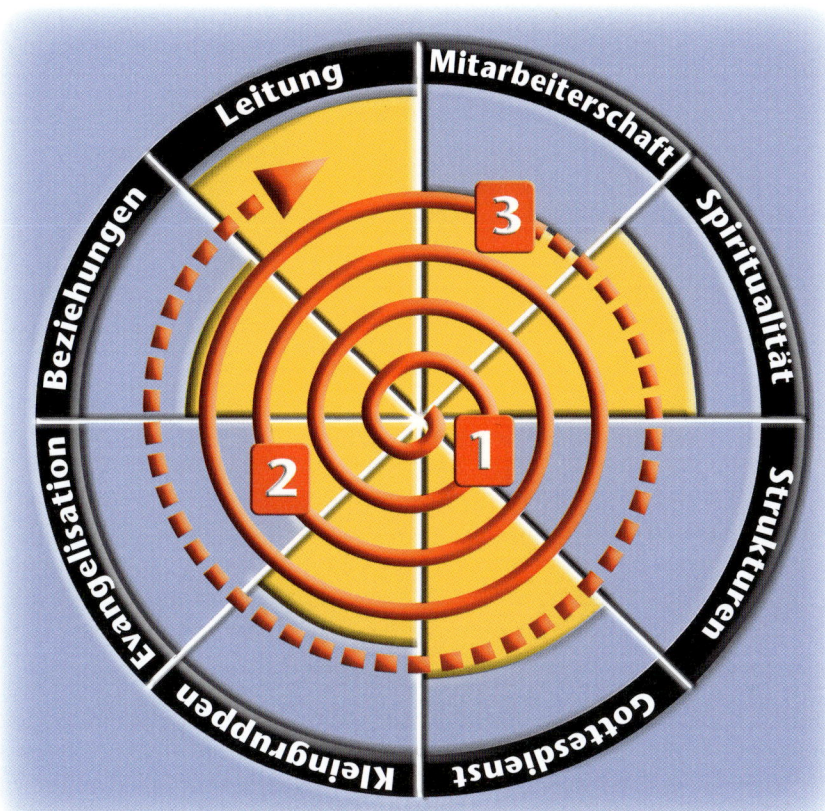

Die Beziehung zwischen qualitativem (gelbe Fläche) und quantitativem Wachstum (rote Spirale) in der Gemeindeentwicklung: Die gemeindliche Qualität in den acht Bereichen bestimmt die Entwicklung des Gottesdienstbesuchs (Quantität). In diesem Prozess spielt das am schwächsten entwickelte Qualitätsmerkmal (Minimumfaktor) die Schlüsselrolle.

konnten deutlich machen, wie jeder Christ die Prinzipien der Gemeindeentwicklung in seinem Einflussbereich anwenden und auf diese Weise zur Gesundheit der Gemeinde beitragen kann. Da gesunde Gemeinden wachsende Gemeinden sind, wie unsere Forschung gezeigt hat, ist dieser Beitrag zur Gesundheit der Gemeinde gleichzeitig ein effektiver Beitrag zum Gemeindewachstum.

Was ist in Ihrer Gemeinde der entscheidende Punkt?

Wenn sie zum ersten Mal mit den Prinzipien der natürlichen Gemeindeentwicklung konfrontiert werden, seufzen manche Menschen: „Und ich soll das alles auf einmal tun? Ich kann ja den Wald vor lauter Bäumen nicht mehr sehen."

Die gute Nachricht ist, dass Sie keineswegs alles zur gleichen Zeit anwenden müssen. Es ist zunächst einmal völlig ausreichend, sich auf einen bestimmten Bereich zu konzentrieren. Welcher Bereich ist der strategisch Entscheidende? An dieser Stelle spielt der so genannte „Minimumfaktor" eine zentrale Rolle. Das nächste Kapitel handelt davon, welche Rolle der Minimumfaktor in Ihrem persönlichen Leben, in Ihrer Gemeinde, in Ihrer Denomination und sogar in Ihrem ganzen Land spielt. Es ist wichtig, diesen Faktor zu kennen, denn nur aufgrund einer gründlichen Diagnose lässt sich herausfinden, welche Medizin für Sie die richtige ist.

Wie offen ist Ihre Gemeinde, die Prinzipien der natürlichen Gemeindeentwicklung anzuwenden?

Der Minimum-faktor

4

Was ist der entscheidende Punkt, wenn es um persönliches und gemeindliches Wachstum geht? Viele glauben, es sei ungeheuer schwierig, eine Antwort auf diese Frage zu finden. Zweifelsohne gibt es Bereiche des christlichen Lebens, die ausgesprochen kompliziert sind – die Bibel verstehen, in der Liebe wachsen, Konflikte bewältigen, um nur einige zu nennen. Es gibt jedoch andere Aufgaben, die sehr viel einfacher sind, als die meisten meinen. Das Herausfinden des entscheidenden Punktes in einem Wachstumsprozess gehört in diese Kategorie. In der natürlichen Gemeindeentwicklung wird dieser Punkt „Minimumfaktor" genannt.

Kapitel 4

Wo der Minimumfaktor gilt – und wo nicht

W enn es uns darum geht, Wachstum zu erleben – sollten wir uns dann auf unsere Stärken oder Schwächen konzentrieren? Ich weiß zwar, dass es ernsthafte Christen gibt, die auf diese Frage eine Standardantwort parat haben wie „Konzentriere dich immer auf deine Stärke" oder „Konzentriere dich immer auf deine Schwäche". In diesem Kapitel möchte ich allerdings zeigen, dass eine solche Antwort äußerst irreführend sein kann.

> Das Herausfinden des Minimumfaktors hilft Ihnen, sich auf die entscheidenden Bereiche zu konzentrieren.

Meine Erfahrungen:

Einen Minimumfaktor zu identifizieren bedeutet keineswegs, dass die Gemeinde in diesem Bereich „schwach" sei. Jede Gemeinde – selbst die beste der Welt – hat einen Bereich, der schwächer als die anderen entwickelt ist. Die Gemeinde mit den höchsten NCD-Werten weltweit ist eine koreanische Gemeinde mit 300 Gottesdienstbesuchern. Ihr durchschnittliches Ergebnis liegt bei 98,5 Punkten, wobei der Minimumfaktor bevollmächtigende Leitung mit 84 Punkten ist. Das Qualitätsmerkmal bevollmächtigende Leitung ist in dieser Gemeinde also außerordentlich stark entwickelt und kann für andere sogar als Modell dienen. Gleichwohl ist es derjenige Bereich, auf den sich diese Gemeinde besonders konzentrieren sollte.

Fakt ist, dass es Bereiche gibt, in denen Sie sich auf Ihre größte Stärke konzentrieren sollten, und andere Bereiche, in denen Sie sich um Ihre Schwächen kümmern müssen. Übersetzt in unsere NCD-Terminologie würden wir den ersten Ansatz als einen „Maximum-Ansatz" bezeichnen, während der zweite ein „Minimum-Ansatz" wäre.

Minimum- und Maximumfaktoren

Denken Sie einmal darüber nach: Wenn die Bibel über geistliche Gaben spricht (zum Beispiel in Römer 12 oder 1. Korinther 12), entspricht dies einem Maximum- oder einem Minimum-Ansatz? Es ist eindeutig ein Maximum-Ansatz. Die Botschaft lautet: Konzentriere dich auf die Gaben, die Gott dir gegeben hat, und lasse dich dabei durch die Gaben der anderen Christen ergänzen. Wenn Paulus indessen in Galater 5 über die „Frucht des Geistes" spricht, dann kommt ein Minimum-Ansatz zum Tragen. Wenn die Frucht der Freude in Ihrem Leben bereits stark entwickelt ist, es Ihnen aber an Selbstdisziplin mangelt, dann können Sie nicht sagen: „Ich werde damit fortfahren, Freude auszustrahlen, während andere Christen sich um Selbstdisziplin kümmern." Nein, in diesem Fall müssen Sie Ihre Aufmerksamkeit auf Ihren persönlichen Minimumfaktor lenken: Selbstdisziplin.

Wie aber können Sie wissen, ob nun gerade der Minimum- oder der Maximum-Ansatz zur Anwendung kommen sollte? Es ist zum Glück gar nicht so schwierig, zwischen beiden Bereichen zu unterscheiden. Wann immer Sie es mit absolut notwendigen Gesundheitsfaktoren zu tun haben – also mit Eigenschaften, die für das Funktionieren des Organismus entscheidend sind –, gilt der Minimum-Ansatz. Wenn Ihrem Körper Vitamin C fehlt, können Sie nicht sagen: „Ich kompensiere das durch eine Extradosis Vitamin A." Nein, Sie müssen sich auf Ihr „Minimum-Vitamin" konzentrieren, um Ihre Gesundheit wieder herzustellen. Wenn Sie dagegen mit zweitrangigen Faktoren zu tun haben, ist in aller Regel dem Maximumfaktor der Vorzug zu geben. Wenn Sie darüber nachdenken, welche Früchte Sie essen sollten (Orangen, Äpfel oder Mangos), können Sie sich für diejenigen entscheiden, die Ihnen am besten schmecken, da alle Vitamin C enthalten.

Minimum- und Maximum-Ansätze in der Gemeinde

Das Gleiche gilt in der Gemeinde. So lange es um absolut entscheidende Elemente geht, müssen Sie sich auf den Minimumfaktor konzentrieren; geht es dagegen um Bereiche, wo es gleichwertige

Das Diagramm zeigt das Gemeindeprofil einer Gemeinde in Großbritannien. Der Minimumfaktor ist leidenschaftliche Spiritualität, der Maximumfaktor zweckmäßige Strukturen. Um Fortschritte zu machen, sollte sich diese Gemeinde auf die Spiritualität konzentrieren. Den Fokus weiterhin auf die Strukturen zu legen würde nicht zu einer Lösung ihres Kernproblems beitragen.

Optionen gibt, dann sollten Sie dem Maximumfaktor den Vorzug geben. Mit anderen Worten: Im Blick auf Prinzipien einer gesunden Gemeinde gilt der Minimum-Ansatz. Wenn es dagegen um zweitrangige Fragen geht – wie zum Beispiel um die, welche Art von Musik bei einer christlichen Veranstaltung aufgeführt werden sollte –, dann tun Sie sich selbst, Gott und vor allem dem Publikum einen Gefallen, indem Sie Ihren Maximumfaktor ins Spiel bringen!

Der Minimumfaktor in NCD

Aus diesen Erläuterungen sollte bereits deutlich geworden sein, dass es in der natürlichen Gemeindeentwicklung zwei Hauptbereiche gibt, in denen der Minimumfaktor eine zentrale Rolle spielt:

1. Die **acht Qualitätsmerkmale** gesunder Gemeinden, da jeder einzelne dieser Faktoren für die Gesundheit der Gemeinde absolut entscheidend ist.

2. Der **Drei-Farben-Ansatz**, da jede Farbe für eine unaufgebbare biblische Dimension steht.

Dieses Kapitel wird Ihnen zeigen, wie Sie den Minimum-Ansatz in beiden Bereichen anwenden können. Wenn Ihnen derzeit die Balance fehlt, dann können Sie diese nur dadurch wiedererlangen, dass Sie Ihren Fokus für eine gewisse Zeit einseitig auf Ihren schwächsten Bereich legen. Während *jedes* der acht Qualitätsmerkmale und *jede* der drei Farben aus einer neutralen Perspektive *gleich wichtig* sind, gibt es immer einen bestimmten Bereich, der zu einem bestimmten Zeitpunkt *wichtiger* als die anderen ist. Der Minimum-Ansatz hilft Ihnen, Ihre Aufmerksamkeit auf diesen Bereich zu lenken.

Mehr im Internet:

Im Internet (siehe Seite 162) finden Sie Antworten auf folgende Fragen:

- *Welche Forschungsergebnisse haben zur Minimumfaktor-Strategie geführt?*

- *Macht es einen Unterschied, ob der Minimumfaktor auf einem hohen oder einem niedrigen Niveau liegt?*

Was würden Sie intuitiv als Minimumfaktor Ihrer Gemeinde bezeichnen?

Kapitel 4

Was wir von einer Topf-pflanze lernen können

Wie viele Bausteine der natürlichen Gemeindeentwicklung, so ist auch der Minimum-Ansatz durch Modelle aus der Natur inspiriert worden. Unsere australischen NCD-Partner benutzen gerne das Beispiel einer Topfpflanze, um diese Gesetzmäßigkeiten zu illustrieren (siehe Schaubilder auf Seite 129).

Vier Wachstumsfaktoren

Eine Topfpflanze verdankt ihr Wachstum vier Faktoren: Nährstoffe, Wasser, Standort und Größe des Topfs. Solange alle vier Elemente optimale Bedingungen bieten, geschieht das Wachstum *von selbst*. Das Wachstum wird jedoch in dem Moment blockiert, in dem einer dieser Faktoren für die weitere Entwicklung der Pflanze nicht mehr ausreichend ist.

> Wasser ist für eine Pflanze gut, aber mehr Wasser ist nicht notwendiger-weise besser.

Dieser Minimumfaktor kann zum Beispiel ein Mangel an Wasser sein (Schaubild 1). Sobald dieser Engpass durch Wässerung der Pflanze behoben ist, wird sich das Wachstum solange fortsetzen, bis ein anderer Faktor zum neuen Minimumfaktor wird, zum Beispiel die Größe des Topfs (Schaubild 2). Sollte in dieser Situation weiter gewässert werden – ein Verfahren, das in der Vergangenheit so gut funktioniert hat – so würde aus dem Mangel ein Überschuss (Schaubild 3). Das Zuviel an Wasser würde der Pflanze Schaden zufügen. In dem Moment jedoch, in dem wir uns auf den neuen Minimumfaktor konzentrieren, wird das Wachstum erneut stimuliert (Schaubild 4).

Der Segen des Wassers

Diese Gesetzmäßigkeiten erklären zwei Phänomene, die in der Gemeindeentwicklung häufig beobachtet werden können:

1. Eine bestimmte Maßnahme, die in der Vergangenheit hervorragend funktionierte, wird später zu einem Wachstumshindernis.

2. Die gleiche Maßnahme, die eine Gemeinde mit großem Erfolg anwendet, hat in einer anderen Gemeinde gegenteilige Wirkung.

Nehmen wir einmal an, Ihre Gemeinde hat selbst erlebt, wie Gott „Wasser" benutzt hat, um Wachstum zu fördern. Lediglich durch Hinzufügung dieses einen Elements konnte der Gottesdienstbesuch nahezu verdoppelt werden. Ohne Zweifel wird eine solche Erfahrung bleibenden Einfluss hinterlassen. Sie werden die Heilige Schrift mit neuen Augen lesen. Beginnt nicht die ganze Bibel mit dem Satz, dass der Geist Gottes „auf dem Wasser" schwebte (1. Mose 1,2)? Ist es nicht die letzte Verheißung der Bibel, dass wir „das Wasser des Lebens" empfangen werden (Offb. 22,17)? Verheißt uns nicht Psalm 23, dass uns Gott „zum frischen Wasser" führt, um unsere Seele zu erquicken? Heißt es nicht schon bei Jesaja: „Ich will Wasser gießen auf das Durstige" (Jes. 44,3)? Sprach nicht Jesus selbst von „Strömen lebendigen Wassers" (Joh. 7,38)? Einige werden sich daran erinnern, dass Jesus sogar auf dem Wasser gewandelt ist und Wasser zu Wein verwandelt hat. Deshalb wird in Ihnen der Wunsch wachsen, eine „Wasser-Gemeinde" zu entwickeln und landesweite „Wasser-Konferenzen" zu veranstalten, um anderen zu zeigen, wie sie denselben Segen empfangen können wie Sie.

Meine Erfahrungen:

Das Beispiel der Topfpflanze macht deutlich, dass wir den Fokus ständig auf neue Bereiche zu richten haben, anstatt mit dem weiterzumachen, was in der Vergangenheit erfolgreich war. Die Dinge, die Ihre Gemeinde vor zwei Jahren gesegnet haben, könnten sich heute als kontraproduktiv erweisen. Nach meiner Erfahrung haben viele Christen enorme Schwierigkeiten, dieser Logik zu folgen. Wenn sie erst einmal erlebt haben, wie Gott eine bestimmte Maßnahme segnet, neigen sie dazu, diese Maßnahme Zeit ihres Lebens für die Lösung aller Probleme zu halten. Die Illustration der Topfpflanze kann uns helfen, diese Art des Denkens zu korrigieren.

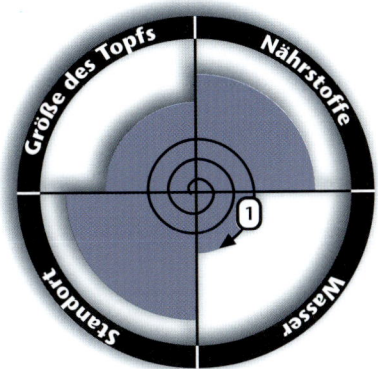

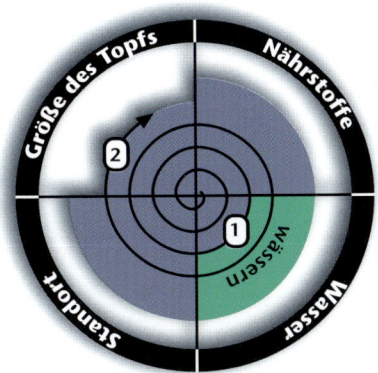

Schaubild 1: Während drei von vier Faktoren (Nährstoffe, Standort, Größe des Topfs) ideale Voraussetzungen bieten, wird das Wachstum durch unzureichende Wässerung beeinträchtigt.

Schaubild 2: Nachdem die Pflanze gewässert wurde, setzt sich das Wachstum fort, bis es durch die unzureichende Größe des Topfs blockiert wird.

Die Illustration der Topfpflanze hilft uns, komplizierte Gesetzmäßigkeiten der Gemeindeentwicklung zu verstehen. Sie lenkt unsere Aufmerksamkeit auf das rechte „timing" und zeigt, wie wichtig es ist, dass wir uns auf die sich ständig ändernden Wachstumshindernisse konzentrieren.

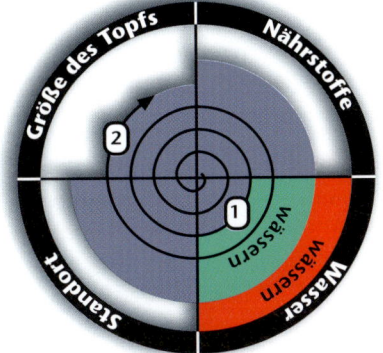

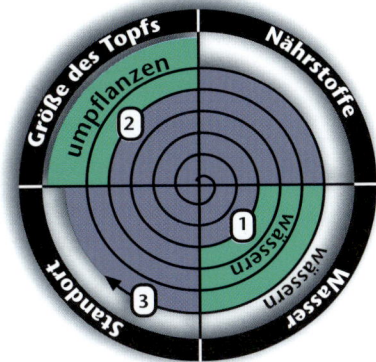

Schaubild 3: Wenn wir den Erfahrungen der Vergangenheit folgen und die Wassermenge weiter steigern, kann die gleiche Maßnahme, die bisher so erfolgreich war, schädlich werden. Jetzt wird das Wachstum durch die Größe des Topfs blockiert, nicht durch unzureichende Wässerung.

Schaubild 4: In dem Moment, wo wir uns auf den neuen Minimumfaktor konzentrieren (Größe des Topfs), setzt sich das Wachstum fort, bis es vom neuen Minimumfaktor (Standort) angehalten wird.

Es versteht sich von selbst, dass dieser Ansatz nicht aufgehen kann. Er wird tatsächlich mehr schaden als nützen. Statt „Ströme lebendigen Wassers" zu erleben, werden Menschen entweder vor lauter Wasser betrunken oder in ihm ertrinken. Fünf Jahre später dürfen Sie das Wort „Wasser" überhaupt nicht mehr in den Mund nehmen, da jeder die katastrophalen Auswirkungen sehen konnte. War es also falsch zu glauben, dass Wasser eine so wunderbare Gabe ist? Nein, diese Annahme war richtig. Ihr Fehler bestand lediglich darin, dass Sie die Gesetzmäßigkeiten missachteten, die sich vom Wachstum der Topfpflanze lernen lassen.

Kennen Sie gemeindliche Programme, die zu einem bestimmten Zeitpunkt funktionierten, zu anderen Zeiten nicht?

Kapitel 4

Das Bild der Minimumtonne

Wenn der Minimumfaktor eine so entscheidende Rolle in der Gemeindeentwicklung spielt, stellt sich die Frage, wie wir dieses Prinzip in einer Weise vermitteln können, die bei möglichst vielen Menschen einen bleibenden Eindruck hinterlässt.

> Das schwächste Element entscheidet über den Erfolg des gesamten Unternehmens.

Meine Erfahrungen:

Als ich zu einer NCD-Konferenz in Indonesien eingeladen war, hatten unzählige Gemeinden gerade eine Erweckung mit erstaunlichem Wachstum erlebt. Inmitten dieser Erweckung gab es indessen zahlreiche Gemeinden, die überhaupt kein Wachstum erlebten. Ich fragte einen der Pastoren, wie er sich dieses erstaunliche Phänomen erklärte. „Bruder Christian, du solltest das eigentlich besser wissen als ich", sagte er und zeigte mir das Bild der Minimumtonne. „Diejenigen Gemeinden, die jetzt – inmitten der Erweckung – so stark wachsen, haben jahrelang treu und beständig an der Qualität ihrer Minimumtonne gearbeitet. Jetzt schüttet Gott das Wasser auf alle Gemeinden in unserem Land aus, aber nur diejenigen, in denen die Dauben hoch genug sind, können das Wasser auch halten. Das ist der Grund, warum einige Gemeinden durch die Erweckung so sichtbar gesegnet werden, andere dagegen nicht."

Eine Live-Demonstration

Die beste Methode, die ich mir vorstellen kann, besteht darin, eine kleine Live-Demonstration zu veranstalten. Nach dem Modell des Schaubildes auf Seite 131 habe ich mir für meine Seminare eine „Minimumtonne" bauen lassen, also ein Fass mit Dauben unterschiedlicher Länge. Wenn ich in einer Gemeinde, für die wir vorher ein Gemeindeprofil erhoben haben, einen Dienst tue, schreibe ich die Namen der acht Qualitätsmerkmale auf die einzelnen Dauben – je nachdem, wie stark oder schwach die einzelnen Faktoren in dieser Gemeinde entwickelt sind. Auf die niedrigste Daube kommt also der Name des Minimumfaktors (z.B. zweckmäßige Strukturen), auf die längste Daube der Name des Maximumfaktors (z.B. inspirierender Gottesdienst).

Dann gieße ich solange Wasser in die Tonne, bis das Gefäß überzulaufen beginnt. Während ich weiter gieße und das Wasser bereits die Füße der vorne sitzenden Gemeindemitglieder erreicht, frage ich die Teilnehmer, was ich denn ihrer Ansicht nach tun solle. Einige fordern mich dann nachdrücklich auf, ich solle sofort mit dem Gießen aufhören. Natürlich weigere ich mich, dem nachzukommen, denn in unserem Bild sind die Wasserströme, die vom Himmel herab in die Tonne fließen, mit dem „Segen Gottes" zu vergleichen. Wir werden doch das Problem, dass unsere „Gemeinde" offensichtlich das Wasser nicht fassen kann, nicht ernstlich dadurch lösen wollen, dass wir Gott bitten, uns weniger zu segnen!

Daraufhin schlagen andere vor, wir müssten mehr beten. Ich sage dann den Teilnehmern, dass ich Gebet für eine äußerst wichtige und für den Gemeindeaufbau absolut unverzichtbare Sache halte, verlängere die ohnehin schon lange Daube „Leidenschaftliche Spiritualität" um weitere zehn Zentimeter – und jeder sieht, dass diese an sich doch ehrenwerte Maßnahme das eigentliche Problem nicht löst. Das Wasser plätschert weiter auf den Boden.

Irgendwann kommt dann jemand (am wahrscheinlichsten der Hausmeister) auf die Idee, mich aufzufordern, die Daube des Minimumfaktors zu verlängern. Und siehe da: In dem Moment, in dem wir diese Daube auch nur um einen Zentimeter verlängern, kann die Tonne einen Zentimeter mehr Wasser fassen.

Gottes Aufgabe und unsere Aufgabe

Mit solchen Demonstrationen lässt sich sehr einprägsam zeigen, worum es in der Gemeindeentwicklung insgesamt geht: Die aus acht Dauben (= Qualitätsmerkmalen) bestehende Tonne repräsentiert das, woran wir „bauen" können und nach Gottes Willen auch bauen sollen. Dass dann das „Wasser" (= neu gewonnene Men-

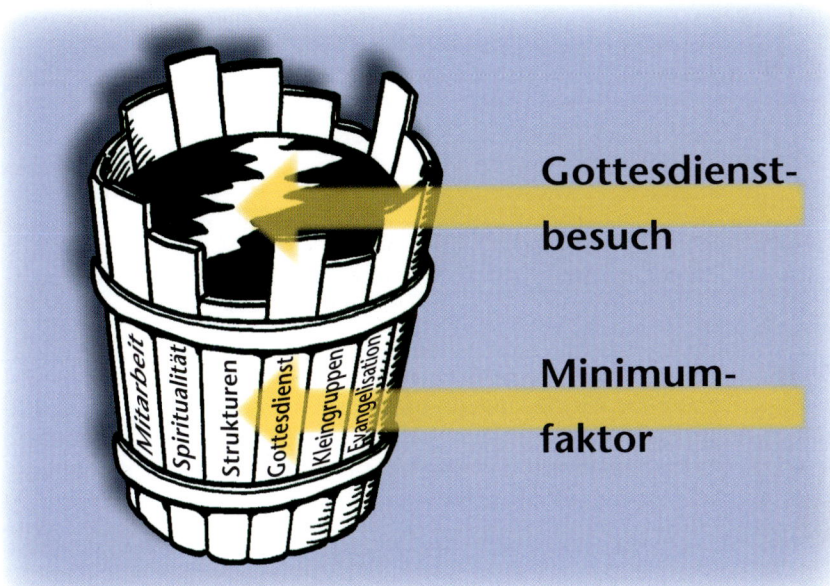

Gottesdienst-besuch

Minimum-faktor

Mitarbeit · Spiritualität · Strukturen · Gottesdienst · Kleingruppen · Evangelisation

Auf diesem Bild der Minimumtonne sind die Dauben ein Symbol für die gemeindliche Qualität, während das Wasser die Quantität symbolisiert. Das Bild verdeutlicht die Bedeutung des Minimumfaktors in der Gemeindeentwicklung.

schen) in diese Tonne fließt, können wir durch unsere fleißige Arbeit an der Qualität der Tonne freilich nicht bewirken. Wenn Gott kein „Wasser" regnen lässt, bleibt auch die schönste Tonne leer. Umgekehrt allerdings: Wenn Gott Wasser ausgießt – und es spricht theologisch einiges dafür, dass er dies ausgesprochen gerne tut! –, dann kommt es sehr wohl auf die Qualität unserer „Tonne" (= Gemeinde) an. Sie entscheidet nämlich, wie viel Wasser (Menschen) die Tonne fassen kann.

Chancen und Grenzen von Bildern

Natürlich dürfen wir bei diesen Bildern – wie auch bei den biblischen Gleichnissen – Bild- und Sachebene nicht miteinander verwechseln. Jedes Gleichnis hat seine Grenzen und sollte in der Interpretation nicht überstrapaziert werden. Solange wir uns dieser Grenzen bewusst sind, können derartige Demonstrationen indessen eine große pädagogische Hilfe sein, die wesentlichen Elemente der natürlichen Gemeindeentwicklung plastisch zu veranschaulichen: das Zusammenspiel von Gottes Handeln und unserem Handeln, von Qualität und Quantität, von der Arbeit an allen acht Faktoren gleichzeitig und am Minimumfaktor insbesondere.

In einem Fall wollte mir eine Gemeinde, in der ich die Minimumtonnen-Demonstration durchgeführt hatte, die Reinigung des Fußbodens in Rechnung stellen, da ich farbiges Wasser benutzt hatte, was buchstäblich einen „bleibenden Eindruck" hinterlassen hatte. Ich war jedoch nicht bereit, die Rechnung zu bezahlen. Ich schrieb ihnen: „Ich weiß, dass Sie in Ihrer Gemeinde an die Kraft von Symbolen glauben. Nehmen Sie doch den Fleck auf dem Fußboden als ein bleibendes Symbol für das, was geschieht, wenn wir Gottes Prinzipien missachten. Das mag künftige Generationen ebenso nachhaltig ansprechen, wie es heute schon die geschnitzten Engel hinter der Kanzel tun."

Stimmen Sie der Aussage zu, dass die Steigerung der gemeindlichen Qualität die Aufgabe von uns Menschen ist?

Kapitel 4

Anwendung 1: Qualitätsmerkmale

Wenn Sie den Minimum-Ansatz auf die acht Qualitätsmerkmale anwenden wollen, brauchen Sie ein Instrument, mit dem sich die Qualität in jedem einzelnen Bereich messen lässt. Genau für diesen Zweck ist das NCD-Gemeindeprofil entwickelt worden (mehr auf Seite 152). Um ein Gemeindeprofil zu erstellen, vergleicht der Computer die Antworten Ihrer Gemeindemitglieder mit allen 168 Millionen Einzelantworten, die bisher ausgewertet worden sind.

> ## Das größte Hindernis besteht darin, dass viele Menschen die Wahrheit einfach nicht wissen wollen.

Aus der Sicht der Programmierer ist diese Analyse ausgesprochen komplex, aus der Sicht der Anwender ist das Ganze jedoch ziemlich einfach: 30 Personen füllen einen Fragebogen aus, die Ergebnisse werden in ein Computerprogramm eingegeben und die Gemeinde erhält – ähnlich dem Schaubild auf Seite 133 – ein Ergebnis für jedes der acht Qualitätsmerkmale. Der Wert 50 in diesem Diagramm stellt den durchschnittlichen Wert aller Gemeinden dar, die in einem bestimmten Land bereits ein Gemeindeprofil erhoben haben. Das bedeutet: Alle Werte über 50 sind überdurchschnittlich, alle Werte unter 50 sind unterdurchschnittlich. Am wichtigsten ist jedoch, dass Ihnen das Diagramm auf den ersten Blick den Minimumfaktor Ihrer Gemeinde offenbart.

Das Profil misst die acht Adjektive

Was genau misst das Gemeindeprofil? Sie werden sich vielleicht erinnern (Seite 105), dass jedes der acht Qualitätsmerkmale aus zwei Teilen besteht, einem *Adjektiv* (z.B. bevollmächtigend, gabenorientiert, leidenschaftlich etc.) und einem Substantiv (z.B. Leitung, Mitarbeiterschaft, Spiritualität etc.). Das Profil misst nun, wie stark die jeweiligen Adjektive in jedem der acht Bereiche entwickelt sind.

Schauen Sie sich das Diagramm auf Seite 133 an. Der Wert 51 für bevollmächtigende Leitung (der erste Balken) drückt nicht aus, wie stark, pastoral, visionär, autoritär oder populär die Leitung ist. Er drückt ausschließlich aus, wie *bevollmächtigend* sie ist. Entsprechendes gilt für die anderen Qualitätsmerkmale. Der Wert für zweckmäßige Strukturen zum Beispiel sagt Ihnen nicht, ob sie viele oder wenig Strukturen haben, ob diese alt oder neu sind, ob sie sichtbar oder verborgen sind. Er misst ausschließlich, wie *zweckmäßig* die derzeitigen Strukturen sind.

Keine Selbstbewertung

Es ist wichtig zu verstehen, dass das Profil nicht nach einer „Bewertung" der Gemeinde fragt, wie mancher irrtümlich glaubt. Der Fragebogen enthält keine einzige Frage der Kategorie: „Wie bevollmächtigend sind Ihre Leiter?", „Wie zweckmäßig sind Ihre Strukturen?" oder „Wie liebevoll sind Ihre Beziehungen?" Antworten auf Fragen dieser Art würden uns nämlich überhaupt nicht helfen, die Qualität einer Gemeinde zu bestimmen. Statt zu fragen „Wie würden Sie die Qualität Ihrer Gemeinde auf einer Skala von 1-100 bewerten?", geht es bei der Mehrheit der Fragen um das, was die Person, die den Fragebogen ausfüllt, in den letzten Monaten tatsächlich *erlebt* hat.

Meine Erfahrungen:

Bisweilen spreche ich mit Pastoren, die mir stolz erzählen, dass sie die Qualität ihrer Gemeinde „gemessen" hätten, ohne ein wissenschaftliches Instrument einzusetzen. Natürlich steht es jedem frei, das zu tun. Der wichtigste Grund jedoch, warum ich ein derartiges Verfahren nicht empfehle, ist dieser: Ohne eine wissenschaftliche Normierung haben wir keinerlei Maßstab, die Qualität in den acht Bereichen miteinander zu vergleichen. Zudem besteht die Gefahr, unsere eigenen Bilder von Gemeinde auf die Realität zu projizieren und am Ende diese Bilder zu „messen", anstatt die Realität. Eine solche selbst gestrickte Analyse ist nicht immer wertlos, da sie interessante Diskussionen auslösen kann, aber man sollte sie nicht mit einem wissenschaftlichen Verfahren wie dem NCD-Gemeindeprofil verwechseln.

50
40
30
20
10
0

Leitung · Mitarbeiterschaft · Spiritualität · Strukturen · Gottesdienst · Kleingruppen · Evangelisation · Beziehungen

Das NCD-Gemeindeprofil lenkt unsere Aufmerksamkeit auf den strategischen Schlüsselpunkt in der Gemeindeentwicklung. Da die neuste Version des Profils auf den Daten von mehr als 40.000 Gemeinden basiert, sind die Ergebnisse äußerst verlässlich.

Widerstand gegen das Gemeindeprofil

Der Nutzen des Gemeindeprofils ist außerordentlich groß. Woran liegt es dann, dass manche gemeindlichen Leiter sich dagegen aussprechen, so ein Profil durchzuführen? Grund Nummer 1 ist ohne Zweifel die Tatsache, dass viele Menschen die Wahrheit nicht wissen wollen. In gewissem Maße kann ich das sogar verstehen. Solange Sie nicht wissen, wie gesund oder krank Sie sind, brauchen Sie über eine geeignete Therapie gar nicht nachzudenken. Genauso wie einige Menschen permanent dem Arztbesuch aus dem Wege gehen, gibt es einige Christen, die vor einem gemeindlichen Gesundheits-Check zu fliehen versuchen.

Natürlich kann Widerstand gegen das Gemeindeprofil sich auch aus anderen Quellen speisen. Gemeinden, die nur schwach im „grünen Bereich" entwickelt sind, können bisweilen keine geistliche Bedeutung in einer empirischen Studie sehen. Der einzige Weg, sie vom Gegenteil zu überzeugen, ist der, dass sie den Nutzen regelmäßiger Ergebnisse selbst erleben, da diese – in jedem einzelnen Fall – randvoll geladen sind mit geistlicher Relevanz.

Normale Hintergrundaktivität

In zahlreichen Gemeinden rund um den Globus ist die Erstellung eines Gemeindeprofils bereits zu dem geworden, wofür das Profil entwickelt worden ist: eine ganz normale Hintergrundaktivität, die regelmäßig durchgeführt wird, um die gemeindliche Gesundheit zu überprüfen. Da NCD auf universellen Prinzipien beruht und nicht ein bestimmtes Modell, einen besonderen Stil oder eine spezifische Theologie propagiert, kann das Gemeindeprofil unabhängig davon

Mehr im Internet:

Im Internet (siehe Seite 162) finden Sie Antworten auf folgende Fragen:

• *Warum füllen lediglich 30 Personen einen Fragebogen aus?*

• *Gibt es Situationen, in denen man das Gemeindeprofil nicht erheben sollte?*

eingesetzt werden, welchem Modell sich Ihre Gemeinde verpflichtet fühlt. Die Ergebnisse des Profils werden Ihnen helfen, Ihr spezifisches Modell von Gemeinde effektiver als zuvor umzusetzen.

> ## Die regelmäßige Erhebung des Gemeindeprofils sollte eine ganz normale Hintergrundarbeit sein.

Der Nutzen regelmäßiger Profile

Der Sinn des NCD-Prozesses liegt nicht darin, ein einziges Profil zu erheben und dann für den Rest des Lebens die praktischen Konsequenzen daraus zu ziehen. Auch ein Einzelprofil kann natürlich erhellend sein, aber nur dann, wenn diese Art von Gesundheits-Check regelmäßig durchgeführt wird, können Sie Entwicklungen und Trends in den acht Qualitätsbereichen erkennen. Und das ist der Punkt, wie die Sache wirklich spannend wird.

Wir empfehlen, einmal pro Jahr ein Gemeindeprofil zu erheben, da Sie auf diese Weise Daten über die qualitative Entwicklung Ihrer Gemeinde sammeln werden, die von höchster Relevanz für die Gemeindeleitung sind. Warum ist es wichtig, diesen Gesundheits-Check regelmäßig durchzuführen? Hier sind die wichtigsten Gründe:

• Haben Sie sich erst einmal auf den NCD-Prozess eingelassen, wird sich die Qualität in den acht Bereichen relativ schnell ändern. Es ist nicht ungewöhnlich, dass innerhalb von zwölf Monaten der vorherige Minimumfaktor zum neuen Maximumfaktor avanciert. Erinnern Sie sich an das Bild von der Topfpflanze (Seite 128)? Dann wissen Sie, warum es kontraproduktiv sein kann, mit der Wässerung fortzufahren, während Sie eigentlich Ihre Aufmerksamkeit der Größe des Topfs zuwenden sollten.

• Während Sie an Ihrem Minimumfaktor arbeiten, werden alle anderen Qualitätsmerkmale ebenfalls beeinflusst, sowohl positiv als auch negativ. Es ist äußerst wertvoll zu ergründen, warum das geschieht.

• Nur indem Sie das Profil regelmäßig erheben, können Sie objektiv feststellen, ob Sie in Ihrer Arbeit Fortschritte gemacht haben oder nicht. Haben Sie im Bereich liebevolle Beziehungen tatsächlich Wachstum erlebt? Wenn Sie zehn verschiedene Leute fragen, kann es sein, dass Sie zehn verschiedene Antworten bekommen. Das Gemeindeprofil gibt Ihnen eine objektiv verifizierbare Antwort.

• Indem Sie das Profil regelmäßig erheben, erhalten Sie eine verlässliche Basis für gemeindliche Planungen. Auf welche Themen sollten Sie sich dieses Jahr konzentrieren? Welche Schulungen sollten angeboten werden? Worauf sollten sich die Kleingruppen konzentrieren? Natürlich gibt es auch noch andere Faktoren, die bei derartigen Entscheidungen mitspielen, aber die Informationen, die Ihnen das Gemeindeprofil vermittelt, können äußerst hilfreich sein, die Prioritäten richtig zu setzen.

> *Hat Ihre Gemeinde bereits ein Gemeindeprofil erhoben? Wenn ja, wie lange ist das her?*

• Sie sollten beachten, dass das Gemeindeprofil selbst äußerst kleine Fortschritte sichtbar macht (sagen wir, ein Wachstum von 2 oder 3 Punkten bei einem der acht Qualitätsmerkmale). Es ist ermutigend, solch kleine Fortschritte visuell darzustellen, da sie andernfalls wahrscheinlich völlig übersehen würden. Eine regelmäßige Erhebung des Gemeindeprofils versetzt Sie in die Lage, selbst kleinste Schritte in die richtige Richtung zu zu würdigen und zu feiern.

Anwendung 2: Trinitarischer Kompass

Kapitel 4

Der zweite Hauptbereich, in dem der Minimum-Ansatz zum Tragen kommt, sind die drei Farben, die in der natürlichen Gemeindeentwicklung für drei grundlegende biblische Dimensionen stehen. Da Sie bereits das NCD-Farbprofil durchgeführt haben (Seiten 72-79), bin ich sicher, dass Sie zumindest ein anfängliches Verständnis für die Relevanz dieser Gesetzmäßigkeiten gewonnen haben.

Ob Sie das Ergebnis des Farbprofils auf rein persönlicher Ebene, auf der Ebene einer Kleingruppe oder der Gesamtgemeinde auswerten, Sie sollten sich immer auf die am schwächsten entwickelte Farbe konzentrieren. Warum? Weil diese Ihren derzeitigen Minimumfaktor darstellt.

Verschiedene Tests auf der Grundlage des trinitarischen Kompasses

Auf der Grundlage des trinitarischen Kompasses haben wir eine ganze Reihe von Tests entwickelt (und werden damit fortfahren), die jeweils unterschiedliche Bereiche ansprechen. Das NCD-Farbprofil zum Beispiel wurde als ein Test konzipiert, der generelle Tendenzen in Ihrem Leben und im Leben Ihrer Gemeinde ans Licht bringt. Jedes Buch der Reihe *Gemeinde natürlich entwickeln* (Seite 155) enthält einen Test, der den trinitarischen Kompass auf eines der acht Qualitätsmerkmale bezieht. Im Buch *Die 3 Farben deiner Gaben* wird zum Beispiel der trinitarische Kompass auf gabenorientierte Mitarbeiterschaft bezogen; im Buch *Die 3 Farben der Liebe* finden Sie einen Test, der die drei Farben auf die „Frucht des Geistes" bezieht, von der Paulus in Galater 5 spricht.

Behalten Sie bitte immer im Hinterkopf, dass Sie in verschiedenen Lebensbereichen möglicherweise jeweils unterschiedliche Farbtendenzen haben. Es kann sein, dass Sie im Bereich Evangelisation vor allem „grün" sind, im Bereich Ihrer geistlichen Gaben dagegen „rot/blau". Nur sehr wenige Menschen zeigen in allen Lebensbereichen die gleichen Farbe. Ehrlich gesagt, ich bin froh, dass die Realität derartig farbenfroh ist. Im Unterschied zu einigen Christen, die am liebsten klare Linien zwischen den einzelnen Farbzonen ziehen würden, finden wir in der empirischen Wirklichkeit in jeder Denomination, in jeder Gemeinde, in jeder Kleingruppe und in jedem Christen alle drei Farben. Das *Verhältnis* der einzelnen Farbsegmente zueinander ist der Punkt, an dem sich Christen und Gemeinden voneinander unterscheiden.

Eine „radikale Balance"

Als wir uns mit der Vision des neuen Jerusalems beschäftigten (Seite 56), haben wir bereits gesehen, dass ein biblisches Verständnis von Balance keineswegs bedeutet, in allen drei Bereichen nun möglichst „moderat" aufzutreten. Eine derartige Balance ließe sich dadurch erreichen, dass Sie fortwährend die Qualität Ihrer „Maximumfarbe" reduzierten. Das Ziel biblischer Balance ist jedoch das Wachstum der Qualität in allen drei Farbzonen. Dieser Wachstumsprozess wird dazu führen, dass Sie ein zunehmend radikaler Christ werden. Zwar wird Sie das Bemühen, die drei Farben in Balance zu halten, vor den Gefahren, die mit jeder Farbe verbunden

Der trinitarische Kompass gibt geistlichen Wachstumsprozessen ein klares Ziel.

Mehr im Internet:

Im Internet (siehe Seite 162) finden Sie Antworten auf folgende Fragen:

- *Welche Tests, in denen der trinitarische Kompass auf unterschiedliche Bereiche bezogen wird, liegen bereits vor?*

- *Wie oft sollten diese Tests wiederholt werden, um Entwicklungen zu erkennen?*

sind (Seite 58), bewahren. Aber das bedeutet nicht, dass die Radikalität dessen, wofür die drei Farben stehen, irgendwie geopfert würde. Der trinitarische Kompass wird Ihnen vielmehr helfen, die grüne, rote und blaue Dimension radikal in Ihrem Leben zum Ausdruck zu bringen.

Im letzten Absatz habe ich das Wort „radikal" bewusst mehrere Male benutzt, da ich Sie testen wollte, welche Gefühle es in Ihnen auslöst. Seien Sie ehrlich, sind dies eher negative oder positive Gefühle? Wenn es Ihnen so geht wie den meisten Menschen, denen ich begegne, dann ist die Wahrscheinlichkeit relativ groß, dass es vor allem negative Gefühle sind. „Radikal" – wenn wir dieses Wort hören, denken viele von uns an Extremisten, Fundamentalisten, Fanatiker, vielleicht sogar Terroristen, aber immer an Menschen mit ziemlich ungesunden, unausgewogenen Ansichten.

Was bedeutet „radikal"?

Ich möchte Sie ermutigen, Ihr Verständnis des Wortes „radikal" zu überprüfen. Wann immer Sie dieses Wort in diesem Buch lesen, denken Sie an Jesus. Er war ganz sicher in allen Bereichen seines Lebens „radikal". Gleichzeitig ist er das beste Modell für das, worum es bei unserem Konzept der geistlichen Balance geht. Radikalität und Balance sind nach biblischem Verständnis keine einander ausschließenden Konzepte, sondern zwei verschiedene Aspekte des gleichen Wachstumsprozesses. Der trinitarische Kompass wurde konzipiert, um diese beiden Dimensionen miteinander zu kombinieren.

Woran liegt es, dass die meisten von uns primär Negatives mit dem Wort „radikal" verbinden? Wenn wir die Kategorien des trinitarischen Kompasses anwenden, ist das relativ leicht zu erklären. Die meisten „radikalen Christen", denen Sie bisher begegnet sind, waren wahrscheinlich in einer bestimmten Farbzone radikal. Aber weil sie unausgewogen und bisweilen ignorant gegenüber den anderen beiden Farben waren, erschien ihre Radikalität als schrill, unangenehm, fanatisch. Wie wir bereits wiederholt gesehen haben, ist Irrlehre nicht unbedingt das Gegenteil der Wahrheit, sondern oft eine Teilwahrheit: Eine der drei Farben wird verabsolutiert, während die anderen beiden ignoriert werden. Einem solchen „radikalen" Menschen zu begegnen kann äußerst unangenehm sein. Aber Menschen, die in allen drei Farbzonen gleichzeitig radikal sind? Ich kann Ihnen versichern: Es macht ungeheuer viel Spaß, in ihrer Gegenwart zu sein!

Ein radikaler Christ werden

Ich möchte Sie ermutigen, ein „radikaler Christ" im besten Sinne des Wortes zu werden: ein Mensch, der fest verbunden mit der *radix*, der Wurzel des christlichen Glaubens ist – mit Jesus Christus selbst; der sich allen Anliegen, die Jesus wichtig waren, verpflichtet weiß (und nicht nur einer harmlosen, politisch korrekten Auswahl); der sich bemüht, alle Farben der Liebe Gottes widerzuspiegeln. Wissen Sie, was geschieht, wenn Sie auf diesem Weg Fortschritte machen? Menschen werden Sie beobachten und... Jesus begegnen.

Der trinitarische Kompass gibt die Richtung an, die wir einschlagen sollten.

Meine Erfahrungen:

In den letzten Jahren habe ich verschiedene Tests, die auf dem trinitarischen Kompass basieren, in extrem unterschiedlichen Gruppen eingesetzt. Ich habe an diesen Tests zu schätzen gelernt, dass sie uns ermöglichen, innerhalb von wenigen Minuten über höchst persönliche Dinge öffentlich ins Gespräch zu kommen. Bei NCD-Konferenzen interviewe ich häufig einzelne Teilnehmer, die einen dieser Tests gemacht haben, auf der Bühne. Ich kann mich nicht an einen einzigen Fall erinnern, wo dies zu einer peinlichen Situation geführt hätte – obwohl die Themen, um die es bei diesen Tests geht, sowohl persönlich als auch kontrovers sind. Ich führe das auf die Regeln des trinitarischen Kompass zurück: Jeder von uns hat etwas zu geben und jeder kann etwas lernen. Es macht ungeheuren Spaß zu sehen, wie diese Prozesse konkret Gestalt gewinnen.

Der trinitarische Kompass ist ein Werkzeug, das es uns leicht macht, über persönliche geistliche Erfahrungen miteinander ins Gespräch zu kommen. Er hilft unterschiedlichen Christen, voneinander zu lernen und sich in ihren Bemühungen um geistliches Wachstum zu unterstützen.

Ich hatte den Eindruck, dass ich diese persönlichen Dinge ansprechen sollte, bevor wir wieder weiter über empirische Forschung, Minimumfaktoren, Gemeindeprofile und universelle Prinzipien reden. Das Ziel all dieser Aktivitäten ist ein geistliches: Ihnen zu helfen, zunehmend mehr in das Bild verwandelt zu werden, das Gott schon immer von Ihnen hatte. Während ich diese Zeilen schreibe, bete ich dafür, dass Gott diesen Prozess tatsächlich in Ihrem Kopf, in Ihrem Herzen und in Ihren Händen beginnt, und dass es nicht mehr lange dauert, bis Sie die Früchte sehen.

Ein Buch über Gemeindeentwicklung

Ich bin mir bewusst, dass dies ein Buch über Gemeindeentwicklung sein soll, nicht über persönliche Frömmigkeit. Warum betone ich dann die persönliche Dimension derartig stark? Das liegt daran, dass dieses Buch vom Geheimnis wachsender Gemeinden handelt. Sehr wahrscheinlich haben wir in unserem Institut mehr Datenmaterial als jeder andere im Blick auf die Frage gesammelt, was eine Gemeinde zum Wachsen bringt. Wenn ich also diese Frage anspreche, können Sie sicher sein, dass ich mir eine Antwort nicht leicht mache. Ich habe beinahe mein ganzes Leben und viele Hunderttausend Euro investiert, die bestmöglichen Antworten auf diese Frage zu finden.

Was ist das Geheimnis wachsender Gemeinden? Sich zahlenmäßige Wachstumsziele zu setzen („Bis Ende Juli werden wir 250 mehr Gottesdienstbesucher haben")? Marketingtechniken einsetzen? PR-Aktionen durchführen? Die Erfahrungen von Megagemeinden kopieren? Menschen drängen, sich evangelistisch stärker zu engagieren? Auf eine Erweckung warten? Sie können das alles getrost vergessen. Es gibt nicht den leisesten empirischen Hinweis, dass einer dieser Punkte als „Geheimnis des Erfolges" gelten könnte. Wenn ich das Geheimnis, das wir entdecken konnten, in einem Satz zusammenfassen sollte, wäre es dieser: Christen, die sich bemühen, alle Farben der Liebe Gottes in ihrem Leben zum Ausdruck zu bringen, unterstützt von Leitern, die nichts lieber tun, als diese Prozesse mit all ihrer Kreativität zu fördern. Und wie wird die Gemeinde wachsen, wenn keiner mehr über Gemeindewachstum spricht? Ist erst einmal die richtige Grundlage gelegt, geschieht das Wachstum ganz *von selbst.*

Auf welche Farbzone sollten Sie sich aufgrund der Ergebnisse des NCD-Farbprofils (Seite 77) konzentrieren?

Der Minimumfaktor innerhalb des Minimumfaktors

Auf den letzten Seiten war von zwei Bereichen die Rede, in denen der Minimumfaktor eine wichtige Rolle spielt: *Qualitätsmerkmale* und *trinitarischer Kompass*. Aus der Sicht der örtlichen Gemeinde ist es äußerst lohnend, diese beiden Dimensionen miteinander zu kombinieren. Finden Sie erstens heraus, welches der acht Qualitätsmerkmale der derzeitige Minimumfaktor Ihrer Gemeinde ist. Analysieren Sie zweitens die „Farbbalance" in diesem Bereich. Jedes der Bücher, die wir für die acht Qualitätsmerkmale entwickeln (siehe Seite 155) enthält einen Test, mit dessen Hilfe Sie eine derartige Analyse durchführen können.

Im Bereich des Minimumfaktors ist es lohnend, die am schwächsten entwickelte Farbe ausfindig zu machen.

Mehr im Internet:

Im Internet (siehe Seite 162) finden Sie Antworten auf folgende Fragen:

• Kann ein primär „grüner" Christ in einer primär „blauen" Gemeinde glücklich werden – und umgekehrt?

• Wie lässt sich die Frage der „Farbbalance" im Bereich derjenigen Qualitätsmerkmale angehen, für die noch keine NCD-Materialien mit den entsprechenden Tests vorliegen?

Dem eigene Farbdefizit auf die Spur kommen

Schauen Sie sich das Diagramm auf der rechten Seite an. Wie schon in vorherigen Schaubildern bringt das Balkendiagramm zum Ausdruck, welches der acht Qualitätsmerkmale der derzeitige Minimumfaktor Ihrer Gemeinde ist. In diesem Fall ist es gabenorientierte Mitarbeiterschaft.

Dieses Diagramm geht allerdings noch einen Schritt weiter. Es wirft einen näheren Blick auf das Qualitätsmerkmal gabenorientierte Mitarbeiterschaft und offenbart die Farbbalance in diesem Bereich. In Kapitel 3 (Seiten 106-121) haben wir bereits gesehen, dass sich jedes der acht Qualitätsmerkmale aus drei Dimensionen zusammensetzt, die den Farben grün, rot und blau entsprechen. Im Bereich liebevoller Beziehungen zum Beispiel sind dies die Dimensionen Gerechtigkeit (grün), Wahrheit (rot) und Gnade (blau). Im Bereich ganzheitlicher Kleingruppen heißen die Begriffe Köpfe (grün), Hände (rot) und Herzen (blau). Im Bereich gabenorientierter Mitarbeiterschaft sind es Weisheit (grün), Engagement (rot) und Vollmacht (blau).

Ein praktisches Beispiel

Nehmen wir einmal an, Ihre Gemeinde hat gabenorientierte Mitarbeiterschaft als Minimumfaktor entdeckt und begonnen, diesen Minimumfaktor auf unterschiedlichen Ebenen anzugehen: Leitungsteam, Schulungen, Kleingruppen, Seelsorge. Um diesen Prozess zu unterstützen, haben Sie sich entschieden, das Buch *Die 3 Farben deiner Gaben* einzusetzen, das praktische Werkzeuge enthält, mit deren Hilfe die Christen sowohl ihre Gaben als auch ihren Ausgangspunkt im Blick auf die Dimensionen Weisheit, Engagement und Vollmacht herausfinden können. Einige Gemeindemitglieder mögen besonders stark im Bereich des Engagements sein, aber schwach in Weisheit und Vollmacht. Andere mögen einen völlig anderen Ausgangspunkt haben: stark in Engagement und Vollmacht, aber schwach in Weisheit. Wahrscheinlich werden Sie unter den Mitgliedern Ihrer Gemeinde alle nur erdenklichen Ausgangspunkte ausfindig machen können.

Für den einzelnen Christen ist es hilfreich, diese Informationen zu erhalten, denn das hilft ihm, sich auf den Bereich zu konzentrieren, der für das persönliche Wachstum entscheidend ist. Wenn Sie eine Gemeinde mit 100 Mitgliedern haben und 70 Prozent in diesen Prozess einbezogen sind, werden Sie wahrscheinlich 70 verschiedene Ergebnisse mit 70 verschiedenen Farbkombinationen erhalten.

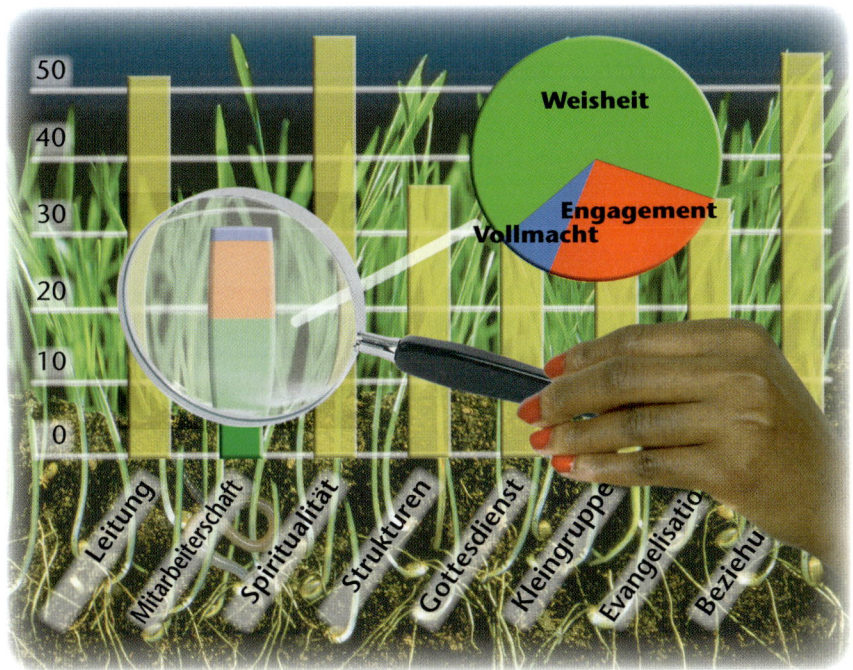

*Da jedes Qualitäts-
merkmal eine grüne,
rote und blaue
Dimension hat, ist es
hilfreich herauszufin-
den, wie ausgewo-
gen diese Farben im
Bereich des Mini-
mumfaktors sind. Das
Schaubild illustriert
diese Gesetzmäßig-
keiten im Bereich von
gabenorientierter
Mitarbeiterschaft,
wo die drei Farben
für Weisheit (grün),
Engagement (rot)
und Vollmacht (blau)
stehen.*

Auswertung auf der Ebene der Gesamtgemeinde

Nun können Sie zur nächsten Frage fortschreiten: Wie stellt sich diese Farbbalance auf der Ebene der Gesamtgemeinde dar? Die Leitermaterialien zu
Die 3 Farben deiner Gaben enthalten eine CD-ROM mit einem kleinen Computerprogramm, mit dessen Hilfe Sie relativ einfach die Farbbalance der gesamten
Gemeinde feststellen können. Wenn Sie dieses Werkzeug einsetzen, werden Sie
ein Ergebnis erhalten, das dem oben stehenden Tortendiagramm ähnelt: In
diesem Beispiel zeigt die gesamte Gemeinde eine klare Stärke im Bereich „Weisheit" (grün); „Engagement" (rot) ist beträchtlich schwächer entwickelt; und
„Vollmacht" (blau) ist schließlich deutlich die Minimumfarbe der Gemeinde.
Warum ist es hilfreich, diese Art von Information vorliegen zu haben?

- Ein solches Diagramm offenbart auf den ersten Blick die *Wirkung der
  gemeindlichen Lehre* über gabenorientierte Mitarbeiterschaft. Mit anderen
  Worten: Sie zeigt, wie ausgewogen diese Lehre bisher gewesen ist.

- Es gibt an, *auf welchen Teilbereich Sie sich konzentrieren sollten*, um die Qua-
  lität im Bereich gabenorientierter Mitarbeiterschaft zu steigern. In unserem
  Beispiel ist dies der Bereich Vollmacht; in anderen Fällen könnte dagegen eine
  Konzentration auf Weisheit oder Engagement das Gebot der Stunde sein.

- Es hilft Ihnen, geeignete *Schritte der praktischen Umsetzung* zu planen. Wenn
  Ihre Gemeinde stark in Weisheit ist, ist die Wahrscheinlichkeit groß, dass sie
  für Seminare und empirische Werkzeuge wie einen Test empfänglich ist. Das
  mag sich ganz darstellen, wenn das stärkste Farbsegment „blau" und das
  schwächste „grün" ist. In diesem Fall könnte es sinnvoller sein, sich für einen
  sehr viel stärker erfahrungsbezogenen Weg der Umsetzung zu entscheiden.

*Wissen Sie, wie
die Farbbalance
im Bereich des
Minimumfaktors
Ihrer Gemeinde
aussieht?*

Kapitel 4

Minimumfaktoren von Denominationen

Kürzlich sagte mir der Präsident einer Denomination: „In unserer Kirche sind 28 Prozent der Gemeinden aktiv in den NCD-Prozess einbezogen. Da die meisten von ihnen ihre Gemeindeprofile über unsere Zentrale laufen lassen, haben wir stets präzise und aktuelle Informationen über die Qualität unserer Gemeinden. Für mich als Präsident unserer Kirche ist diese Art von Information von unschätzbarem Wert. Ich weiß genau, wo wir als Gesamtkirche stehen. Was noch wichtiger ist, ich kann Entwicklungen und Trends beobachten."

Wie ein denominationelles Profil funktioniert

Jede Kirche sollte verlässliche Informationen über die qualitative Entwicklung ihrer Einzelgemeinden haben.

Während er mit mir redete, zeigte er mir das aktuelle denominationelle Profil, das die größten Stärken beschrieb, den Minimumfaktor hervorhob und einen Vergleich zur Situation vor zwei Jahren zog. Meiner Meinung nach ist eine Auswertung auf dieser Ebene der Bereich, in dem sich der praktische Nutzen des Gemeindeprofils besonders plastisch studieren lässt.

Um ein solches Profil zu erheben, ist es notwendig, dass eine gewisse Anzahl von Ortsgemeinden das Gemeindeprofil erhoben hat und die Ergebnisse zentral ausgewertet werden. Eine Teilnahme von 30 Prozent der Ortsgemeinden ist in der Regel ausreichend, um Aussagen über die Gesamtkirche machen. Je höher die Zahl der teilnehmenden Gemeinden, desto präziser wird das Bild natürlich sein.

Beispiele aus vier Kirchen

In unserem Institut berechnen wir fortwährend denominationelle Profile, um zu lernen, wie wir besser den verschiedenen Zweigen des weltweiten Leibes Christi dienen können. Am Fuße dieser Doppelseite habe ich Beispiele der weltweiten Ergebnisse von vier

*Profil von **anglikanischen** Gemeinden. Während alle anderen Werte relativ ausgewogen sind, fallen leidenschaftliche Spiritualität und bedürfnisorientierte Evangelisation als Minimumfaktoren auf.*

*Profil der **Heilsarmee**. Die größte Stärke ist bedürfnisorientierte Evangelisation; Minimumfaktoren sind zweckmäßige Strukturen und ganzheitliche Kleingruppen.*

verschiedenen Kirchen angegeben: Anglikaner, Heilsarmee, Vineyard-Gemeinden und Assemblies of God.

Bitte beachten Sie, dass diese Ergebnisse, auch wenn Sie Tausende von Gemeinden aus allen fünf Kontinenten repräsentieren, nicht notwendigerweise repräsentativ für die genannten Kirchen als Ganze sind, sondern lediglich für diejenigen Gemeinden, die sich aktiv auf die natürliche Gemeindeentwicklung eingelassen haben. Die genannten Beispiele haben nicht das Ziel, die einzelnen Denominationen auszuwerten und zu vergleichen, sondern lediglich zu *illustrieren*, wie das Profil einer Denomination aussehen kann. Da die Mehrheit der Kirchenführer mit dieser Art von „Gesundheits-Check" noch nicht vertraut ist, ist es nach meiner Erfahrung wichtig, so ein Profil zumindest einmal gesehen zu haben, um seine Bedeutung schätzen zu lernen.

Der praktische Nutzen

Was ist der praktische Nutzen eines denominationellen Profils?

- Es zeigt Ihnen, wie stark die *Gesamtqualität* der Gemeinden Ihrer Denomination ist. Einige Kirchen haben beträchtlich höhere Werte als andere. Die Ursachen dafür können in jedem einzelnen Fall herausgefunden und angegangen werden.

- Es hilft dabei, Prioritäten zu setzen und hilfreiche Themen für die Aktivitäten der Gesamtkirche – zum Beispiel Synoden, Einkehrtagungen, Schulungsangebote etc. – auszuwählen.

- Am wichtigsten: Wenn Sie regelmäßig ein denominationelles Profil erheben, können Sie die Forschritte, die Sie als Gesamtkirche machen, verfolgen. Das ist auch und gerade dann sinnvoll, wenn Vieles nicht nach Ihren Wünschen laufen sollte. Wenn Sie früh genug feststellen können, dass sich bestimmte Trends in die falsche Richtung bewegen, können Sie geeignete Maßnahmen ergreifen, um diese Situation zu ändern.

Was sind Ihrer Einschätzung nach die Stärken und Schwächen Ihrer eigenen Denomination?

*Profil der **Vineyard**-Gemeinden. Die größten Stärken sind liebevolle Beziehungen und ganzheitliche Kleingruppen; Minimumfaktor ist gabenorientierte Mitarbeiterschaft (allerdings auf recht hohem Niveau).*

*Profil der Pfingstkirche **Assemblies of God**. Während die anderen Werte relativ ausgewogen sind, fallen als Stärken leidenschaftliche Spiritualität und bedürfnisorientierte Evangelisation auf.*

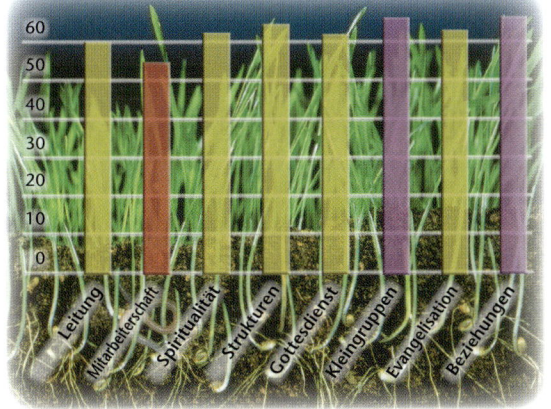

Kapitel 4

Minimumfaktoren ganzer Kulturen

In unserem Institut haben wir die einmalige Gelegenheit, für ganze Länder und Kontinente Profile zu erstellen. Das ist eine phantastische Möglichkeit, die unterschiedlichen kulturellen Identitäten zu studieren. Während es im Blick auf angebliche Stärken und Schwächen von Kulturen viele Klischees gibt, kann der Blick auf rein empirische Daten für manche Überraschung sorgen.

> *Der Fokus auf den Minimumfaktor eines Landes kann das geistliche Gesamtklima beeinflussen.*

Meine Erfahrungen:

Das Wissen um den Minimumfaktor eines Landes hilft mir ungeheuer bei der Vorbereitung nationaler NCD-Konferenzen. Der Blick auf unterschiedliche Kulturen aus der Perspektive ihrer kollektiven Stärken und Schwächen hat mir schon oft die Augen geöffnet. Als wir Profile für die drei kulturellen Zonen entwickelten, die wir in unserer Arbeit unterscheiden und die ich im ersten Kapitel beschrieben habe (Seiten 28-32), kamen folgende Ergebnisse ans Licht: Die Stärke des Westens ist bevollmächtigende Leitung, der Minimumfaktor leidenschaftliche Spiritualität. Im Osten ist die größte Stärke bedürfnisorientierte Evangelisation, die größte Schwäche bevollmächtigende Leitung. Im Süden ist die größte Stärke leidenschaftliche Spiritualität, die größte Schwäche liebevolle Beziehungen.

Bestätigte Klischees und Überraschungen

In einigen Fällen haben unsere Ergebnisse das bestätigt, was wahrscheinlich die meisten vermutet hätten. Für mich jedenfalls war es keine große Überraschung zu entdecken, dass...

- der Minimumfaktor Deutschlands leidenschaftliche Spiritualität ist;
- der Minimumfaktor Russlands bevollmächtigende Leitung ist;
- der Maximumfaktor Chinas ganzheitliche Kleingruppen ist;
- der Maximumfaktor der USA inspirierender Gottesdienst ist.

In anderen Fällen war das Ergebnis indessen überraschend. Ich jedenfalls hätte nicht erwartet, dass...

- der Minimumfaktor der USA zweckmäßige Strukturen ist;
- der Maximumfaktor Malaysias zweckmäßige Strukturen ist;
- der Maximumfaktor Brasiliens bevollmächtigende Leitung ist;
- der Maximumfaktor Australiens liebevolle Beziehungen ist.

Diese „Überraschungen" können uns helfen, Klischees über bestimmte Länder zu korrigieren. Aber selbst in den Fällen, wo die vorhandenen Klischees durch die Forschung eher bestätigt wurden, dürfen wir nicht vergessen, dass die Aussagen über die Stärken und Schwächen der jeweiligen Länder *nicht* für die Mehrheit der Ortsgemeinden innerhalb des Landes zutreffen. Beispiel Deutschland: Selbst wenn der landesweite Minimumfaktor leidenschaftliche Spiritualität ist, hat die Mehrheit der deutschen Gemeinden andere Minimumfaktoren. Und eine ganze Reihe deutscher Gemeinden hat ausgesprochen hohe Werte im Bereich leidenschaftliche Spiritualität.

Ohne diese einschränkenden Bemerkungen kann die Auswertung auf Länderebene leicht einen beinahe rassistischen Beigeschmack bekommen: „Weil du Deutscher bist, musst du auch schwach in Spiritualität sein." Deshalb sollten wir nationale Ergebnisse nur mit großer Behutsamkeit öffentlich kommunizieren.

Ein nationaler Prozess

Es gibt allerdings eine Anwendung der nationalen Perspektive, die sich nicht aus Neugierde speist, sondern zutiefst strategisch motiviert ist. In einigen Ländern hat es ernsthafte Versuche gegeben, einen nationalen NCD-Prozess zu beginnen. Die anfänglichen Ergebnisse, die wir als Frucht dieser *joint ventures* studieren könnten, sind äußerst ermutigend. Ich bin davon überzeugt, dass wir in Zukunft noch viel von derartigen nationalen Prozessen hören werden.

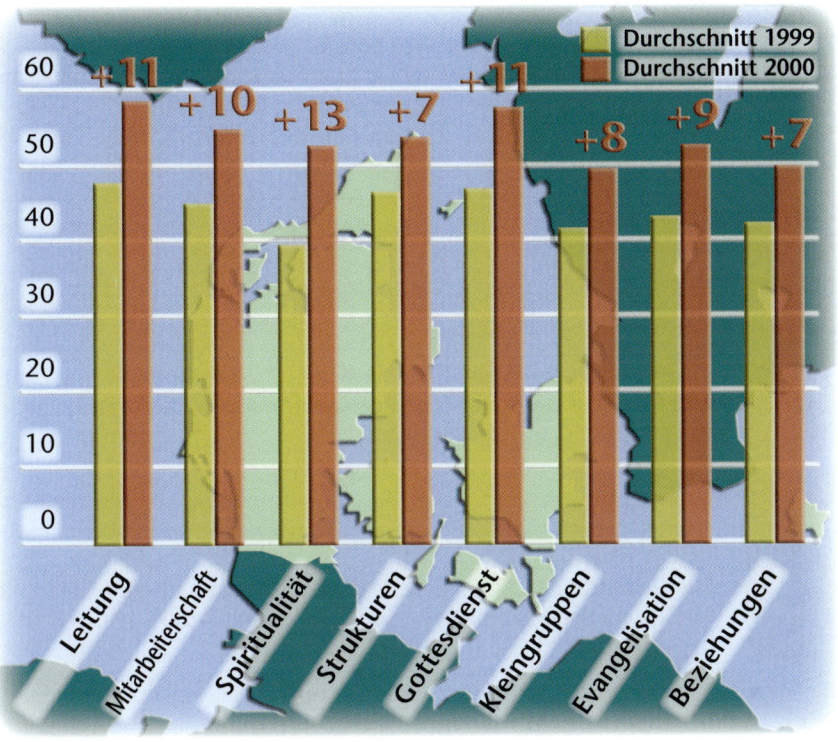

Ergebnisse des dänischen NCD-Prozesses: Das Schaubild zeigt den Durchschnitt aller Gemeindeprofile, die zu Beginn des Prozesses erhoben wurden (gelbe Balken), und vergleicht sie mit den Ergebnissen rund 20 Monate später (rote Balken). In diesem Zeitfenster erlebten die beteiligten Gemeinden ein qualitatives Wachstum von 9,5 Punkten.

Das Schaubild oben zeigt die Ergebnisse eines zweijährigen NCD-Prozesses in Dänemark. Beinahe alle protestantischen Denominationen des Landes ernannten offizielle Repräsentanten für diesen Prozess. Diese Leiter trafen sich zweimal pro Jahr mit dem Ziel, als NCD-Berater für ihre jeweiligen Denominationen ausgebildet zu werden. Die wirklich interessanten Dinge spielten sich allerdings zwischen diesen Treffen habe, denn das war die Zeit, in der die Berater ihre neu erworbenen Erkenntnisse in den Gemeinden ihres Verantwortungsbereichs anwendeten.

Messbare Qualitätssteigerung

Zu Anfang des Prozesses machten alle Gemeinden, die einen Berater hatten, ein Gemeindeprofil. Die Ergebnisse sind durch die gelben Balken im oben stehenden Diagramm dargestellt. Am Ende des Prozesses (also rund 20 Monate später) wurde ein zweites Profil erhoben. Nicht jede einzelne Gemeinde hatte in diesem Zeitfenster Fortschritte gemacht, aber das durchschnittliche qualitative Wachstum aller teilnehmenden Gemeinden war 9,5 Punkte, was für uns ein äußerst ermutigendes Ergebnis war.

Da ich selbst – zusammen mit meinem Kollegen Christoph Schalk – an diesem Prozess beteiligt war, kann ich Ihnen versichern, dass in diesen zwei Jahren nichts wirklich Spektakuläres geschah. Wir trafen uns, tranken Kaffee, diskutierten anliegende Sachfragen, beteten gemeinsam, lachten, tauschten über unsere Erfahrungen aus, lernten voneinander, tranken mehr Kaffee. Das messbare Ergebnis dieses unspektakulären Prozesses war allerdings ziemlich spektakulär.

Gibt es in Ihrem Land Leiter, die an einem nationalen NCD-Prozess Interesse hätten?

Kapitel 4

Warum ich gerne Erwartungen enttäusche

S tellen Sie sich eine Gemeinde vor, deren größte Stärke leidenschaftliche Spiritualität ist und deren größte Schwäche zweckmäßige Strukturen sind. Was würde hier wohl besser ankommen, eine Botschaft über die Geheimnisse des Gebets oder über organisatorische Fähigkeiten?

Stellen Sie sich eine Denomination vor, die in der grünen Farbzone äußerst stark ist mit einer besonderen Betonung der sozialen Gerechtigkeit, während sowohl die rote als auch die blaue Zone nur schwach entwickelt ist. Was würde wohl besser ankommen, eine Botschaft über die Gleichheit der Rassen oder über die Kraft des Heiligen Geistes?

> ## Die Menschen sind von uns begeistert, solange wir ihre Stärken bestätigen.

Stellen Sie sich ein Land vor, dessen größte Stärke bedürfnisorientierte Evangelisation ist, während der landesweite Minimumfaktor bevollmächtigende Leitung ist. Was würde wohl besser ankommen, eine Botschaft über die Bedeutung des Missionsbefehls oder über praktische Wege, Leitungsverantwortung mit anderen zu teilen?

Alte Paradigmen überwinden

In allen drei Fällen sind die Antworten klar. Menschen werden Ihnen applaudieren, wenn Sie ihnen im Bereich ihrer Stärken dienen. Sie werden Ihnen sagen, wie gesalbt Ihre Botschaft gewesen ist, profund und prophetisch, inspiriert und inspirierend. Wenn Sie allerdings den Bereich ihrer Schwäche ansprechen, können Sie keinen unmittelbaren Applaus erwarten. Man mag Ihnen vielmehr sagen, sie hätten nichts als Probleme geschaffen – wobei man nicht sieht, dass Sie lediglich bereits vorhandene Probleme ans Tageslicht gebracht haben. Man mag Ihnen sagen, Sie seien ein falscher Prophet – wobei man nicht sieht, dass die Mehrzahl der biblischen Propheten gegen den Strom geschwommen ist. Man mag Ihnen sagen, dass man ohnehin nicht auf jemanden aus einer anderen christlichen „Fraktion" hätte hören sollen – wobei man nicht sieht, dass genau dies das Gebot der Stunde ist.

Die Themen, die in einer bestimmten Gruppe am besten ankommen, sind nur selten die Themen, die für diese Gruppe auch am wichtigsten sind. Was Menschen von Ihnen erwarten, ist nur selten das, was ihnen am meisten helfen würde. Deshalb ist es eine große Falle, danach zu trachten, bestehende Erwartungen zu erfüllen. Die meisten der Erwartungen, die Menschen haben, stammen aus ihren alten und fragwürdigen Paradigmen. Wenn es unser Ziel ist, diese Paradigmen zu überwinden (Seiten 39-40), dann dürfen wir nicht genau jene Erwartungen erfüllen, die ein Ausdruck dieser Paradigmen sind.

Die Gefahr des Applauses

In meiner eigenen Arbeit habe ich erlebt, wie gefährlich es sein kann, nach dem Applaus von Menschen zu trachten. Gerade dann, wenn Sie ein weites Spektrum von Themen anzubieten haben – und das trinitarische Paradigma bietet ein unglaublich weites Spektrum –, könnte man versucht sein, sich aus diesen Optionen jeweils die Themen auszusuchen, die in einer bestimmten Gruppe am besten ankommen. So eine Botschaft wäre noch nicht einmal unbiblisch; ganz im Gegenteil, sie stünde wahrscheinlich hundertprozentig im Einklang mit der Bibel. Und dennoch würde sie das verfehlen, was die Bibel erwartet. Sie

Meine Erfahrungen:

Wenn ich eine Konferenz oder ein Seminar vorbereite, frage ich die Veranstalter in der Regel, was die Gruppe wohl von der Veranstaltung erwartet. Viele Veranstalter missverstehen diese Frage. Sie gehen davon aus, dass ich die Erwartungen, die sie mir nennen, erfülle. Aber ich stelle die Frage aus einem anderen Grund. Ich investiere viel Energie, die Erwartungen einer Gruppe herauszufinden, um nach möglichst kreativen Wegen Ausschau zu halten, wie ich diese Erwartungen enttäuschen kann. Ich bin davon überzeugt, dass es grundfalsch wäre, nach dem Applaus einer Gruppe zu trachten, indem ich das biete, was sie erwartet. Sich darauf einzulassen ist gerade die Ursache für die Unausgewogenheit unserer Gemeinden, die wir mit unserer Arbeit zu überwinden trachten.

Ein grüner Ausgangspunkt

Ein roter Ausgangspunkt

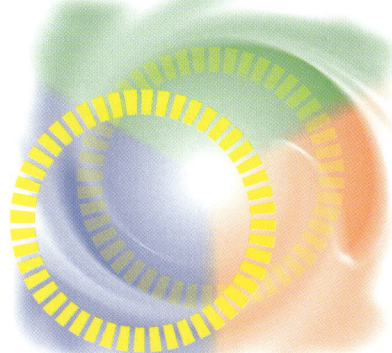

Ein blauer Ausgangspunkt

Ein blau/roter Ausgangspunkt

Diese Schaubilder zeigen vier verschiedene Ausgangspunkte (kräftiger gelber Kreis) im Vergleich zum angestrebten Ziel (transparenter Kreis im Zentrum). Um den Kreis näher ans Zentrum zu bewegen, ist es nötig, diejenigen Farben zu betonen, die dem Ausgangspunkt gegenüberliegen. Da die meisten Christen mit diesem Ansatz noch nicht vertraut sind, führt der Prozess anfänglich bisweilen zu Enttäuschungen.

würde – beabsichtigt oder unbeabsichtig – zu einer noch größeren Unausgewogenheit im Leib Christi beitragen. Derartige „biblische Botschaften" können die Probleme, die sie eigentlich lösen sollten, noch vergrößern.

Die wahre Bedeutung des Minimumfaktors

In diesem gesamten Kapitel ging es um die geistliche und strategische Bedeutung des Minimumfaktors. In den letzten Jahren haben eine ganze Reihe von Christen diesen Ansatz als eine reine Managementmethode missverstanden, die uns dabei hilft, unsere Energien auf ein bestimmtes Ziel hin zu konzentrieren. Ohne Zweifel kann uns der Minimumfaktor bei der Konzentration unserer Kräfte helfen. Mein Anliegen in diesem Kapitel war jedoch, Ihnen zu zeigen, dass sich hinter dem Minimumfaktor mehr als nur das verbirgt.

Der Minimum-Ansatz ist die logische Konsequenz eines Bemühens um geistliche Balance. Der Versuch, in allen Bereichen des Lebens eine Maximum-Strategie anzuwenden, würde das Ziel der geistlichen Balance unterminieren. Aber ohne geistliche Balance keine Gesundheit, und ohne Gesundheit kein Wachstum. Mit anderen Worten: Wenn wir Wachstum erleben wollen, müssen wir uns gerade den Dingen stellen, vor denen wir am ehesten davonzulaufen geneigt sind.

In welchen Farbbereich müsste sich Ihre Gemeinde bewegen, um zu größerer Balance zu gelangen?

Die
Hilfsmittel

5

In der natürlichen Gemeindeentwicklung liegt der Schwerpunkt eindeutig auf dem Einsatz von „internen Werkzeugen", mit denen Gott Sie bereits ausgerüstet hat (wie z.B. Ihre geistlichen Gaben, Ihre persönlichen Beziehungen, Ihre Fähigkeit das Evangelium weiterzusagen). Das Problem ist jedoch, dass viele von uns nicht wissen, wie sie dieses gottgegebene Potenzial entdecken und entfalten können. Deshalb hat unser Institut zahlreiche „externe Werkzeuge" entwickelt, die Sie in diesem Prozess unterstützen sollen. Alle diese Werkzeuge haben zwei Kennzeichen: Sie beruhen auf dem „Von-selbst-Prinzip" und stellen den trinitarischen Kompass ins Zentrum.

Kapitel 5

„Brauchen wir wirklich diese Hilfsmittel?"

Wenn ich gefragt werde, ob es notwendig sei, die NCD-Hilfsmittel einzusetzen, um die Prinzipien der natürlichen Gemeindeentwicklung anzuwenden, gibt es nur eine mögliche Antwort: Nein. Zwar gibt es durchaus NCD-Enthusiasten, die diese Frage anders beantworten würden. Sie haben die NCD-Hilfsmittel so sehr schätzen gelernt und verbinden sie derartig stark mit den Prinzipien, dass sie dazu neigen, beide Kategorien miteinander zu verwechseln.

Die äußeren Hilfsmittel von NCD sind darauf ausgerichtet, unser inneres Potenzial zu entfalten.

Meine Erfahrungen:

Bisweilen wird kritisiert, dass wir unsere Objektivität verspielten, da wir nicht nur Forschung betreiben, sondern auch praktische Hilfsmittel anbieten. Hinter diesem Einwand verbirgt sich die Vorstellung, die Ausblendung von Anwendungsfragen sei der beste Garant für Objektivität. Wir wollen jedoch nicht zu jener Gattung von Wissenschaftlern gehören, die angeblich „zweckfrei" forschen, während sie sich aus der praktischen Nutzanwendung vornehm heraushalten. Im Gegenteil: Unsere Forschungsarbeit geschieht ausdrücklich im Horizont der praktischen Anwendung.

Die Aufgabe von Werkzeugen

Jesus hat uns niemals aufgefordert, ein Gemeindeprofil zu erheben, aber er hat uns ermahnt, auf „Frucht" zu achten. Die Bibel spricht nicht über die *3 Farben der Liebe*, aber sie macht unmissverständlich deutlich, dass wir in jedem der Bereiche, für den die Farben stehen, wachsen sollen. Paulus benutzte nie einen *Drei-Farben-Gabentest*, aber er lehrte die Prinzipien gabenorientierter Mitarbeiterschaft und wandte sie auch an. Zwar sind alle Werkzeuge, die wir entwickelt haben, ausschließlich dafür konzipiert worden, diese und andere biblische Prinzipien praktisch werden zu lassen; aber wir dürfen niemals die Werkzeuge mit den Prinzipien selbst verwechseln.

Im Laufe der nächsten Seiten möchte ich Ihnen die wichtigsten NCD-Werkzeuge, die wir in den letzten Jahren entwickelt haben, vorstellen. Sie werden erfahren, welche Funktion jedes dieser Werkzeuge im Gesamtsystem hat und wie Sie es am gewinnbringendsten einsetzen können. Wenn Ihnen die Werkzeuge nicht gefallen, benutzen Sie sie einfach nicht. Sollten Sie sich dafür entscheiden, sie nicht einzusetzen, dann sollten Sie sich allerdings umso mehr die Frage stellen: „Wie kann ich die entsprechenden Prinzipien besser (d.h. schneller, nachhaltiger, kostengünstiger etc.) umsetzen?" Und lassen Sie uns wissen, wie Sie Ihr Ziel erreicht haben, da möglicherweise Tausende von Gemeinden von Ihren Erfahrungen profitieren könnten.

Externe und interne Werkzeuge

Im Laufe des Buches habe ich bereits wiederholt die Unterscheidung zwischen internen und externen Werkzeugen gemacht. Das Schaubild auf Seite 149 zeigt, wie beide Dimensionen aufeinander bezogen sind. Auch wenn die Erkenntnis, *selbst ein Werkzeug zu sein*, der Schlüssel ist, bedeutet dies nicht, dass dies den Gebrauch externer Werkzeuge überflüssig machen würde. Ganz im Gegenteil: Genauso wie ein wirklicher Künstler wesentlich mehr in die besten verfügbaren externen Werkzeuge investiert als ein Anfänger, so gilt dies auch für Gemeinden.

Nehmen wir einmal an, Sie seien eine hoch begabter Geigerin. Ihre wahre Stärke ist dann nicht Ihre Geige (externes Werkzeug), sondern Ihre Fähigkeit die Geige zu spielen (internes Werkzeug). Würde dieses interne Werkzeug nicht funktionieren, dann könnten Sie selbst einer *Stradivari* keine bezaubernde Musik entlocken. Sollte allerdings Ihre interne Fähigkeit, Geige zu spielen, stark ausgeprägt sein, dann brauchten Sie gleichwohl externe Werkzeuge. Ich könnte Sie nicht in einen leeren Raum führen, ohne jedes Instrument, und von Ihnen

Wie wir bereits im ersten Kapitel (Seiten 41-43) gesehen haben, unterscheiden wir drei Phasen der Entwicklung. In der ersten Phase (grüner Bereich) entdecken wir ein Werkzeug. In der zweiten Phase (roter Bereich) lernen wir das Werkzeug zu benutzen. In der dritten Phase schließlich (blauer Bereich) werden wir selbst zu einem Werkzeug. An dieser Stelle treten wir erneut in den Kreislauf ein und lernen, mit den „externen Werkzeugen" in neuer Weise umzugehen.

erwarten, dass Sie mir zeigen, was für eine große Geigerin Sie sind. Nein, Sie brauchten ein externes Werkzeug – eine wirkliche, physisch greifbare Geige – um mir Ihre internen Fähigkeiten beweisen zu können. Und auf einer *Stradivari* würden Sie das ohne Zweifel besser können als auf einem Amateur-Modell.

Was kennzeichnet einen guten Koch?

Das Gleiche gilt für einen Koch. Während die Amateure unter uns es möglicherweise vorziehen, ohne alle externen Werkzeuge zu arbeiten und einfach eine Tiefkühl-Pizza in den Ofen zu werfen, hat derjenige, der das Kochen wirklich liebt und diese Kunst gerne mit anderen teilt, normalerweise eine große Zahl externer Werkzeuge: verschiedene Messer und Utensilien für ganz bestimmte Zwecke, eine Pfeffermühle, verschiedene Töpfe und Pfannen, manchmal sogar einen multifunktionalen Ofen. Natürlich macht Sie der Besitz all dieser Werkzeuge noch nicht zu einem großen Koch. Sollten Sie allerdings ein großer Koch sein, kann ich Sie nicht in ein leeres Zimmer führen und sagen: „Nun zeigen Sie mir mal Ihre Kochkünste." Sie brauchen externe Werkzeuge – und je stärker Ihre internen Fähigkeiten entwickelt sind, desto mehr werden Sie die Qualität externer Werkzeuge zu schätzen wissen.

Das Gleiche gilt für die natürliche Gemeindeentwicklung. Die Werkzeuge können Ihre internen Fähigkeiten nicht ersetzen, aber sie können Ihnen helfen, diese zu entwickeln und einzusetzen.

Haben Sie bereits „externe Werkzeuge" in der Gemeindearbeit eingesetzt? Wenn ja, welche?

Kapitel 5

Die grundlegenden Bücher

D ie grundlegenden NCD-Bücher konzentrieren sich primär auf Information, nicht so sehr auf Anwendung und Transformation (siehe Seiten 41-43). In der Arbeit von NCD International haben wir die strenge Politik, dass jede Information über die Prinzipien, die wir ausfindig gemacht haben, allen Menschen, die sich dafür interessieren, zugänglich gemacht wird. Wir möchten nicht wichtige Informationen vor der Öffentlichkeit zurückhalten, so dass nur ausgewählte Experten sie zur Verfügung haben.

> **In den grundlegenden NCD-Büchern geht es primär um Information.**

Die Hauptaufgabe der grundlegenden NCD-Bücher ist es, die wichtigsten Erkenntnisse, die uns in unserer Arbeit zugewachsen sind, mit möglichst vielen Menschen zu teilen. Lassen Sie mich Ihnen diese Bücher kurz vorstellen:

Farbe bekennen mit Natürlicher Gemeindeentwicklung

Das Buch, das Sie gerade in Händen halten, wurde geschrieben, um die Prinzipien der natürlichen Gemeindeentwicklung gegenüber einem möglichst weiten Leserkreis zu kommunizieren. Da es sowohl die persönliche als auch die gemeinschaftliche Dimension umfasst (Ihr eigenes Leben und Ihre Gemeinde), legt es den Fokus stärker auf die Anwendungs- und die Transformationsebene als die anderen grundlegenden Bücher. Es ist für jedes Gemeindemitglied hilfreich, diese Prinzipien zu kennen und sie im eigenen Leben und im eigenen Einflussbereich anzuwenden.

Was ist ein NCD-Hilfsmittel und was nicht?

Im Laufe der letzten Jahre wurden zahlreiche Hilfsmittel entwickelt, die in unterschiedlichem Maße auf NCD-Prinzipien basieren. Um den Überblick nicht zu verlieren, ist es hilfreich, die folgenden vier Kategorien zu unterscheiden:

1. Von NCD International entwickelte Hilfsmittel: Alle Hilfsmittel dieser Kategorie basieren auf der weltweiten Forschung unseres Instituts und sind bemüht, ausschließlich universell gültige Prinzipien zu kommunizieren. Sie werden von der ersten Idee bis zur Verwirklichung als internationale Vorlagen entwickelt, die in unterschiedlichen Sprachen und Kulturen eingesetzt werden können.

2. Von den nationalen NCD-Partnern entwickelte Hilfsmittel: Viele der nationalen NCD-Partner haben zusätzliche Bücher veröffentlicht, in den meisten Fällen um auf spezifische Bedürfnisse des jeweiligen Landes einzugehen. Einige dieser Hilfsmittel sind auch für Gemeinden außerhalb des Ursprungslandes durchaus relevant.

3. Von NCD inspirierte Hilfsmittel: Unzählige weitere Gruppen haben ihre eigenen Hilfsmittel entwickelt, die in unterschiedlichem Maße von NCD beeinflusst sind. Einige von ihnen beziehen sich ausdrücklich auf NCD, andere nicht.

4. Doktorarbeiten: In den letzten Jahren ist „natürliche Gemeindeentwicklung" an vielen Universitäten und theologischen Ausbildungsstätten rund um den Globus zu einer eine Art Lieblingsthema für Dissertationen geworden. Auch wenn etliche dieser Arbeiten für den praktischen Dienst weniger Relevanz haben (in aller Regel werden akademische Arbeiten nicht geschrieben, um die Welt zu verändern oder Menschen zu dienen, sondern um einen akademischen Titel zu erwerben), gibt es in dieser Kategorie exzellente Veröffentlichungen.

Natürliche Gemeindeentwicklung

Natürliche Gemeindeentwicklung ist das ursprüngliche Einführungsbuch in NCD, das 1996 in 11 Sprachen veröffentlicht wurde. Mittlerweile wurde es in viele weitere Sprachen übersetzt. Das Buch ist in erster Linie für Pastoren gedacht und präsentiert im Unterschied zu *Farbe bekennen mit Natürlicher Gemeindeentwicklung* viele Beobachtungen des ursprünglichen Forschungsprojektes. Um in NCD einzusteigen, benötigen Sie *eines* der beiden einführenden Bücher, entweder *Natürliche Gemeindeentwicklung* oder *Farbe bekennen mit Natürlicher Gemeindeentwicklung*.

Jedes dieser beiden Bücher behandelt im Großen und Ganzen die gleichen Prinzipien, allerdings aus unterschiedlichen Perspektiven und mit einem unterschiedlichen Ziel: das erste, um gemeindliche Leiter über die Ergebnisse des Forschungsprojektes zu informieren; das zweite, um so viele Menschen wie möglich in den tatsächlichen NCD-Prozess einzubeziehen.

Paradigmenwechsel in der Kirche

Das Buch *Paradigmenwechsel in der Kirche* wurde in erster Linie für Pastoren und Theologen geschrieben und ist mittlerweile in zahlreichen Universitäten und theologischen Ausbildungsstätten zu einem der Haupt-Lehrbücher über NCD geworden. Es bezieht die natürliche Gemeindeentwicklung auf die klassischen Themen der systematischen Theologie. Wer daran interessiert ist, den theologischen Hintergrund von NCD in größerer Tiefe zu studieren, mag *Paradigmenwechsel in der Kirche* als ein hilfreiches Werkzeug empfinden.

Das 1×1 der Gemeindeentwicklung

Schließlich habe ich eine kleine Broschüre geschrieben – Lesezeit 20 Minuten –, die eine schnelle Einführung in die natürliche Gemeindeentwicklung gibt. Der Fokus liegt auf den acht Qualitätsmerkmalen. Wenn Sie bereits *Farbe bekennen mit Natürlicher Gemeindeentwicklung* gelesen haben, werden Sie in dieser Broschüre nichts Neues finden. Ihre Hauptfunktion ist es, einen ersten Eindruck davon zu vermitteln, worum es bei NCD geht. Da das Heft kurz und preiswert ist, kann es in größeren Mengen verteilt werden. Die Informationen, die es bietet, sind allerdings nicht ausreichend, um Menschen dabei zu helfen, ernsthaft ins NCD-Paradigma einzusteigen.

Während das ursprüngliche Buch „Natürliche Gemeindeentwicklung" in vielen Sprach- und Landesversionen erschienen ist, liegt „Paradigmenwechsel in der Kirche" lediglich auf englisch, deutsch, koreanisch, spanisch und portugiesisch vor.

Haben Sie bereits eines der erwähnten Bücher gelesen? Gibt es etwas, was Sie praktisch umgesetzt haben?

Kapitel 5

Das Gemeindeprofil

Im Kapitel über den Minimumfaktor habe ich bereits davon gesprochen, wie sich das NCD-Gemeindeprofil als ein Instrument zur kontinuierlichen Qualitätskontrolle einsetzen lässt (Seiten 132-134). Auf den nächsten drei Seiten möchte ich näher erklären, welche Art von Information das Gemeindeprofil tatsächlich vermittelt und wie Sie selbst davon profitieren können.

Bevor wir wichtige Entscheidungen treffen, benötigen wir eine genaue Diagnose.

Die wissenschaftliche Formel

Wenn Sie ein Gemeindeprofil erheben wollen, setzen Sie sich mit dem NCD-Partner in Ihrem Land in Verbindung (siehe Seite 191). Bitte beachten Sie, dass es nicht möglich ist, das Profilsystem eines anderen Landes zu verwenden. Wenn das Profil Ihrer Gemeinde ausgewertet wird, wandelt das Computerprogramm die Rohwerte des Fragebogens in die Werte um, die Sie schließlich für jedes der acht Qualitätsmerkmale in der Auswertung finden. Diese Berechnung beruht auf einer Standardisierungs-Formel, die für jede Sprache in einem bestimmten Land separat entwickelt wurde.

Zum Beispiel ist die kanadische Formel für englischsprachige Gemeinden eine andere als die Formeln für die USA und Australien, und koreanische Gemeinden innerhalb der USA haben eine andere Formel als koreanische Gemeinden in Korea. Sie können nur dann verlässliche Ergebnisse erwarten, wenn die korrekte Formel zum Einsatz kommt. Da Gemeinden auf Grundlage des Gemeindeprofils weit reichende Entscheidungen treffen, ist die Frage der Genauigkeit der Ergebnisse eine Angelegenheit von hoher ethischer Bedeutung. In vielen Fällen geht es im Gemeindeprofil buchstäblich um Fragen von Leben und Tod. Eine falsche Diagnose an dieser Stelle hätte die gleichen fatalen Konsequenzen wie in der Medizin.

Das Basis-Profil

Nachdem 30 Gemeindemitglieder einen speziellen Fragebogen ausgefüllt haben, erhält Ihre Gemeinde die Ergebnisse in Form eines Balkendiagramms, das dem auf Seite 153 (mittleres Bild) dargestellten ähnelt. Dieses Diagramm zeigt, wie stark jedes der acht Qualitätsmerkmale entwickelt ist und offenbart den derzeitigen Minimumfaktor. Der Preis des Gemeindeprofils wird von den Nationalen NCD-Partnern in jedem Land selbst festgelegt und können sich von Land zu Land erheblich voneinander unterscheiden. Seite 191 gibt Ihnen genauere Informationen über den Preis, der bei Erscheinen dieses Buches in den deutschsprachigen Ländeern gültig ist.

Kontinuierliche Weiterentwicklung des Systems

Eine der Aufgaben von NCD International besteht darin, das Gemeindeprofil ständig weiterzuentwickeln. Während das ursprüngliche Profil auf den Ergebnissen von 1000 Gemeinden basierte, kann die neueste Version auf die Ergebnisse von mehr als 40.000 Gemeinden zurückgreifen. Aufgrund der ständig wachsenden Datenbasis wächst die Qualität des Gemeindeprofils gleichsam „von selbst". Ende 2006 werden wir eine neue Generation des Gemeindeprofils in elektronischem Format einführen. Es wird dann auch eine

Meine Erfahrungen:

Es mag nicht unwichtig sein zu erwähnen, dass NCD International extrem strenge Maßstäbe im Blick auf die Anonymität von Daten hat. Während wir die Daten der Gemeindeprofile kontinuierlich für unsere Forschungsarbeit verwenden, teilen wir Ergebnisse von identifizierbaren Einzelgemeinden unter keinen Umständen Dritten mit. Wir veröffentlichen zwar Auswertungen auf der Ebene von Ländern, Kontinenten, Frömmigkeitsrichtungen, theologischen Positionen etc., aber wir würden niemals etwas über eine identifizierbare Ortsgemeinde publizieren. Während Sie in diesem Buch zahlreiche Gemeindeprofile finden, die den Inhalt des Buches illustrieren, werden Sie – mit Ausnahme der Angabe des Landes – vergeblich nach Informationen zur Identität dieser Gemeinden suchen. Ich wende das gleiche Prinzip in meinen Konferenzen an. Unter keinen Umständen präsentiere ich die Namen von Gemeinden.

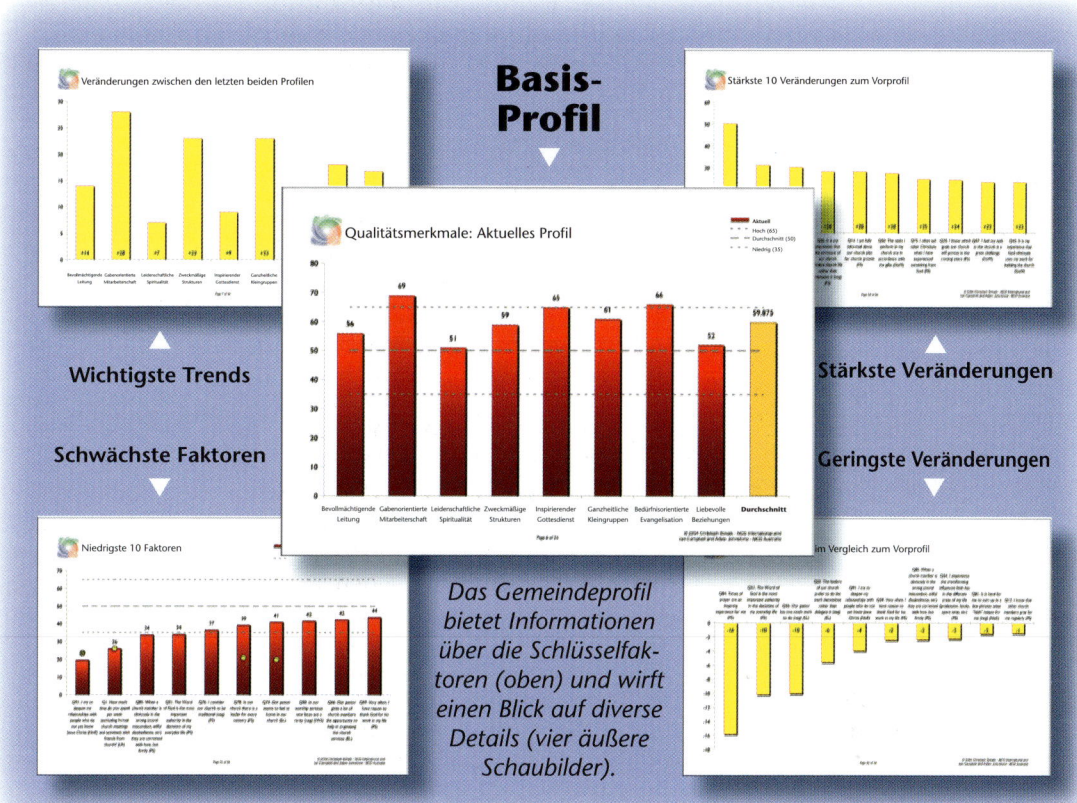

Basis-Profil ▼

Stärkste 10 Veränderungen zum Vorprofil

Veränderungen zwischen den letzten beiden Profilen

Qualitätsmerkmale: Aktuelles Profil

▲ **Wichtigste Trends**

Schwächste Faktoren ▼

▲ **Stärkste Veränderungen**

Geringste Veränderungen ▼

Das Gemeindeprofil bietet Informationen über die Schlüsselfaktoren (oben) und wirft einen Blick auf diverse Details (vier äußere Schaubilder).

neue Version der *Praxis der natürlichen Gemeindeentwicklung* geben, aber im Unterschied zur ursprünglichen (gedruckten) Fassung wird die neue Version in das elektronische Format des Profils integriert sein. Das neue Gemeindeprofil wird „modular" aufgebaut sein: Während es genauso wie die Vorgängerversionen ein „Basis-Profil" bietet, erschließt es Ihnen gleichzeitig Zugang zu verschiedenen Modulen der Hintergrund-Analyse.

Verschiedene Module der Hintergrund-Analyse

Die Abbildungen oben enthält einige Beispiele für diese Hintergrund-Analyse. Während das Diagramm in der Mitte das Basis-Profil darstellt, wird Ihnen das neue Gemeindeprofil Zugang zu einigen neuen Perspektiven ermöglichen (vier äußere Diagramme). Es wird Ihnen z.B. zeigen, welche Punkte des Fragebogens die größte (oder schwächste) Veränderung gegenüber dem vorangegangenen Profil aufweisen; es wird Ihnen Zugang zu Unterkategorien und Antworten auf bestimmte Einzelfragen geben; es wird Ihnen helfen, generelle Trends zu erkennen und vieles mehr. Die meisten dieser Auswertungen beruhen auf einem Vergleich der in Ihrer Gemeinde bereits durchgeführten Gemeindeprofile.

Mehr im Internet:

Im Internet (siehe Seite 162) finden Sie Antworten auf folgende Fragen:

• *Welche Auswertungsmodule bietet die aktuelle Version des Gemeindeprofils?*

• *Wo erhalte ich genaue Informationen über die Kosten des Gemeindeprofils in meinem Land?*

Bitte beachten Sie, dass Sie nicht all diese Hintergrund-Informationen lesen müssen, um das Gemeindeprofil sinnvoll einsetzen zu können. Es ist durchaus möglich, ausschließlich mit dem Basis-Profil zu arbeiten, so wie es 40.000 Gemeinden in der Vergangenheit getan haben. Es mag aber Situationen geben, in denen der Zugang zu Hintergrundinformationen hilfreich ist. Das modulare System ermöglicht es Ihnen, genau diejenigen Informationen herauszufiltern, die Sie momentan benötigen, ohne mit einem Forschungsbericht von mehreren Hundert Seiten Länge bombardiert zu werden. Die Basis-Informationen passen bequem auf zwei Seiten.

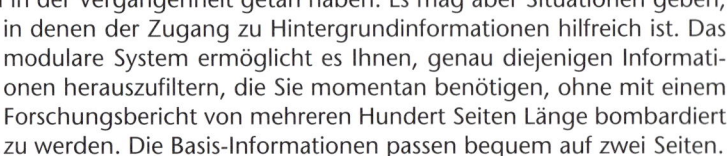

Vom Missbrauch der Informationen

So hilfreich die Informationen, die sich Ihnen über die Hintergrund-Analyse erschließen, auch sein mögen, einige Menschen missverstehen diese Art von Information. Sie glauben: Je stärker sie sich auf ein bestimmtes Detail konzentrieren, desto näher kommen Sie der Wahrheit. In der natürlichen Gemeindeentwicklung gilt jedoch das Gegenteil: Die Details – wie z.B. die einzelnen Fragen des Fragebogens – sind weniger wichtig als die Qualitätsmerkmale, auf die die einzelnen Fragen bezogen sind.

Nehmen wir einmal an, Sie haben „liebevolle Beziehungen" als Ihren Minimumfaktor ausfindig gemacht. Um die Qualität in diesem Bereich zu messen, enthält der Fragebogen eine Vielzahl von Fragen – z.B. wie oft Sie Menschen zum Kaffee eingeladen haben, wie viel Lachen es in Ihrer Gemeinde gibt, etc. Wir hätten jedoch auch gänzlich andere Fragen auswählen können, um die Qualität von liebevollen Beziehungen zu messen. Die Fragen, die wir schließlich auswählten, sind *nicht* die Schlüsselfaktoren, aus denen sich das Qualitätsmerkmal „liebevolle Beziehungen" zusammensetzt. Sie sind vielmehr äußere Symptome für die ihnen zugrunde liegende Qualität, die uns helfen zu messen, wie stark die jeweiligen Qualitätsmerkmale entwickelt sind.

Verwechselung von Symptomen mit Schlüsselfaktoren

Mancher betrachtet indessen die einzelnen Fragen des Fragebogens nicht als Hinweise auf die ihnen zugrunde liegende Qualität (in diesem Fall „Liebe"), sondern gleichsam als Unterkategorien von „Liebe", die zusammenaddiert (also „Lachen" plus „Kaffeetrinken" plus...) das Wesen liebevoller Beziehungen ausmachen. Statt „Liebe" als den Schlüsselfaktor zu sehen, der unser Verhalten in Hunderten von Lebensbereichen beeinflusst (solchen, die wir im Fragebogen abfragen und solchen, die wir nicht abfragen), behandeln sie die einzelnen Fragen des Fragebogens als Schlüsselfaktoren. Am Ende sind sie damit beschäftigt, den Grad des Lachens und des Kaffeekonsums in der Gemeinde zu steigern, anstatt kreativ zu fragen: „Wie können wir Hindernisse in unserer Gemeinde beseitigen, so dass in unseren Beziehungen christliche Liebe besser als bisher zum Ausdruck kommt?"

Wie in allen Lebensbereichen sollte die Möglichkeit des Missbrauchs uns nicht davon abhalten, Werkzeuge anzubieten, die – wenn richtig eingesetzt – ungeheuer hilfreich sein können, ein präziseres Bild der gemeindlichen Situation zu bekommen. Eine Hintergrund-Analyse kann uns geistliche Trends erschließen, die wir auf anderem Wege kaum entdeckt hätten.

Das Gemeindeprofil offenbart wichtige geistliche Trends.

Haben Sie selbst schon einmal bei einem Gemeindeprofil einen Fragebogen ausgefüllt?

Die Reihe „Gemeinde natürlich entwickeln"

S eit einigen Jahren sind wir dabei, für jedes der acht Qualitätsmerkmale ein grundlegendes Buch zu entwickeln, das Christen dabei helfen soll, im eigenen Leben praktisch werden zu lassen, worum es beim jeweiligen Qualitätsmerkmal geht. Wir haben diese Serie *Gemeinde natürlich entwickeln* genannt. Die Bücher dieser Serie sind *nicht* dafür gedacht, gemeindlichen Leitern zu zeigen, wie sich die einzelnen Qualitätsmerkmale auf der Ebene der Gesamtgemeinde umsetzen lassen. Vielmehr sollen sie Gemeindemitgliedern helfen, die Qualität ihrer Gemeinden dadurch zu steigern, dass sie die Qualität in ihren eigenen Köpfen, Händen und Herzen steigern.

Die Bücher dieser Reihe werden von Leitermaterialien begleitet, die speziell Pastoren, Kleingruppenleiter und Mentoren ansprechen. Diese Leitermaterialien machen Vorschläge, wie sich das, worum es bei dem jeweiligen Qualitätsmerkmal geht, auf der Ebene der Gesamtgemeinde, innerhalb einer Kleingruppe und in einer persönlichen Jüngerschaftsbeziehung umsetzen lässt.

Die drei Hauptkriterien

Während auf den ersten Blick die Entwicklung dieser Hilfsmittel als nichts Außergewöhnliches erscheinen mag, stellte sich das Ganze schon bald als Mammut-Projekt heraus. Das liegt daran, dass jedes Buch die folgenden drei Kriterien erfüllen muss:

1. Jedes dieser Bücher wird von Anfang an als **internationale Vorlage** angelegt, die für den multikulturellen Einsatz konzipiert ist. Bevor die erste Zeile geschrieben wird, ist in der Regel bereits viel Zeit in die Frage der internationalen Anwendung – einschließlich der Anwendung in unterschiedlichen theologischen Traditionen und Denominationen – investiert worden. Da wir universelle Prinzipien vermitteln möchten, muss in der Regel viel Kraft in internationale Forschungen gesteckt werden, bevor ein bestimmtes Buchprojekt in Angriff genommen werden kann.

2. Alle diese Bücher bemühen sich um eine konsequente Anwendung der sechs **Wachstumskräfte**, ohne dies zu thematisieren. Normalerweise werden Sie keine einzige der sechs Wachstumskräfte in den Büchern selbst erwähnt finden. Wenn Sie die Bücher allerdings studieren, werden Sie merken, dass die Anwendung dieser Prinzipien immer im Hintergrund steht. Der Schlüssel zu „Von-selbst-Wachstum" ist nicht, fortwährend darüber zu reden, sondern die Wachstumskräfte in allen Lebensbereichen praktisch anzuwenden.

3. Alle diese Bücher stellen den **trinitarischen Kompass** ins Zentrum, indem sie das Drei-Farben-Schema auf das jeweilige Qualitätsmerkmal beziehen. Um den Lesern dabei zu helfen, den eigenen Ausgangspunkt ausfindig zu machen, enthält jedes der Bücher zumindest einen wissenschaftlichen Test. Für jede Sprachversion gibt es eine individuelle Normierung des Tests, so dass genaue Ergebnisse sichergestellt sind.

Alle Titel der Reihe „Gemeinde natürlich entwickeln" werden für den gleichzeitigen Gebrauch in unterschiedlichen Kulturen entwickelt.

Meine Erfahrungen:

Da alle internationalen Versionen der NCD-Bücher aus dem Englischen übersetzt werden, habe ich mich entschlossen, die Übersetzungsvorlagen auf Englisch zu schreiben. Da Englisch nicht meine Muttersprache ist, bin ich auf die Hilfe anderer angewiesen. Seit einigen Jahren investieren meine Freunde Jonathan und Kathy Haley viel Energie, um mich in diesem Bereich zu unterstützen. In den Jahren unserer Zusammenarbeit habe ich zunehmend gelernt, welch ein Segen vom gabenorientierten Ansatz ausgeht. Ich werde bevollmächtigt, in einem Bereich tätig zu werden, in dem ich selber klare Grenzen habe, weil andere bereit sind, ihre Gaben in mich zu investieren.

Es ist eine Fülle von Materialien auf dem Markt, die sich – direkt oder indirekt – mit den Themen der acht Qualitätsmerkmale beschäftigen. Viele davon sind hervorragend und können innerhalb eines NCD-Prozesses eingesetzt werden. Die drei genannten Kriterien sind jedoch charakteristisch für die Reihe *Gemeinde natürlich entwickeln*. Wir investieren so viel Energie in die Entwicklung dieser Bücher, da meines Wissens bisher keine anderen Materialien publiziert wurden, die die drei genannten Kriterien erfüllen.

Jedes Buch basiert auf dem Drei-Farben-Ansatz.

Meine Erfahrungen:

Wenn ich ein Buch für unsere internationalen Koproduktionen schreibe, ist das Erste, was ich entwickle, ein Master-Layout mit verschiedenen Ebenen für die unterschiedlichen Sprachversionen. Während des gesamten Prozesses dient mir das als kontinuierliche Erinnerung, auf internationale Anwendbarkeit zu achten. Als zweiten Schritt entwerfe ich alle Grafiken und Illustrationen und setze sie in das Layout-Master ein. In einem dritten Schritt werden die Schlüsselbegriffe gleichzeitig in den wichtigsten Sprachen entwickelt. Alle diese Schritte sind bereits abgeschlossen, bevor ich die erste Zeile des neuen Buches schreibe. Diese Vorgehensweise hat auch damit zu tun, dass ich selber sehr viel stärker in Bildern und Anwendungsebenen denke als in Worten. Ganz am Ende füge ich den einzelnen Ebenen Worte hinzu, um die Bilder zu erklären. Das tatsächliche „Schreiben" macht nicht mehr als 5 Prozent des gesamten Prozesses aus.

Der interkulturelle Ansatz

Der interkulturelle Ansatz, der hinter diesen Büchern steht, bedarf der Erläuterung, da er leicht missverstanden werden kann. Internationale Versionen der genannten Bücher zu entwickeln bedeutet für uns *nicht*, die Bücher für die spezifischen Bedürfnisse einer bestimmten Kultur zu kontextualisieren. In unserem Institut entwickeln wir keine Materialien, die für die spezifischen kulturellen oder denominationellen Bedürfnisse von Korea oder den Vereinigten Staaten oder China oder Indonesien oder Deutschland geschrieben worden sind. Aber für alle diese Kulturen und viele mehr arbeiten wir hart daran, in unterschiedlichen Sprachen internationale Bücher zu entwickeln, die genug Anregung für interkulturelles Lernen zu geben vermögen.

Warum bieten wir den einzelnen Ländern keine vollständig kontextualisierten Fassungen der Bücher an? Vor allem aus drei Gründen:

1. Mit Ausnahme von zwei oder drei Kulturen wären wir gar nicht in der Lage, dieser Aufgabe gerecht zu werden.

2. So sehr auch kontextualisierte Ausgaben benötigt werden, was sie in aller Regel vermissen lassen, sind die Anregungen, die aus einem multikulturellen Kontext erwachsen. Meist werden diese Aspekte einfach „wegkontextualisiert", da sie als „fremdartig" empfunden werden. In unseren Materialien möchten wir den verschiedenen Kulturen ganz bewusst diese „fremdartigen" Elemente anbieten.

3. Für *uns* gibt es keine Notwendigkeit, solche kontextualisierten Versionen zu entwickeln, da dies die Aufgabe der Christen in den verschiedenen Ländern ist.

Kontextualisierte Ausgaben

Im Laufe der letzten Jahre haben viele NCD-Partner ihre eigenen Materialien herausgebracht – in aller Regel, um auf bestimmte Bedürfnisse in ihrer eigenen Kultur einzugehen. Als Ergebnis dieses Bemühens sind mittlerweile vollständig amerikanisierte NCD-Materialien erhältlich, wie es auch spezifisch koreanische, philippinische oder dänische Materialien gibt. Es besteht ein großer Bedarf an dieser Kategorie von Materialien und ich hoffe, dass in den nächsten Jahren in den wichtigsten Sprachen sehr viel mehr davon publiziert werden.

Die Aufgabe von NCD International ist es, zur Entwicklung dieser Materialien zu ermutigen, aber nicht, diese selbst anzubieten. Vielmehr bemühen wir uns, in die Materialien, die wir selbst entwi-

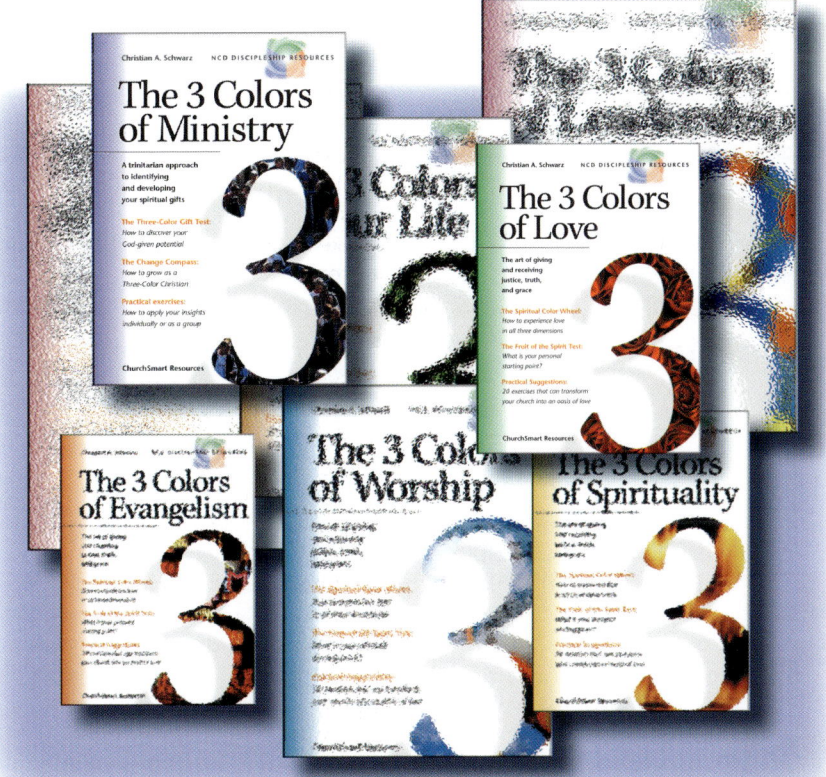

Zur Zeit der Veröffentlichung dieses Buches (2005) sind bereits zwei der acht Bücher erschienen: „Die 3 Farben deiner Gaben" und „Die 3 Farben der Liebe". Etwa alle zwei Jahre soll ein neues Buch erscheinen. Das Bild zeigt die englischen Ausgaben.

ckeln, Einsichten aus allen drei kulturellen Zonen, die ich auf den Seiten 28-32 beschrieben habe, zu integrieren. Mit unseren NCD-Büchern wollen wir keine „universelle Theologie" schaffen, wohl aber ein theologisches Paradigma, in dem verschiedene Kulturen und Denominationen zum gegenseitigen Nutzen koexistieren und miteinander kooperieren können.

Ich habe die Erfahrung gemacht, dass in dem Material-Mix, den wir benötigen, unsere internationalen Versionen eine wichtige Rolle spielen können. Ohne Materialien dieser Art stünde jede Kultur in der Gefahr, sich so sehr auf das zu konzentrieren, worin sie bereits stark ist, dass sie das, was sie möglicherweise am meisten braucht und was von anderen Kulturen angeboten wird, aus dem Blick verliert.

Nicht nur für Minimumfaktoren

Wann sollte ein bestimmtes Buch der Reihe *Gemeinde natürlich entwickeln* eingesetzt werden? Es versteht sich von selbst, dass die Bücher hilfreich sein können, wenn es darum geht, am aktuellen Minimumfaktor der Gemeinde zu arbeiten. Da es aber die ständige Herausforderung jeder Gemeinde ist, die Qualität in allen acht Bereichen zu halten und zu steigern, können alle Bücher dieser Reihe zu jedem Zeitpunkt zum Einsatz kommen, und unterschiedliche Gruppen und Einzelpersonen in der Gemeinde können sich zur gleichen Zeit mit unterschiedlichen Materialien beschäftigen. Um zu prüfen, welche Bücher für Ihre Zwecke hilfreich sein könnten, können Sie kostenlose Beispielkapitel von der NCD-Website herunterladen (siehe Seite 162).

Mehr im Internet:

Im Internet (siehe Seite 162) finden Sie Antworten auf folgende Fragen:

- *Wie finde ich heraus, ob ein neues NCD-Buch veröffentlicht wurde?*

- *Was kann ich tun, wenn ich in einem Sprachbereich lebe, für den es noch keine NCD-Bücher gibt?*

Haben Sie bereits mit einem der Bücher der Reihe „Gemeinde natürlich entwickeln" gearbeitet?

Kapitel 5

Nationale Partner

S ie mögen sich dessen bewusst sein oder auch nicht, aber ohne einen Nationalen NCD-Partner gäbe es in Ihrem Land keine NCD-Arbeit. Da die Arbeit der Nationalen Partner vor allem ein Hintergrund-Dienst ist, sind sich viele Menschen, die aktiv in NCD involviert sind, gar nicht der Existenz eines Nationalen Partners bewusst.

Für jeden Sprachbereich innerhalb eines Landes haben wir prinzipiell immer nur eine Organisation, die als Nationaler NCD-Partner fungiert. Allerdings ist es keineswegs die Aufgabe dieser Organisation, die gesamte Arbeit selbst zu tun, sondern so viele Sub-Partner wie möglich zu finden und sie in ihrer Arbeit zu unterstützen. In den meisten Ländern sind diese Sub-Partner Teil der verschiedenen Denominationen eines Landes.

> **Ein Coach bildet die Brücke zwischen den NCD-Prinzipien und der konkreten Situation einer Gemeinde.**

Die Aufgaben Nationale Partner

Die Hauptaufgaben der Nationalen NCD-Partner sind folgende:

• Bevor überhaupt eine NCD-Arbeit in einem bestimmten Land beginnen kann, müssen sie (in Zusammenarbeit mit NCD International) eine nationale Normierung des Gemeindeprofils erstellen, wofür eine ausreichende Anzahl von Pilot-Gemeinden gewonnen werden muss. Dies ist der Hauptgrund, warum es ohne einen Nationalen Partner nicht möglich ist, in einem bestimmten Land ein Gemeindeprofil zu erheben.

• Sie bieten die grundlegenden NCD-Materialien an und publizieren sie entweder selbst oder kooperieren mit Verlagspartnern in ihrem Land.

• Sie bilden NCD-Berater aus und unterstützen sie in ihrem Dienst.

• Sie bieten regelmäßige Konferenzen und Schulungen an, sowohl für eine breitere Öffentlichkeit als auch für vorhandene und zukünftige NCD-Berater.

• Sie bieten den Gemeinden in ihrem Land das NCD-Gemeindeprofil an, meist über ihr Netzwerk von Beratern oder denominationellen Vertretern.

• Sie ermutigen die Anwendung der NCD-Prinzipien in einer Vielzahl unterschiedlicher Denominationen.

• Sie sind verantwortlich für die Kommunikation mit NCD International. Anders herum ausgedrückt: Die Kommunikation von NCD International mit einem bestimmten Land läuft primär über die Nationalen Partner.

Ohne Nationale Partner keine NCD-Arbeit

Da jede einzelne dieser Aufgaben für die Entwicklung einer nationalen NCD-Arbeit entscheidend ist, kann es ohne einen Nationalen Partner in keinem Land eine NCD-Arbeit geben. Falls Sie in einem Land sein sollten, in dem derzeit keine NCD-Arbeit besteht, und Sie halten es für sinnvoll, NCD in Ihrem Land verfügbar zu machen, könnten Sie nach einer Gruppe Ausschau halten, die diese Vision teilt und sowohl willens als auch fähig ist, die Verantwortung eines Nationalen NCD-Partners zu übernehmen.

Meine Erfahrungen:

Die Auswahl der geeigneten Nationalen NCD-Partner in einem Land ist eine ziemlich herausfordernde Aufgabe. In einigen Ländern sind es große und etablierte Organisationen, die als Nationale Partner fungieren. In anderen ist es eine Bewegung wie die Evangelische Allianz, die diese Aufgabe übernommen hat. In wieder anderen haben die Leiter unterschiedlicher Kirchen ein überkonfessionelles Netzwerk geschaffen, dessen ausschließliche Aufgabe es ist, die Aufgaben eines Nationalen Partners wahrzunehmen. Und in wieder anderen Ländern ist die Nationale Partnerschaft aus offensichtlichen Gründen geheim.

Zur Zeit der Veröffentlichung dieses Buches gibt es in rund 70 Ländern Nationale NCD-Partner. Da die Partnerschafts-Situation einem ständigen Wandel unterworfen ist, sollten Sie bei Interesse die aktuellsten Informationen auf einer der NCD-Websites abrufen.

NCD International initiiert aus prinzipiellen Gründen *niemals* eine Nationale Partnerschaft. Wir warten ausschließlich darauf, dass Gruppen, die an dieser Arbeit interessiert sind, auf uns zukommen. Wenn ein solches Interesse besteht, tun wir unser Bestes, beim Aufbau eines NCD-Dienstes zu helfen. Die Nationalen NCD-Partner sind keine Zweigstellen von NCD International, sondern unabhängige Organisationen. Jede von ihnen hat ihren eigenen Stil und ihr eigenes System, Gemeinden zu unterstützen.

Der Nutzen von NCD-Beratern

Die Mehrheit der Nationalen NCD-Partner hat ein Netzwerk von Beratern aufgebaut, die sowohl in den Prinzipien der natürlichen Gemeindeentwicklung als auch in grundlegenden Coaching-Techniken ausgebildet worden sind. Prüfen Sie, inwieweit Ihre Gemeinde vom Dienst eines NCD-Beraters profitieren könnte. So wie ein Pastor eine Brücke zwischen dem Wort Gottes und den Menschen bauen sollte, ist es die wichtigste Aufgabe eines Beraters, eine Brücke zwischen den universellen Prinzipien der natürlichen Gemeindeentwicklung und der konkreten Situation der örtlichen Gemeinde zu schlagen. In diesem Prozess sind NCD-Berater Anwälte des „Von-selbst-Wachstums". Ihre Aufgabe ist es, Ihnen bei der Freisetzung des Potenzials zu helfen, das Gott bereits in Ihre Gemeinde gelegt hat. Sollte ein NCD-Berater Sie tatsächlich einmal „drängen", dann können Sie ziemlich sicher sein, dass er Sie lediglich drängen möchte, sich stärker auf die sechs Wachstumskräfte zu konzentrieren. Oft besteht der wichtigste Teil der Beratung in nichts anderem, als zur richtigen Zeit die richtigen Fragen zu stellen.

Unterschiedliche NCD-Partner haben recht unterschiedliche Beratungssysteme aufgebaut. In einigen Fällen geschieht Coaching in Netzwerken (d.h. Pastoren einer bestimmten Region treffen sich in Arbeitsgruppen, die von einem Coach geleitet werden), andere ziehen es vor, Berater direkt in die Gemeinden zu schicken; einige konzentrieren sich auf denominations-interne Beratung, andere bevorzugen interkonfessionelle Beratungsangebote. Wie bei allen NCD-Hilfsmitteln gibt es an dieser Stelle kein richtig oder falsch. Prüfen Sie, was in Ihrem Land verfügbar ist und suchen Sie sich das aus, was am besten in Ihre Situation passt und Ihrem persönlichen Stil entspricht.

Sind Sie schon einmal dem Dienst des Nationalen NCD-Partners in Ihrem Land begegnet?

Kapitel 5

NCD International

Wir versuchen in der Arbeit von NCD International genau die gleichen Prinzipien anzuwenden, die wir örtlichen Gemeinden empfehlen. Das beinhaltet für uns, so konsequent wie möglich einen „David-Ansatz" vorzuleben (siehe Seite 36). Unsere gesamte Arbeit ist ausschließlich als Netzwerk konzipiert. Auf Seite 161 können Sie ein Bild unseres voll funktionstüchtigen Büros im Norden von Deutschland sehen; mein Kollege Christoph Schalk hat ein weiteres Büro in Süddeutschland. Wir haben mehrere Angestellte und freie Mitarbeiter, die in den unterschiedlichsten Ländern leben und mit uns vor allem über das Internet verbunden sind.

> **Unsere gesamte Arbeit ist ausschließlich als Netzwerk konzipiert.**

Die Aufgaben von NCD International

Es kann gut sein, dass Sie der Arbeit unseres Instituts niemals direkt begegnen werden, da wir in den verschiedenen Ländern immer über die Nationalen NCD-Partner arbeiten. Eine der wichtigsten Aufgaben von NCD International ist es, Nationale Partner auszuwählen und zu unterstützen. Das schließt u.a. die folgenden Aufgaben ein:

NCD International...

• wertet kontinuierlich die Daten der Gemeindeprofile aus, um die Prinzipien der Gemeindeentwicklung immer besser verstehen zu lernen, und veröffentlicht die wichtigsten Ergebnisse;

• hilft bei der Entwicklung von nationalen Anpassungen des Gemeindeprofils;

• sucht in Ländern, in denen es noch keine NCD-Arbeit gibt, geeignete Nationale NCD-Partner aus und unterstützt sie in der Arbeit;

• entwickelt internationale Versionen der NCD-Materialien, die auf unseren Forschungen beruhen und in verschiedenen Sprachen veröffentlicht werden;

• hilft bei der Organisation der internationalen Koproduktionen für verschiedene NCD-Bücher;

• unterstützt die Nationalen Partner bei Trainingsveranstaltungen und Konferenzen in ihrem Land;

• arbeitet daran, alle NCD-Materialien (wie Gemeindeprofil und Bücher) kontinuierlich zu überarbeiten und auf dem neusten Stand zu halten;

• ist für die Kommunikation mit den verschiedenen Nationalen NCD-Partnern verantwortlich und hilft ihnen dabei, Probleme, die in der Arbeit auftreten, zu lösen.

Meine Erfahrungen:

Im Institut für natürliche Gemeindeentwicklung bemühen wir uns, die NCD-Prinzipien auch auf unsere finanziellen Entscheidungen anzuwenden. Für uns bedeutet dies, dass wir von Anfang an zwei weit verbreitete Finanzierungssysteme zurückgewiesen haben: Erstens entschieden wir uns, die Arbeit nicht über Spenden zu subventionieren, sondern eine sich selbst tragende Finanzstruktur zu schaffen. Zweitens wollten wir keinen Dienst schaffen, dessen Entscheidungen auf kommerziellen Erwägungen beruhen. Wir finanzieren unsere Arbeit ausschließlich über das Geld, das der Dienst selber produziert (Tantiemen von NCD-Materialien und Seminargebühren).

Ein reines Netzwerk

Da unser Dienst als reines Netzwerk aufgebaut ist, haben wir keinerlei gesetzliche Autorität über andere Gruppen oder Einzelpersonen. Wo auch immer die Dinge, die wir vorschlagen, praktisch umgesetzt werden, geschieht das ausschließlich deshalb, weil die Beteiligten es selbst als sinnvoll empfinden. Ich bin davon überzeugt, dass diese informelle Struktur eine der Hauptursachen für das schnelle und nachhaltige Wachstum des NCD-Netzwerks ist. Kein NCD-Partner, kein Berater, kein Bischof, keine Gemeinde macht irgendetwas nur deshalb, weil wir

Die „Headquarters" des Instituts für natürliche Gemeindeentwicklung: ein ehemaliger Bauernhof an der deutsch-dänischen Grenze. Das Haus ist perfekt ausgerüstet, inklusive Elektrizität, fließend Wasser und Internet-Zugang.

es von ihnen erwarten, sondern ausschließlich, weil sie selbst davon überzeugt sind, dass es das Richtige ist.

Das ist auch der Grund, warum wir in der Arbeit von NCD International keine Empfehlungen berühmter Personen einsetzen, was eine weit verbreitete Praxis in der Christenheit wie im säkularen Bereich ist. Natürlich wissen auch wir, dass solche Empfehlungen Menschen dazu bringen können, sich auf NCD einzulassen. Wir wollen aber nicht, dass Gemeinden sich nur deshalb auf die natürliche Gemeindeentwicklung einlassen, weil ein prominenter Leiter das vorgeschlagen hat, sondern ausschließlich, weil *sie selbst* davon überzeugt sind, dass es für sie das Richtige ist. Die Tatsache, dass wir über Jahre hinweg sehr bewusst und strategisch auf diese innere Überzeugung gebaut haben statt auf äußere Autorität, hat der *NCD Community* eine bemerkenswerte Stabilität verliehen.

Wir brauchen Gebet

Sie können NCD International nicht durch Spenden unterstützen. Das liegt nicht daran, dass wir etwa zu viel Geld hätten; im Gegenteil, bedingt durch unsere anfänglichen Forschungsprojekte und unerwartete Herausforderungen, insbesondere in der Dritten Welt, haben sich auf unserem Konto beträchtliche Schulden gesammelt. Der Grund für das Zurückweisen von Spenden ist einfach der, dass es gegen unsere Prinzipien wäre, unseren Dienst in dieser Weise finanzieren zu lassen. Wir sind überzeugt, dass die Grundprobleme, denen sich die Christenheit im Bereich der Gemeindeentwicklung zu stellen hat, nicht finanzieller Art sind, sondern fast ausschließlich mit fragwürdigen Paradigmen in unseren Köpfen und Herzen zu tun haben.

Wir wollen nicht Ihr Geld, aber wir sind auf Ihr Gebet angewiesen. Wenn der eine oder andere Leser, der den Wert unserer Arbeit sieht, sich entscheiden sollte, uns auf seine Gebetsliste zu setzen, wäre unser gesamtes Team dankbar.

Könnten Sie sich vorstellen, die Arbeit von NCD International im Gebet zu begleiten?

Kapitel 5

NCD-Websites

Mittlerweile gibt es eine ganze Reihe von Websites, die sich mit der natürlichen Gemeindeentwicklung beschäftigen. Da NCD als Netzwerk funktioniert, bietet das Internet eine optimale Plattform für die Kommunikation innerhalb der *NCD Community*. Über die folgenden drei Websites haben Sie Zugang zu allem, was in der NCD-Welt wichtig ist:

Das internationale Portal: www.ncdnet.org

Dies ist das zentrale internationale NCD-Portal, das Links zu allem anderen enthält. Wenn Sie nicht genau wissen sollten, wonach Sie suchen, beginnen Sie hier. Der Inhalt dieses Portals ist primär auf Leiter ausgerichtet. In ihm finden Sie u.a. Online-Training und verschiedene Downloads. Hier können Sie auch ein kostenloses NCD-Online-Magazin abonnieren. Das Portal enthält einen durch Kennwort geschützten Bereich, der nur für Nationale NCD-Partner zugänglich ist. Alle Inhalte des Portals sind auf Englisch.

Die Drei-Farben-Website: www.ncd-international.org

Diese Website mag ebenfalls für Leiter interessant sein; der Fokus liegt allerdings auf einer breiteren Öffentlichkeit. Die Website stellt den trinitarischen Kompass ins Zentrum und bietet Informationen über alle verfügbaren NCD-Materialien, einschließlich kostenloser Downloads von Beispielkapiteln der Bücher. Sie enthält außerdem Videoclips, die die NCD-Arbeit in verschiedenen Ländern vorstellen. Alle Inhalte dieser Website sind auf Englisch.

Zu dieser Website gibt es eine Unterkategorie (ncd-international.org/community), die speziell für Leser dieses Buches entwickelt wurde. Die wichtigste Aufgabe dieser Site ist, zusätzliche Hintergrundinformationen zu allen Kapiteln des Buches zu geben. Indem Sie sich mit Ihrer E-mail-Adresse registrieren und den in der linken Randspalte bereitgestellten Zugangscode eingeben, können Sie sich auf diese Site einloggen. Sie ist in verschiedenen Sprachversionen zugänglich. Zum Beispiel sind die „Mini-Seminare" über den Inhalt der sechs Kapitel des Buches (siehe Randtext links) in den meisten Sprachen erhältlich, in denen dieses Buch veröffentlicht worden ist.

Website Ihres Nationalen NCD-Partners: siehe Seite 191

Viele der Nationalen NCD-Partner haben ihre eigene Website, auf der unterschiedliche Inhalte angeboten werden. Der größte Wert dieser Seiten besteht darin, dass sie uns Zugang zu zusätzlichen Materialien geben, die die Nationalen Partner entwickelt haben. Ein weiterer Vorteil (oder auch Nachteil, je nach Blickwinkel) ist der, dass sie in der Sprache des jeweiligen Landes vorliegen.

Auf Seite 191 finden Sie u.a. Informationen über die Website des Nationalen NCD-Partners in Ihrem Land. Links zu den Websites aller Nationalen Partner finden Sie unter www.ncd-international.org.

Konzentration auf Resultate

Die NCD-Websites wurden nicht entwickelt, um Sie so lange wie möglich auf unseren Internetseiten zu halten und Sie so oft wie mög-

---

Die NCD-Websites verbinden Sie mit der weltweiten NCD-Community.

Ihr Zugangscode:
CYW-DE-378-509-321

Registrierte Leser dieses Buches erhalten kostenlosen Zugang zur Website www.ncd-international.org/community. Dort finden Sie unter anderem Folgendes: Sechs Mini-Seminare, die ich zu jedem Kapitel des Buches ausgearbeitet habe; vertiefende Hintergrundinformationen zu den Inhalten, gegliedert nach den Kapiteln des Buches; die Grafiken des Buches zum Gebrauch in Ihren eigenen Präsentationen. Den Zugangscode zur Website finden Sie im gelben Balken oben.

Es gibt mittlerweile eine ganze Reihe von NCD-Websites, wobei die meisten davon für Pastoren, Leiter und Trainer konzipiert sind. Die auf dem Bild angegebene Website richtet sich indessen an ein breiteres Publikum.

lich zum Wiederkommen zu bewegen. Im Internet gibt es zahllose kommerzielle Seiten, die sich genau darum bemühen. Die meisten von uns wissen, wie ärgerlich es sein kann, wenn einem auf diese Weise die Zeit gestohlen wird.

Für mich sind diese Versuche ein Musterbeispiel dafür, was dabei herauskommt, wenn man „Ergebnisse" mit „Maßnahmen, um Ergebnisse zu erzielen" verwechselt, wie ich es auf den Seiten 36-38 beschrieben habe. Viele Betreiber von Internetseiten messen tatsächlich ihren „Erfolg" an der Zeit, die Menschen auf ihren Seiten verbringen, anstatt sich auf das zu konzentrieren, was die Menschen als Ergebnis der Hilfe, die sie im Internet bekommen, dann auch tatsächlich erreichen.

Die Zeit, die ein Mensch auf einer Internetseite verbringt, ist ein klassisches Beispiel für eine „Maßnahme, um Ergebnisse zu erzielen". Wenn Sie Ihr Ziel effektiv erreichen, indem Sie die jeweilige Website nur kurz oder selten besuchen, würde ich dies als eine „erfolgreiche Site" bezeichnen. Ich möchte jedenfalls sehr viel lieber, dass Sie Ihre Zeit damit verbringen, die Prinzipien der natürlichen Gemeindeentwicklung praktisch umzusetzen, als damit, durchs Internet zu surfen.

Ständig aktualisierte Informationen

Es kann jedoch hilfreich sein, die oben genannten Seiten immer wieder einmal zu besuchen, da sie häufig aktualisiert werden. Um im Blick auf die wichtigsten Entwicklungen auf dem Laufenden zu bleiben, empfehle ich Ihnen, das kostenlose NCD-Online-Magazin zu abonnieren, insbesondere dann, wenn Sie an speziellem Training oder der NCD-Aktion (siehe nächste Seite) interessiert sind.

Könnten einige der Informationen bzw. Hilfsmittel, die über das Internet zugänglich sind, für Sie hilfreich sein?

Kapitel 5

Die NCD-Aktion

Wir haben im Verlaufe dieses Buches immer wieder gesehen, dass das Wesen der natürlichen Gemeindeentwicklung nicht in einer Aktion besteht, sondern in einem fortwährenden Prozess. Was genau ist der Unterschied?

Eine NCD-Aktion verbindet die Mitglieder unterschiedlichster Kirchen und Kulturen.

- Eine Aktion hat einen klaren Anfang und vor allem ein Ende; ein Prozess ist ein langfristiges Engagement.
- Eine Aktion schafft Momentum; ein Prozess setzt sich fort, auch nachdem das Momentum abgeflaut ist.
- Eine Aktion zielt auf unmittelbare Ergebnisse; ein Prozess strebt nach langfristiger Frucht.
- Eine Aktion ist ein öffentliches Ereignis; ein Prozess ist eine wenig sichtbare Hintergrundaktivität.
- Eine Aktion ist relativ leicht zu planen; ein Prozess ist viel weniger vorausplanbar.

Nicht Entweder-oder, sondern Sowohl-als-auch

In den letzten Jahren haben wir uns ganz bewusst darauf konzentriert, NCD als Prozess zu präsentieren und haben die langfristige Orientierung betont. Damit werden wir ganz gewiss fortfahren, denn in der langfristigen Ausrichtung liegt der Schlüssel zum Erfolg. Allerdings glauben wir, dass nun die Zeit gekommen ist, zusätzlich zu den bestehenden Angeboten alle interessierten Gemeinden zu einer speziell entwickelten NCD-Aktion einzuladen. Das Frustrierende an vielen Großaktionen ist nicht so sehr die Aktion selbst – die wird meist als wohltuend empfunden –, sondern dass manche dieser Arbeitsformen dazu tendieren, an die Stelle von langfristig ausgerichteten, weniger spektakulären Hintergrundprozessen zu treten.

Durch Gottes Gnade sind wir in der *NCD Community* mittlerweile an einem neuen Ausgangspunkt angelangt. Tausende von Gemeinden rund um den Globus sind bereits seit Jahren sehr ernsthaft in den NCD-Prozess involviert und sehen ermutigende Ergebnisse. Wir sind davon überzeugt, dass eine NCD-Aktion, die inmitten dieser Prozesse und zusätzlich zu diesen Prozessen durchgeführt wird, den Prozess beträchtlich beschleunigen und Menschen anziehen wird, die auf anderem Wege nicht gewonnen würden.

Kennzeichen einer NCD-Aktion

Eine NCD-Aktion wird durch die folgenden Eigenschaften gekennzeichnet:

- Sie hat im Wesentlichen die gleichen Bestandteile wie der Prozess, allerdings wird alles in konzentrierter Form angeboten, was darauf zielt, Momentum zu erzeugen.
- Es ist eine zeitlich begrenzte, fünfwöchige Aktivität mit speziellen Gottesdiensten, Kleingruppen-Aktivitäten, Schulungseinheiten, Gebetsveranstaltungen etc.
- *Farbe bekennen mit Natürlicher Gemeindeentwicklung* dient als Handbuch innerhalb der Aktion (siehe Anhang auf den Seiten 184-190); darüber hinaus gibt es speziell für die Aktion entwickelte Materialien.
- Sie zielt darauf, 100 Prozent der Gottesdienstbesucher einzubeziehen; jeder erhält Training in den grundlegenden NCD-Prinzipien.

Mehr im Internet:

Im Internet (siehe Seite 162) finden Sie Antworten auf folgende Fragen:

- *Was ist das Datum der nächsten internationalen Aktion?*
- *Welche Hilfsmittel sind für die Aktion erhältlich?*

NCD-Aktionen finden zeitgleich auf allen fünf Kontinenten statt. Die Teilnahme an der Aktion lässt die Gemeinden praktisch erleben, was es bedeutet, dass die NCD Community eine weltweite Familie ist.

- Sie läuft auf zwei Ebenen gleichzeitig ab: Während sich die Gemeindeleitung primär auf das Gemeindeprofil konzentriert, liegt der Fokus der Gemeindemitglieder auf dem persönlichen und gemeinschaftlichen Farbprofil.
- Sie findet zeitgleich auf allen fünf Kontinenten statt, wobei eine zentrale Veranstaltung über das Internet übertragen wird.
- Sie wird durch Forschung begleitet. Die Frage ist dabei nicht, wie viele Menschen an der Aktion selbst teilgenommen haben, sondern: Wie stark ist das qualitative und quantitative Wachstum ein Jahr nach der Aktion?

Eine konzertierte Aktion

In den letzten Jahren haben wir wiederholt gehört, dass viele Gemeinden diese Art von „konzertierter Aktion" als hilfreich empfinden würden. Sicherlich ist realistisch davon auszugehen, dass längst nicht jede Gemeinde, die sich an der Aktion beteiligt, sich auch langfristig auf die natürliche Gemeindeentwicklung einlassen wird. Es kann jedoch mit einigem Recht erwartet werden, dass die Zahl derer, die sich auf diesen Prozess einlassen, als Ergebnis der Aktion höher sein wird, als es ohne Aktion der Fall wäre.

Eines der wichtigsten Merkmale der Aktion ist, dass sie zeitgleich auf allen fünf Kontinenten stattfindet. Da alle teilnehmenden Gemeinden durch das Internet und spezielle Veranstaltungen miteinander verbunden sind, wird im Rahmen der Aktion nicht nur die gesamte NCD-Familie zusammenarbeiten, sondern sie wird auch *erleben*, was es konkret bedeutet, wenn man auf dieser Ebene zusammenarbeitet. Deshalb empfehlen wir nachdrücklich die Teilnahme im Zeitfenster der internationalen Aktion. Falls dieser Zeitplan sich nicht in die Planungen einer Gemeinde integrieren lässt, ist es natürlich möglich, die Aktion in reduzierter Form auch als rein lokale Veranstaltung durchzuführen. Nähere Informationen zur Aktion finden Sie auf den NCD-Websites (Seite 162).

Könnte die Teilnahme an einer NCD-Aktion für Ihre Gemeinde sinnvoll sein?

Ihr Ausgangs-punkt

6

Es gibt keinen Schritt-für-Schritt-Plan für geistliches Wachstum, der für jeden Christen gilt. Menschen müssen sich in unterschiedliche – bisweilen sogar gegensätzliche – Richtungen bewegen, um näher zum Zentrum zu gelangen. Deshalb können die Schritte, die für Sie hilfreich sind, extrem anders sein als diejenigen, die für andere Christen gelten. Das Gleiche gilt für ganze Gemeinden. Wenn Sie allerdings erst einmal Ihren individuellen Ausgangspunkt herausgefunden haben, ist es meist ziemlich offensichtlich, was die nächsten Schritte sein sollten.

Kapitel 6

Den Ausgangspunkt herausfinden

Der Zweck dieses Kapitels ist es, Ihnen dabei zu helfen, die Informationen der vorangehenden fünf Kapitel auf Ihr eigenes Leben und das Leben Ihrer Gemeinde zu beziehen. Dabei setze ich voraus, dass Sie die Ergebnisse des NCD-Farbprofils (Seiten 72-79) vorliegen haben. Ziel der nächsten Seiten ist es, von „Information" zur „Anwendung" voranzuschreiten und möglicherweise bereits das Fenster der „Transformation" ein wenig zu öffnen (siehe Seiten 41-43).

Bevor Sie über den nächsten Schritt nachdenken, sollten Sie wissen, wo Sie genau stehen.

Schritt 1: Das Konzept des Ausgangspunktes verstehen

Ich hoffe, dass die vorangegangenen Kapitel Ihnen geholfen haben, eine Vision für das Ziel zu bekommen, auf das Sie sowohl persönlich als auch mit Ihrer Gemeinde zusteuern wollen. Wenn das so ist, dann werden Sie sicherlich an konkreten Schritten zu diesem Ziel interessiert sein. Es ist jedoch noch ein wenig zu früh, sich mit dieser Frage zu beschäftigen. Bevor Sie sich entscheiden, welche Schritte Sie gehen sollten, müssen Sie nicht nur das Ziel Ihrer Reise kennen, sondern auch genau wissen, an welchem Punkt Sie momentan stehen. Sie können nicht praktische Schritte der Umsetzung planen, solange Sie nicht Ihren Ausgangspunkt mit Ihrem Zielpunkt verglichen haben. Um diesen einfachen, aber wichtigen Gedanken zu verdeutlichen, lassen Sie mich die drei notwendigen Schritte noch einmal zusammenfassen:

1. Machen Sie ausfindig, **wo Sie derzeit stehen** (das NCD-Farbprofil und das NCD-Gemeindeprofil werden Ihnen helfen, eine Antwort auf diese Frage zu finden).

2. Entscheiden Sie sich, **wohin Sie gehen wollen** (dies ist natürlich Ihre persönliche Entscheidung; der trinitarische Kompass kann Ihnen allerdings bei der Beschäftigung mit dieser Frage helfen).

3. Planen Sie – unter Anwendung der NCD-Prinzipien – **praktische Schritte**, die Sie von Punkt 1 nach Punkt 2 bringen werden.

Es ist nicht so wichtig, ob Sie zuerst über Schritt 1 oder über Schritt 2 nachdenken; allerdings ist es wichtig, dass Sie sich mit Schritt 3 erst dann beschäftigen, nachdem Sie klare Antworten auf die in Schritt 1 und 2 gestellten Fragen gefunden haben.

Warum die Reihenfolge wichtig ist

Warum betone ich diese Reihenfolge? Meine Erfahrung ist, dass Menschen, die keine klaren Antworten auf die in Schritt 1 und 2 gestellten Fragen haben (Was ist mein Ausgangspunkt? Wohin will ich gehen?), dazu neigen, diese beiden Fragen miteinander zu vermischen. Entweder interpretieren sie ihre derzeitige Situation bereits im Lichte ihrer zukünftigen Erwartungen, d.h. sie sehen ihre momentane Wirklichkeit in einem viel zu positiven Licht. Oder aber sie projizieren die Schwierigkeiten ihrer derzeitigen Situation auf die zukünftige Realität, was ebenso kontraproduktiv ist, da ein solches Verfahren es nahezu unmöglich macht, die derzeitige Situation wirklich zu verändern.

In beiden Fällen rücken Punkt 1 und 2 zwar näher zusammen; aber sie rücken, bildlich gesprochen, lediglich auf der Landkarte zusam-

---

Meine Erfahrungen:

Wenn ich über die praktische Umsetzung von NCD schreibe oder spreche, strukturiere ich meine Botschaft in der Regel anhand verschiedener „Punkte". Dabei ändere ich jedoch ständig sowohl die Zahl der Punkte als auch den Inhalt, den ich mit ihnen verbinde. Einige sind von diesem Verfahren verwirrt und fragen mich: „In deinem Buch sprachst du von zehn praktischen Umsetzungsschritten, aber jetzt hast du nur acht genannt. Was stimmt nun?" Die Antwort ist, dass es an dieser Stelle kein richtig oder falsch gibt. Schritte der praktischen Umsetzung sind keine Prinzipien. Es sind lediglich Vorschläge, wie sich die Prinzipien auf die eigene Situation übertragen lassen. Indem ich an dieser Stelle ständig meine Vorträge ändere, hoffe ich zu vermitteln, dass wir im Blick auf praktische Methoden niemals dogmatisch werden sollten.

Im Laufe des Buches sind Sie diesem Bild wiederholt begegnet. Es hilft uns dabei, das Konzept des Ausgangspunktes ständig vor Augen zu haben.

men, nicht in der Realität. Wenn Ihr Ausgangspunkt bereits so dicht bei Ihrem Zielpunkt liegt oder Ihr Zielpunkt sich gar nicht so sehr von Ihrem Ausgangspunkt unterscheidet, gibt es überhaupt keine Notwendigkeit mehr, sich auf die Reise zu machen (Punkt 3). Darum ist es so wichtig, präzise Antworten auf die Fragen von Punkt 1 und 2 zu haben, bevor Sie über praktische Schritte nachdenken. Dies erklärt auch, warum wir uns in der Arbeit von NCD International so sehr darauf konzentriert haben, Hilfsmittel zur Beantwortung der in den Punkten 1 und 2 aufgeworfenen Fragen zu entwickeln. Wenn diese Fragen erst einmal beantwortet sind, drängen sich die Antworten zu Punkt 3 geradezu von selbst auf.

Die Gesetzmäßigkeiten des trinitarischen Kompasses

Werfen Sie noch einmal einen Blick auf das Bild oben auf dieser Seite und rufen Sie sich die Gesetzmäßigkeiten des trinitarischen Kompasses in Erinnerung, denen Sie im Verlaufe dieses Buches auf Schritt und Tritt begegnet sind: Jeder Christ hat einen anderen Ausgangspunkt... Wo Sie selbst schwach sind, sind andere stark... Menschen müssen sich bisweilen in gegensätzliche Richtungen bewegen, um das gleiche Ziel zu erreichen... Ihre Gemeinde als Ganze mag einen anderen Ausgangspunkt haben als Sie selbst... Projizieren Sie niemals Ihre eigenen Erfahrungen auf andere... Christen, die unterschiedliche Ausgangspunkte haben, können einander helfen, das Ziel ihrer Reise zu erreichen...

Bevor Sie mir vorwerfen, ich würde mich wiederholen, gehe ich einmal davon aus, dass Ihnen diese Gesetzmäßigkeiten längst in Fleisch und Blut übergegangen sind. Wenn Sie sich nicht sicher sind, könnte es hilfreich sein, Ihr Verständnis der fünf Regeln des trinitarischen Kompasses aufzufrischen (Seiten 66-68).

Schritt 2: Den eigenen Ausgangspunkt akzeptieren

Da Sie das NCD-Farbprofil gemacht haben, haben Sie bereits einen Anhaltspunkt, wo Sie sich derzeit befinden. Ich kenne zwar nicht Ihre persönlichen Ergebnisse, aber es gibt zwei Dinge, die ich über Sie weiß:

1. Sie haben ein Farbsegment ausfindig gemacht, das stärker als die anderen entwickelt ist.
2. Sie haben ein anderes Farbsegment ausfindig gemacht, das schwächer als die anderen entwickelt ist.

Den eigenen Ausgangspunkt akzeptieren bedeutet nicht, sein Leben lang dort zu bleiben.

Natürlich kann es auch sein, dass zwei der drei Farben annähernd die gleichen Werte aufweisen oder sogar das ganze Bild relativ ausgewogen ist. Aber auch in diesem Fall sollte Ihnen die Beschäftigung mit den ersten fünf Kapiteln dieses Buches genügend Anhaltspunkte geliefert haben, um bestimmte Tendenzen im Blick auf Ihre Stärken und Schwächen zu erkennen.

Die eigenen Stärken feiern

Was können Sie nun mit diesen Ergebnissen anfangen? Die erste und wichtigste Antwort lautet: Akzeptieren Sie sie. Feiern Sie Ihre Stärken, denn sie sind eine Gabe Gottes. Und kämpfen Sie nicht gegen Ihre Schwächen, sondern denken Sie über kreative Wege nach, in diesen Bereichen Wachstum zu erleben. Vergessen Sie nie, dass jeder von uns Stärken und Schwächen hat. Paulus hatte sie, Petrus hatte sie, Moses hatte sie. Einzig und allein Jesus hatte ein vollkommen ausgewogenes Profil. Da Sie nicht Jesus sind, sollten Sie nicht sonderlich beunruhigt sein, wenn Ihr Profil so aussieht wie meins: unausgewogen.

Da die nächsten Seiten sich auf die am schwächsten entwickelte Farbe konzentrieren werden, möchte ich an dieser Stelle betonen, dass Sie sich, bevor Sie an Ihren Schwachpunkten arbeiten, über Ihre Stärken freuen sollten. In den letzten Jahren bin ich zahlreichen Christen, Gemeinden und sogar ganzen Kulturen begegnet, die von einem unglaublich niedrigen Selbstwertgefühl geprägt waren, sogar im Bereich ihrer eigentlichen Stärken. Wann immer ich das spürte, stellte ich die Anwendung der Minimum-Strategie zurück. Die Konzentration auf den Minimumfaktor kann kontraproduktiv sein, wenn Sie sich nicht Ihrer Stärken bewusst sind. Ich habe bereits Situationen erlebt, in denen eine mehrere Monate lange ausschließliche Konzentration auf die Stärken notwendig war, bevor der Minimum-Ansatz überhaupt angewandt werden konnte.

Schritt 3: Den gemeindlichen Ausgangspunkt akzeptieren

Einer der wichtigsten Punkte, die jeder NCD-Trainer lernt, ist dieser: Sie müssen den Ausgangspunkt der Gemeinden, denen sie helfen wollen, akzeptieren können, und zwar völlig unabhängig davon, welche theologischen oder geistlichen Vorlieben sie selber haben. Wer dazu nicht in der Lage ist, ist als NCD-Trainer ungeeignet. Höchstwahrscheinlich sind Sie selbst kein Trainer, so dass die Anwendung dieses Prinzip für Sie nicht bedeutet, sich auf ständig ändernde gemeindliche Ausgangspunkte einzustellen.

Vielleicht haben Sie das gemeindliche Farbprofil zur Hand oder Ihre Gemeinde hat bereits ein NCD-Gemeindeprofil erhoben. Als Gemeindemitglied müssen Sie nun die gleichen Fähigkeiten anwenden, die wir NCD-Trainern beizubringen versuchen: Sie müssen diese Ergebnisse akzeptieren, ob sie Ihnen gefallen oder nicht. Vielleicht

Meine Erfahrungen:

Nach meiner Erfahrung missverstehen die meisten Christen das Anliegen, den Ausgangspunkt anderer Menschen bzw. Gemeinden zu „akzeptieren". „Kannst du wirklich eine derart liberale Position akzeptieren?", fragte mich neulich ein evangelikaler Pastor, nachdem ich von einem Dienst in einer Denomination berichtet hatte, die stark von Synkretismus, Relativismus und einer „Gott-ist-tot-Theologie" beeinflusst ist. Meine Antwort war: „Jawohl, ich akzeptiere es – als Ausgangspunkt. Genauso akzeptiere ich legalistische oder spiritualisierende Tendenzen – als Ausgangspunkte." Natürlich wünschte ich mir manchmal, dass Gemeinden andere Ausgangspunkte hätten. Aber meine Wünsche sind nicht wichtig. Ich muss die Wirklichkeit, wie sie ist, akzeptieren, wenn mir wirklich daran liegt, Gemeinden dabei zu helfen, gesund zu werden, statt ihnen einfach nur zu sagen, wie falsch sie liegen.

Der kräftige gelbe Kreis skizziert den typischen Ausgangspunkt einer „grünen" Gemeinde: stark in der grünen Farbzone, schwach sowohl im roten als auch im blauen Bereich. Einer solchen Gemeinde können wir nur helfen, sich näher zum Zentrum zu bewegen (transparenter Kreis), wenn wir ihre Stärken aufrichtig wertschätzen.

möchten Sie gerne Veränderungen sehen. Wenn Sie aber nicht in der Lage sind, die Situation, wie sie augenblicklich ist, zu akzeptieren, werden Sie nicht in der Lage sein, Ihrer Gemeinde dabei zu helfen, Veränderungen zu erleben.

Keine Voraussetzungen

In der Arbeit von NCD International sind wir im Blick auf die Anwendung folgender Regel ziemlich dogmatisch: Um in den NCD-Prozess einzusteigen, gibt es keinerlei Voraussetzungen, die eine Gemeinde erfüllen muss. Ich gebe zu, dass es einige NCD-Enthusiasten gibt, die an dieser Stelle etwas Anderes kommunizieren. In ihrem Bestreben, die Ernsthaftigkeit des ganzen Prozesses zu unterstreichen – ein Anliegen, das ich natürlich voll und ganz teile – nennen sie Voraussetzungen, die erfüllt werden müssen, wie zum Beispiel: „Du kannst nur mit NCD beginnen, wenn du die Prinzipien von Herzen bejahst, wenn du dich zu einem langfristigen Prozess verpflichtest, wenn deine Gemeinde eine bestimmte Größe erreicht hat, wenn du einen Trainer engagierst, wenn du eine bestimmte theologische Aussage unterschreiben kannst, etc."

Ohne Zweifel ist es schön, wenn eine Gemeinde einige dieser Voraussetzungen erfüllt. Es macht das Leben leichter. Wir sollten allerdings niemals den Fehler machen, als Voraussetzung für den NCD-Prozess etwas auszugeben, was als natürliches und oft langfristiges Ergebnis des Prozesses erwartet werden kann. Eine Gemeinde kann noch so häretisch in ihrer Theologie sein – sie ist gleichwohl eingeladen, sich auf den NCD-Prozess einzulassen. In diesem Prozess stehen die Chancen gut, dass sich auch die Theologie verändern wird. Indem wir diese Gemeinden davon ausschließen, in den Prozess einzusteigen, schließen wir sie auch von derartigen theologischen und geistlichen Veränderungsprozessen aus.

Der trinitarische Kompass in der Praxis

Da ich häufig mit Gruppen zu tun habe, die „fragwürdige" Ausgangspunkte haben (in allen drei Richtungen unseres trinitarischen Schemas), kann ich Ihnen versichern, dass der trinitarische Kompass wirklich funktioniert. Kürzlich hatte ich mit einer durch und durch „liberalen" Denomination zu tun, in der 45 Gemeinden ein Gemeindeprofil erhoben hatten. Mit Ausnahme von vier Gemeinden hatten alle den Minimumfaktor „leidenschaftliche Spiritualität".

Das Akzeptieren des eigenen Ausgangspunktes ist Voraussetzung für einen Veränderungsprozess.

Ich zeigte ihnen das Diagramm auf Seite 171 und fragte sie, ob sie sich damit identifizieren können. „Sicher", sagten sie, „das ist genau unsere Situation." Wir begannen den Prozess, indem wir ihre Stärken feierten: Dienst an den Armen, Engagement für soziale Gerechtigkeit, Kampf für rassische Integration. Nachdem wir das ausgiebig getan hatten, wandten wir uns den Farbdefiziten dieser Gruppe zu, der roten und der blauen Zone.

Bei dieser Veranstaltung redete ich selber nur wenig und beschränkte mich weit gehend darauf, Fragen zu stellen, wie z.B.: „Was sind die Hindernisse für Wachstum im roten und blauen Bereich?" Die Gruppe fertigte eine Liste mit derartigen Hindernissen an und diskutierte sie. Die nächste Frage lautete: „Was könnten wir tun, um diese Hindernisse zu überwinden?" Sie dachten über die Frage in kleinen Gruppen nach und präsentierten dann im Plenum die Ergebnisse. Ihre Liste enthielt Punkte wie „Gebetsnächte", „Bekehrungs-Aufrufe", „Jüngerschaftsprozesse", „Reform der theologischen Ausbildung" und sogar „geistliche Kampfführung". Ich selber hatte keinen einzigen dieser Punkte vorgeschlagen. Jene liberalen Pastoren kamen selber auf diese Ideen. Wenn Sie sich diese Liste anschauen, dürfen Sie nicht vergessen: Einen durch und durch liberalen Pastor über „Bekehrungs-Aufrufe" reden zu hören ist so ziemlich das Gleiche wie einen Anti-Charismatiker auf dem Wasser wandeln zu sehen oder zu beobachten, wie ein Puritaner Wasser in Wein verwandelt!

Mehr im Internet:

Im Internet (siehe Seite 162) finden Sie Antworten auf folgende Fragen:

- *Gibt es eine bestimmte Farbe, die – sollte sie stark entwickelt sein – einen günstigeren Ausgangspunkt beschreibt als die Vorherrschaft einer anderen Farbe?*

- *Gibt es Gemeinden, in denen sich der trinitarische Kompass nicht einsetzen lässt?*

Näher zum Zentrum

Ich habe in einer ganzen Reihe von liberalen Gruppen mit exakt den gleichen Fragen gearbeitet und in jedem einzelnen Fall das gleiche Ergebnis erlebt. Ich habe den gleichen Ansatz in „blauen" und „roten" Gemeinden ausprobiert – die Resultate waren die gleichen. Wie kommt es, dass all diese unterschiedlichen Gruppen so positiv und konstruktiv auf die gleiche Botschaft reagieren? Ich glaube, es hat etwas damit zu tun, dass sie spüren, dass ihre jeweiligen Stärken wirklich aufrichtig geschätzt werden und dass ihre Schwächen nicht von einer Position des Stolzes aus angegangen werden: „Wenn du ein wahrer Christ sein möchtest, dann musst du so werden wie ich." Die Botschaft ist vielmehr, dass wir alle voneinander lernen müssen, um dem lebendigen Gott näher zu kommen.

Beschreiben Sie sowohl Ihren persönlichen Ausgangspunkt als auch den Ihrer Gemeinde.

Balance ins eigene Leben bringen

Lassen Sie uns zusammenfassen, wo wir stehen. Wenn Sie sich entschieden haben sollten, das Buch ausschließlich auf der Informationsebene zu lesen, dann ist die Antwort relativ leicht zu geben: Sie sind auf Seite 173 und die nächste Seite wird 174 sein. Wenn Sie sich jedoch entschieden haben sollten, die Informationen in Ihrem Leben *anzuwenden*, ist die Antwort nicht so offensichtlich. Was ich weiß, ist lediglich dies: Sie haben das NCD-Farbprofil gemacht und kennen folglich Ihren Ausgangspunkt. Sie haben sich mit dem trinitarischen Kompass beschäftigt und somit zumindest eine gewisse Vorstellung, in welche Richtung Sie sich bewegen sollten, um mehr Balance in Ihr Leben zu bringen.

Was ich allerdings nicht weiß, ist, was Sie bei dem ganzen Unternehmen empfinden. Verursacht die Vorstellung, tiefer in eine Farbzone außerhalb des Gewohnten einzutauchen, eher Gefühle der Neugier oder der Angst in Ihnen? Ein Austausch über diese Frage in einer Gruppe von Mitchristen kann an dieser Stelle sehr wertvoll sein.

Wenn Sie Pastor sind oder eine andere Leitungsfunktion in der Gemeinde haben, sollten Sie sich wirklich Zeit nehmen, über Ihr eigenes Leben nachzudenken, bevor Sie Ihre Gedanken der Gemeinde zuwenden. Bitte lesen Sie die nächsten Seiten nicht mit der heimlichen Frage im Hinterkopf: „Wie könnten die Christen in unserer Gemeinde mehr Balance in ihr Leben bekommen?" Fragen Sie wirklich: „Wie kann mein *eigenes* Leben ausgewogener werden?" Einer der nachhaltigsten Beiträge, die ein Leiter machen kann, ist es, den Prozess des geistlichen Wachstums persönlich vorzuleben.

Schritt 1: Erkennen, dass jeder Christ unausgewogen ist

Wir haben dieses Prinzip bereits zuvor angesprochen, aber nun ist es an der Zeit, es praktisch umzusetzen. Da jeder Christ unausgewogen ist, gibt es keinen Grund für Sie, sich so zu fühlen, als hätten Sie eine lebensbedrohliche Krankheit. Stellen Sie sich das Ganze eher wie die Arbeit mit einem persönlichen Fitness-Trainer vor, der Ihnen rät, sich auf eine bestimmte Muskelgruppe zu konzentrieren, die Sie in der Vergangenheit durch einseitige Gewohnheiten vernachlässigt hatten. Aber selbst dann, wenn Ihre eigene Unausgewogenheit einen sehr viel ernsteren Hintergrund haben sollte: Freuen Sie sich, dass dies nun ans Tageslicht gekommen ist. Aufgrund dieser Diagnose können Sie nun hilfreiche therapeutische Maßnahmen ergreifen. Das Ergebnis wird eine Wiederherstellung Ihrer Gesundheit sein – eine Aussicht, die wirklich nicht allzu bedrohlich erscheinen sollte.

Was für Sie selbst gilt, gilt auch für jeden anderen. Rechnen Sie damit, dass andere Menschen unausgewogen sind. Betrachten Sie dies als die normalste Sache der Welt. Lassen Sie sich nicht von christlichen Biografien weismachen, der porträtierte Held sei ein vollkommen ausgewogener Mensch Gottes gewesen. Lernen Sie, offen über Ihre eigene fehlende Balance und die fehlende Balance anderer zu sprechen. Tragen Sie zu einem Klima bei, in dem es Spaß macht, über diese persönlichen Dinge zu reden. Es ist keine Schande, unausgewogen zu sein – solange Sie nicht aufhören, an sich zu arbeiten.

Viele Menschen gehen dem Nachdenken aus dem Wege, weil sie die Konsequenzen fürchten.

Meine Erfahrungen:

Vor etlichen Jahren war ich Mitglied in einem Gremium, in dem kaum jemand die Vorschläge, die er machte, zuvor gründlich durchdacht hatte. Wir redeten viel, aber wir dachten nicht nach. Ich beschwerte mich darüber, da ich den Eindruck hatte, dass diese Art von Treffen reine Zeitverschwendung sei. Der Leiter sagte mir: „Du hast schon Recht, Christian, die meisten von uns sind einfach zu beschäftigt, um nachzudenken." Ich machte den Vorschlag, das nächste Treffen 30 Minuten später zu beginnen, so dass jeder genügend Zeit zum Nachdenken hatte. Es funktionierte nicht. Es wäre sehr viel leichter gewesen, zwei Stunden eher anzufangen, als meinem Vorschlag zu folgen. Nein, die meisten von uns sind wirklich nicht zu beschäftigt, um nachzudenken. Wir gehen dem Nachdenken aus dem Wege, weil wir uns vor den Konsequenzen fürchten. Deshalb ziehen wir es vor, beschäftigt zu sein.

Schritt 2: Sich auf den Gegenpol Ihrer derzeitigen Stärke konzentrieren

Jede Stärke ist mit einer ganz bestimmten Gefahr verbunden. Wenn Ihre Stärke im reflektiven Bereich liegt (grün), dann ist Ihre Gefahrenzone der Rationalismus. Wenn Ihre Stärke im aktiven Bereich liegt (rot), dann ist Ihre Gefahrenzone der Aktivismus. Und wenn Ihre Stärke im affektiven Bereich liegt (blau), dann ist Ihre Gefahrenzone der Emotionalismus (siehe Seite 58). Das Prinzip, sich auf den Gegenpol Ihrer derzeitigen Stärke zu konzentrieren, geht davon aus, dass es produktiver ist, das Farbsegment, das Ihrer am stärksten entwickelten Farbe (und damit auch der Farbe Ihrer Gefahrenzone) gegenüberliegt, zu stärken, als aktiv gegen Ihre Gefahren anzukämpfen.

Nehmen Sie sich Zeit, um darüber nachzudenken, was die Anwendung dieses Prinzips praktisch für Sie bedeutet. Leider gönnen sich viele Menschen nicht genügend Zeit, diese Dinge wirklich bis zum Ende durchzudenken. Sie beginnen zwar damit, aber hören auf dem halben Weg auf. Manchmal wäre es nur eine Frage von weiteren zehn Minuten gewesen, bevor sie einen geistlichen Durchbruch in ihrem Leben erlebt hätten.

Wenn das Konzept der Konzentration auf den Gegenpol Ihrer derzeitigen Stärke immer noch etwas zu abstrakt in Ihren Ohren klingen sollte, dann tun Sie Folgendes:

Lernen Sie, offen über Ihre eigene Unausgewogenheit zu sprechen.

Mehr im Internet:

Im Internet (siehe Seite 162) finden Sie Antworten auf folgende Fragen:

• *Wie kann ich von Christen eines anderen Farbsegments lernen, wenn sie eine fundamentalistische Einstellung haben?*

• *Ist es wirklich ratsam, als Leiter über die eigene Unausgewogenheit zu sprechen?*

• Nehmen Sie die grafische Darstellung Ihres Farbprofils auf Seite 78 zur Hand.

• Kreuzen Sie den Bereich Ihrer größten Stärke an. Sollte eine Farbe klar dominieren, machen Sie Ihr Kreuz mitten in dieser Farbzone. Wenn zwei Farben relativ stark entwickelt sein sollten, während die dritte schwächer ist, dann zeichnen Sie Ihr Kreuz auf der Grenze zwischen den beiden stark entwickelten Farben.

• Nun schauen Sie auf den Gegenpol. Wenn Sie Ihr Kreuz zwischen rot und blau gemacht haben sollten, ist Ihr Gegenpol grün. Wenn Sie Ihr Kreuz mitten in das rote Segment gezeichnet haben sollten, ist Ihr Gegenpol „grün/blau". Kennzeichnen Sie diesen Gegenpol mit einem großen „O".

• Denken Sie über die in Fettdruck hervorgehobenen Begriffe in den Bildzeilen neben den Diagrammen auf den Seiten 61-65 nach. Diese Begriffe bezeichnen, was durch die drei Farben ausgedrückt werden soll. Schreiben Sie die Begriffe auf, die sich auf den Gegenpol Ihrer derzeitigen Stärke beziehen.

• Denken Sie über jeden dieser Begriffe nach. Suchen Sie nach Beispielen (sowohl aus Ihrem eigenen Leben als auch aus dem Leben anderer), in denen Sie diese Eigenschaften bereits in Aktion gesehen haben. Understreichen Sie die beiden Begriffe, die Sie am meisten ansprechen.

• Schreiben Sie konkrete Maßnahmen auf, die Ihnen helfen würden, die Punkte, die Sie unterstrichen haben, bei sich selbst zu stärken.

• Konzentrieren Sie sich mindestens zwei Wochen lang auf diese Punkte. Beobachten Sie, was geschieht. Wenn irgend möglich, tauschen Sie sich über Ihre Entdeckungen mit anderen Christen aus.

Wenn Sie in einer bestimmten Farbzone Wachstum erleben wollen, werden Sie von der Hilfe anderer Christen profitieren, die in diesem Bereich bereits stark sind. Umgekehrt können Sie den anderen in ihren Wachstumsprozessen helfen.

Schritt 3: Vernetzung mit Christen, deren größte Stärke Ihre schwächste Farbe ist

Die letzte Übung war etwas, was sie für sich alleine machen konnten, lediglich mit diesem Buch und einem Bleistift in der Hand. Sie werden Ihrem Wachstumsprozess Kraft, Geschwindigkeit und Freude hinzufügen, wenn Sie einen Schritt weiter gehen. Halten Sie nach Christen Ausschau, deren größte Stärke der Farbbereich Ihrer größten Schwäche ist. Wenn Sie das Farbprofil gemeinsam mit Ihrer Kleingruppe oder der ganzen Gemeinde erhoben haben sollten, wird es nicht schwierig sein, diese Leute ausfindig zu machen. Tauschen Sie sich über die Ergebnisse des Farbprofils aus. Bitten Sie diese Mitchristen, über ihre Erfahrungen im Farbbereich ihrer Stärke zu berichten. Sie können sich dabei die Begriffe im Schaubild auf Seite 47 anschauen und nach praktischen Beispielen fragen.

Wenn die andere Person dafür offen ist, können Sie nun die Rollen wechseln. Da Sie in dem Bereich, in dem die andere Person schwach ist, Ihre Stärken haben, können Sie ihr davon erzählen, wie Sie den Farbbereich Ihrer Stärke erleben. Fragen Sie nach konkreten Maßnahmen, die die andere Person ergreifen könnte, um in ihrem schwächsten Farbbereich Wachstum zu erleben. Im Rahmen von NCD-Konferenzen habe ich schon häufig ähnliche Übungen durchgeführt. Meine Erfahrung ist, dass es meist etwas Zeit braucht, bis das Eis bricht, da viele von uns diese Art des Austauschs noch nicht so recht gewohnt sind. Nach einiger Zeit allerdings laufen diese Diskussionen ganz von alleine, ohne dass weitere Anleitung notwendig wäre.

Denken Sie daran, dass diese Übungen nicht dazu konzipiert sind, der geistlichen Unterhaltung zu dienen. Für mich sind sie vielmehr symbolisch dafür, wie der Leib Christi auch dann funktionieren sollte, wenn wir keine Farbprofile und Bücher vor uns haben. Es ist meine Hoffnung und mein Gebet, dass derartige Prozesse der gegenseitigen Unterstützung bald schon Teil des ganz normalen Lebensstils vieler Gemeinden geworden sind.

Was wäre die wichtigste Entscheidung, die Sie treffen sollten, um mehr Balance in Ihr Leben zu bringen?

Kapitel 6

In eine ausgewogenere Gemeinde investieren

Wenn Sie nun damit beginnen, die NCD-Prinzipien ganz bewusst auf die Gemeinde zu beziehen, dürfen Sie nicht vergessen, dass auch die vorangegangenen Schritte bereits ein Beitrag zur Gesundheit der Gemeinde gewesen sind, selbst wenn der Fokus auf Ihrem eigenen Leben lag. Da die Gemeinde aus nichts anderem als Menschen besteht, ist die Steigerung der eigenen geistlichen Gesundheit ein direkter Beitrag zur Gesundheit der Gemeinde.

Die Arbeit an der eigenen geistlichen Gesundheit ist ein direkter Beitrag zur Gesundheit der Gemeinde.

Nehmen wir einmal an, 30 Prozent der Gottesdienstbesucher würden sich aktiv darauf einlassen, an ihrer eigenen geistlichen Gesundheit zu arbeiten, indem sie sich auf ihren schwächsten Farbbereich konzentrieren. Sie könnten die Ergebnisse deutlich sehen, wenn Ihre Gemeinde ein weiteres Gemeindeprofil durchführt. Die Qualität der Gemeinde wäre messbar höher.

Wenn das Gemeindeprofil die Qualität der „Gemeinde" misst, dann geht es immer um Menschen. Wir bitten nicht die Kirchenbänke, einen Fragebogen auszufüllen, sondern die Menschen, die auf diesen Bänken sitzen. Und wir bitten diese Menschen nicht, die Qualität der Bänke zu bewerten, sondern über die Realität in ihren Köpfen, Händen und Herzen zu reden.

Schritt 1: Die Ergebnisse des Gemeindeprofils auswerten

Bis jetzt haben wir uns in erster Linie auf das NCD-Farbprofil konzentriert. Wenn Sie dies für die Gesamtgemeinde auswerten, werden Sie erkennen können, wie ausgewogen Ihre Gemeinde ist. Diese einfache Information wird der Gemeindeleitung helfen, zukünftige Aktivitäten in einer Weise zu planen, dass die „Fülle Gottes" besser als bisher reflektiert wird. Um die Ergebnisse des Farbprofils für Ihre gesamte Gemeinde zu erhalten, befolgen Sie bitte die Anleitungen auf Seite 72.

In diesem Abschnitt möchte ich allerdings auf das Gemeindeprofil zurückkommen, das ausführlicher auf den Seiten 132 und 152 beschrieben wurde. Dieses Instrument konzentriert sich auf die acht Qualitätsmerkmale gesunder Gemeinden und hilft Ihrer Gemeinde herauszufinden, welcher dieser acht Punkte ihr derzeitiger Minimumfaktor ist.

Wenn Sie das Gemeindeprofil wiederholt durchführen, werden Sie in der Lage sein, in der qualitativen Entwicklung Ihrer Gemeinde Trends festzustellen. Das Schaubild auf Seite 177 ist ein Beispiel für zwei Profile, die im Laufe von 18 Monaten in einer Gemeinde in den USA durchgeführt wurden. Der Vergleich der beiden Balkendiagramme gibt Aufschluss darüber, was in den 18 Monaten zwischen den beiden Profilen geschehen ist.

Verschiedene Grade an Offenheit

Es mag sein, dass Ihre Gemeinde schon wiederholt ein Gemeindeprofil erhoben hat – es könnte aber auch sein, dass die ganze Idee für die Gemeindeleitung etwas vollkommen Neues darstellt. Wenn das Zweite zutrifft, sollten Sie darüber nachdenken, welche der drei folgenden Kategorien am ehesten Ihrer Gemeinde entspricht:

Meine Erfahrungen:

Als wir unsere Daten auswerteten, stellten wir fest, dass eine wachsende Zahl von Gemeinden, die sich auf NCD eingelassen haben, in Gemeindegründungsprojekte involviert ist. Wenn wir alle Gemeinden, die bereits eine oder mehrere Tochtergemeinde(n) gegründet haben, mit den anderen vergleichen, dann ist die Qualität in der ersten Kategorie 5 Punkte höher. Außerdem ist die quantitative Wachstumsrate einer Muttergemeinde beträchtlich höher als bei Gemeinden, die noch keine Tochtergemeinden gegründet haben.

Gemeindeprofil 2003 **Gemeindeprofil 2005**

+16 +14 +2 0 +29 +18 –4 +4

80
60
40
20
0

Leitung Mitarbeiterschaft Spiritualität Strukturen Gottesdienst Kleingruppen Evangelisation Beziehungen

Vergleich zweier Gemeindeprofile in einer US-amerikanischen Gemeinde: Mit Ausnahme von zwei Qualitätsmerkmalen (zweckmäßige Strukturen und bedürfnisorientierte Evangelisation) gab es in allen Bereichen qualitatives Wachstum. Das dramatischste Wachstum vollzug sich im Bereich des bisherigen Minimumfaktors, inspirierender Gottesdienst.

1. Während die Idee eines Gemeindeprofils durchaus als etwas Fremdes erscheint (weil es neu ist), betrachtet die Gemeindeleitung diese Möglichkeit mit Interesse und Neugierde.

2. Ihre Gemeinde ist nicht an einem Gemeindeprofil interessiert, weil die Leiter sich für einen „anderen Gemeindeaufbau-Ansatz" entschieden haben.

3. Die Idee eines Gemeindeprofils wird zurückgewiesen, da das geistige Paradigma der Gemeinde keinen Platz für die Anwendung eines solchen Verfahrens lässt.

Wenn die *erste* Möglichkeit zutrifft, versorgen Sie die Gemeindeleitung mit allen nötigen Informationen. Konzentrieren Sie sich dabei nicht so sehr auf die technischen Aspekte, sondern auf den praktischen Nutzen.

Wenn die *zweite* Möglichkeit zutrifft (d.h. die Gemeinde ist an einem Gemeindeprofil nicht interessiert, da sie sich für einen „anderen Ansatz" entschieden hat), machen Sie deutlich, worum es in der natürlichen Gemeindeentwicklung geht: Gemeinden dabei zu helfen, diejenigen Ziele effektiver zu erreichen, die der Gemeinde wichtig sind. Höchstwahrscheinlich betrachtet Ihre Gemeindeleitung NCD als ein „weiteres Modell". Wenn das der Fall sein sollte, machen Sie deutlich, dass es bei NCD um universelle Prinzipien geht, die für jede Form von Gemeinde und jedes Gemeindemodell gelten.

Wenn die *dritte* Möglichkeit zutrifft (d.h. das Gemeindeprofil wird zurückgewiesen, weil das theologische Paradigma grundsätzlich ein solches Verfahren nicht zulässt), dann sollten Sie Ihre Energie nicht damit verschwenden, irgendjemanden vom Nutzen des Gemeindeprofils überzeugen zu wollen. In dieser Situation gibt es weitaus Wichtigeres zu tun als über den Nutzen einer empirischen Studie zu diskutieren. Das gleiche Paradigma, das die Erhebung eines Gemeindeprofils nicht zulässt, hat auch in anderen Bereichen des gemeindlichen Lebens negative Konsequenzen, und diese Konsequenzen sind weitaus ernster.

> # Eine ständige Überprüfung der gemeindlichen Qualität ermöglicht Ihnen tiefe geistliche Einblicke.

Meine Erfahrungen:

Wenn eine Gemeinde in eine Krise gerät, sehen das die meisten Menschen negativ. Das ist verständlich, da die Ereignisse, die die Krise auslösen, in der Regel negativer Art sind. Aus der Sicht der Gemeindeentwicklung sind jedoch Krisenzeiten ideale Einführungsdaten für einen „neuen" Ansatz wie zum Beispiel NCD. Es gibt kaum etwas Frustrierenderes als eine ungesunde Gemeinde, die weder wächst noch schrumpft, weder Krisen noch Erweckungen erlebt – und dabei mit sich selbst rundum zufrieden ist. Eine solche Gemeinde sieht in der Regel überhaupt keine Notwendigkeit für Veränderung. Eine Krise jedoch macht diese Notwendigkeit deutlich. Wenn es also zu Krisen in der Gemeinde kommt, sollten wir Gott dafür danken!

Wenn Sie mit einer solchen Situation konfrontiert sind, denken Sie darüber nach, ob es sinnvoll sein könnte, für eine Krise zu beten, da Krisenzeiten in der Regel ein optimales „Einführungsdatum" darstellen. Das Gemeindeprofil wurde zwar nicht als Werkzeug der Krisenintervention entwickelt, sondern als ein Instrument für kontinuierliches qualitatives Wachstum. Das Auftreten einer Krise kann jedoch ein idealer Zeitpunkt sein, die Aufmerksamkeit auf NCD zu lenken. Je nach Art der Krise könnte es weise sein, nicht mit einem Gemeindeprofil zu beginnen, sondern sich zunächst auf andere Elemente von NCD zu konzentrieren, wie z.B. den trinitarischen Kompass oder der Arbeit an irgendeinem der acht Qualitätsmerkmale wie zum Beispiel liebevolle Beziehungen.

Schritt 2: In den NCD-Kreislauf eintreten

Erinnern Sie sich an den Abschnitt mit der Überschrift „Ich habe NCD gemacht" (Seite 17)? Da ging es um Gemeinden, die genauso weit gegangen sind, wie bis jetzt beschrieben, und felsenfest davon überzeugt waren, „NCD angewandt" zu haben. Wahrscheinlich ist Ihnen bereits klar, dass natürliche Gemeindeentwicklung nicht auf die Erhebung des Gemeindeprofils reduziert werden sollte, sondern dass es sich um einen fortwährenden Prozess handelt.

Unsere australischen NCD-Partner haben diese Idee in Form eines Kreislaufs ausgedrückt (siehe Diagramm auf Seite 179). Mir gefällt diese Form der grafischen Darstellung sehr, da sie auf den ersten Blick zum Ausdruck bringt, dass NCD kein „Sechs-Schritte-Programm" ist, sondern ein fortwährender Prozess mit verschiedenen „Jahreszeiten". Jedes Jahr absolviert die Gemeinde einen neuen Gesundheits-Check und arbeitet an dem Punkt mit den niedrigsten Werten. Auch wenn die einzelnen Stationen des Kreislaufs jedes Jahr die gleichen sind, so ist doch der Prozess jedesmal ein völlig anderer, da sich der Minimumfaktor ändert, die Erfahrung wächst und sich die Gemeinde als Ganze verändert.

Der NCD-Kreislauf ist eigentlich die zweidimensionale Darstellung einer dreidimensionalen Wachstumsspirale. Wenn Sie den Kreislauf jedes Jahr anwenden, indem Sie beständig Wachstumshindernisse ausräumen, bewegt sich Ihre Gemeinde in dieser Spirale fortwährend nach oben. Die einzelnen Stationen der Spirale bezeichnen Maßnahmen, die zu nachhaltigem Fortschritt führen: Sie bereiten die Gemeinde auf das Gemeindeprofil vor; Sie erheben das Gemeindeprofil regelmäßig, um Ihren Fortschritt zu überprüfen; Sie werten die Ergebnisse sorgfältig aus, um Wachstumshindernissen auf die Spur zu kommen; Sie entwickeln einen Plan, wie Sie diese Hindernisse überwinden können; Sie setzen den Plan um und verfeinern ihn, um ihn an ungeplante Ereignisse anzupassen; und Sie halten inne und werten den Kreislauf jedes Jahr aus, bevor Sie in die nächste Runde des Kreislaufs eintreten.

Eine grafische Darstellung des NCD-Kreislaufs: Natürliche Gemeindeentwicklung ist kein „Sechs-Schritte-Programm", sondern ein kontinuierlicher Prozess. Einmal pro Jahr macht die Gemeinde einen „Gesundheits-Check" und arbeitet in den nächsten Monaten am schwächsten Qualitätsmerkmal. Obwohl die einzelnen Phasen des Kreislaufs immer dieselben bleiben, wird der Prozess jedes Jahr anders ausfallen, da sich der Minimumfaktor ändert, die Erfahrung wächst und die Gemeinde selbst sich verändert.

Wachstumshindernisse aufspüren

Worum geht es im NCD-Kreislauf? Wenn Sie ihn beständig auf Ihre Gemeinde anwenden, wird Ihre Hauptaufgabe darin bestehen, Hindernisse für „Von-selbst-Wachstum" ausfindig zu machen (diese mögen emotionaler, intellektueller, geistlicher oder institutioneller Art sein) und sich konkrete qualitative Ziele zu setzen, wie diese Hindernisse überwunden werden können. Schließlich werden Sie auswerten, in welchem Maße Sie Ihre Ziele erreicht haben.

Beachten Sie, dass die Erhebung des Gemeindeprofils fester Bestandteil des Kreislaufes ist, was voraussetzt, dass Sie einmal pro Jahr ein Gemeindeprofil erheben. Warum einmal pro Jahr? Nur wenn es gelingt, das Gemeindeprofil in einen regelmäßigen Zyklus zu integrieren, können Sie erwarten, dass es zu einer normalen, unkontroversen, fest etablierten Hintergrund-Aktivität wird. Ziel der zyklischen Struktur ist, Regelmäßigkeit und Routine in den Prozess zu bringen. Für viele Gemeinden ist die Erhebung des Gemeindeprofils immer noch ein viel zu großes Thema, verbunden mit kontroversen Diskussionen, übertriebenen Hoffnungen und ungerechtfertigten Befürchtungen.

Aus diesem Grunde vergleiche ich gerne die Erhebung des Gemeindeprofils mit dem Zählen der Kollekte. Wahrscheinlich fragen Sie nicht nach jedem

Gottesdienst: Sollten wir jetzt das Geld zählen oder lieber nicht? Ist es wirklich geistlich, es zu zählen? Ist das Zählen des Geldes nicht Gottes alleinige Verantwortung? Wäre es nicht besser, unserer Intuition zu vertrauen, als Zahlen zusammenzuzählen? Ist es nicht verfrüht, schon jetzt zu zählen? Sollten wir nicht drei weitere Monate warten, so dass wir bessere Zahlen erwarten können? Ist unsere Gemeinde wirklich schon bereit, mit der Tatsache umzugehen, dass die Kollektenhöhe gesunken ist? Werden die Menschen nicht geistlich hochmütig, wenn sie erfahren, dass diese Woche die Kollekte 10 Prozent höher war als letzte Woche?

Wann immer ich zu diesem Vergleich greife, gibt es Leute, die mich darauf aufmerksam machen, dass das Zählen von Geld etwas anderes ist als das Messen der gemeindlichen Qualität. Das weiß ich natürlich auch. Aber einmal ganz ehrlich: Welche Art von Information ist relevanter für die Gemeindeleitung, Informationen über das Kollektenaufkommen oder über die qualitative Entwicklung der Gemeinde? Ich möchte diese Frage nicht für Sie beantworten, aber wenn ich Leiter einer Ortsgemeinde wäre, wüsste ich, welche Art von Information für mich wichtiger wäre.

Schritt 3: Die Fortschritte überprüfen

Das Schaubild auf Seite 181 stellt die Ergebnisse von vier aufeinander folgenden Gemeindeprofilen über vier Jahre dar. Auf den ersten Blick mag solch ein Diagramm etwas verwirrend erscheinen. Wir sollten jedoch nicht vergessen, dass es ziemlich komplexe Sachverhalte zusammenfasst: die qualitative Entwicklung in acht verschiedenen Bereichen im Laufe von vier Jahren. In diesem Prozess gab es Zeiten der Krise und Zeiten des Feierns, Zeiten der Konzentration auf den NCD-Prozess und Zeiten der Beschäftigung mit anderen Herausforderungen. Was immer die Gemeinde im Laufe dieser vier Jahre tat, hat sichtbare Spuren im Diagramm hinterlassen.

Hin und wieder wird mir gesagt, es sei nicht wirklich geistlich, diese Art von Profilen zu erstellen. Aber interessanterweise höre ich das von den gleichen Leuten, die keine geistlichen Bauchschmerzen kriegen, wenn es darum geht, jede Woche die Kollekte zu zählen, Geldschein für Geldschein und Münze für Münze, wobei alle Zahlen in lange, langweilige Listen eingetragen werden. Nehmen wir einmal an, Sie hätten für Ihre eigene Gemeinde ähnliche Daten wie jene, die im Diagramm auf Seite 181 dargestellt werden. Wäre es nicht höchst relevant – geistlich relevant – diese Entwicklungen sorgfältig zu analysieren? Wiederum möchte ich die Antwort Ihnen überlassen.

Die Bewegung ist der entscheidende Faktor

Wenn Sie diese Art von Daten auswerten, ist das Wichtigste nicht die statische Information darüber, wo Sie derzeit stehen. Das Wichtigste sind nicht die Werte, die Sie momentan erzielt haben. Das Wichtigste ist noch nicht einmal der Minimumfaktor, den das Profil aktuell anzeigt. Der Wichtigste ist vielmehr die *Entwicklung* zwischen verschiedenen Profilen, da dies eine Darstellung der tatsächlichen Bewegung ist, die in Ihrer Gemeinde stattgefunden hat.

Machen Sie kontinuierlich Wachstumshindernisse ausfindig und setzen Sie sich Ziele, wie diese überwunden werden können.

Meine Erfahrungen:

Das „schlechteste" Gemeindeprofil, das ich je gesehen habe, stammt von einer Gemeinde im amerikanischen Bundesstaat Iowa. Während in den meisten Gemeinden die Werte zwischen 35 und 65 liegen, lag das Ergebnis ihres ersten Gemeindeprofils bei –2 (minus zwei). Der Minimumfaktor, bevollmächtigende Leitung, hatte sogar den Wert –22. Die Gemeinde arbeitete zehn Monate lang hart an der gemeindlichen Qualität und machte anschließend ein zweites Gemeindeprofil. Jetzt lag der durchschnittliche Wert bei +33. Das war immer noch weit unter dem Durchschnitt. Es war immer noch keine gesunde Gemeinde. Sie konnte noch nicht erwarten, Wachstum zu erleben. Dennoch ist das qualitative Wachstum von –2 auf +33 eine spektakuläre Erfolgsgeschichte. „Erfolg" bedeutet in NCD nicht, eine statische Marke erreicht zu haben, sondern in einen fortwährenden Wachstumsprozess einbezogen zu sein.

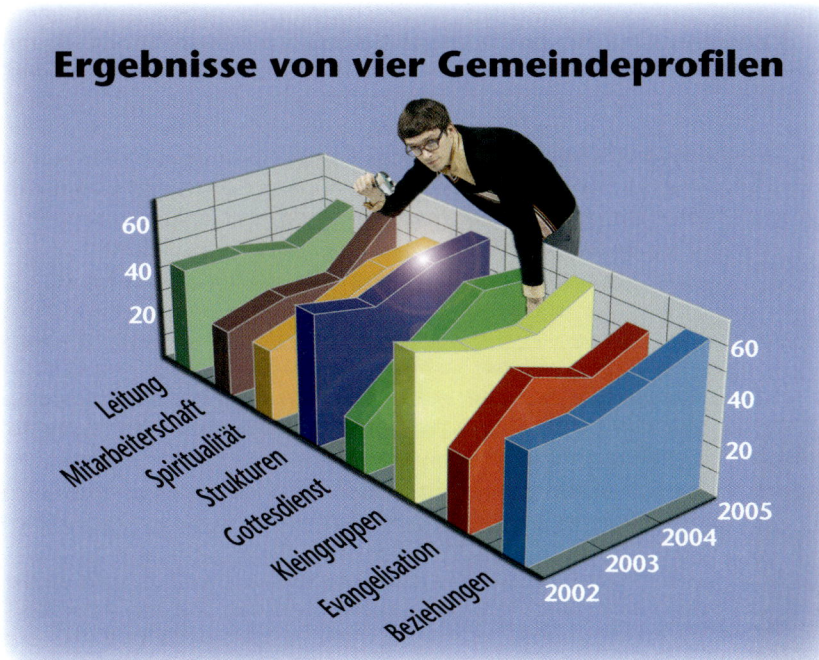

Ergebnisse von vier Gemeindeprofilen

60
40
20

60
40
20

2005
2004
2003
2002

Leitung
Mitarbeiterschaft
Spiritualität
Strukturen
Gottesdienst
Kleingruppen
Evangelisation
Beziehungen

Vergleich von vier Gemeindeprofilen einer Gemeinde in Deutschland. In den meisten Bereichen gab es im Laufe der Zeit Auf- und Abwärtsbewegungen, aber die Gesamtentwicklung zeigt eine beständige Qualitätssteigerung an. Ohne eine solche grafische Darstellung wäre es äußerst schwierig, präzise über die Entwicklung der gemeindlichen Qualität zu sprechen.

Einen Durchbruch erwarten

Vielleicht erinnern Sie sich, dass ich im ersten Kapitel (Seite 20) über das „Durchbruch-Denkmuster" schrieb und mich vor allem kritisch mit ihm auseinandersetzte. Mit diesem Begriff spielte ich auf Christen an, die so sehr auf einen geistlichen Durchbruch fixiert sind, dass Sie die Dinge, die letztlich diesen Durchbruch verursachen, völlig übersehen.

Übertragen wir diese Einstellung auf unser Gleichnis von der Topfpflanze (Seite 128) und definieren wir einen „Durchbruch" als eine enorme Menge von Frucht, die diese Pflanze produziert. Unter welchen Bedingungen wird dies wahrscheinlicher geschehen? Wenn wir kontinuierlich die Prinzipien des natürlichen Wachstums beachten, oder wenn wir sie ignorieren? Wenn wir alle wesentlichen Faktoren (Nährstoffe, Wasser, Standort, Größe des Topfs) in Balance bringen, oder wenn wir uns auf einen „Wasser-allein-Ansatz" festlegen? Die Frage beantwortet sich von selbst.

Je konsequenter Sie die in diesem Buch beschriebenen Prinzipien anwenden, je stärker Sie nach geistlicher Balance streben, je mehr Fortschritte Sie im qualitativen Wachstum machen, desto mehr Grund haben Sie, einen Durchbruch zu erwarten. Dieser Durchbruch könnte sich darin zeigen, dass sehr viel mehr Menschen als bisher von Ihrer Gemeinde angezogen werden, dass Sie neue Erfahrungen geistlicher Vollmacht machen, dass Sie einen gewachsenen Einfluss auf die Gesellschaft feststellen – oder einfach, dass Sie ein überwältigendes Gefühl von Freude tief in Ihrem Herzen spüren.

Mehr im Internet:

Im Internet (siehe Seite 162) finden Sie Antworten auf folgende Fragen:

- *Wenn wir ein weiteres Gemeindeprofil erheben, sollten es dieselben Leute wie beim Vorgängerprofil sein, die den Fragebogen ausfüllen, oder andere?*

- *Wie erhalte ich weitere Informationen über den NCD-Kreislauf?*

Wo steht Ihre Gemeinde im NCD-Kreislauf und wie könnte sie in die nächste Phase eintreten?

Kapitel 6

Der nächste Schritt

D ie Kommunikation durch ein Buch ist schon eine etwas seltsame Angelegenheit. Ich muss eine Botschaft formulieren, die alle nur denkbaren Ausgangspunkte im Blick hat: Liberale wie Fundamentalisten; Pastoren wie ehrenamtliche Mitarbeiter; Mitglieder von Megagemeinden wie von Hauskirchen; Gemeinden, die bereits eine hohe Qualität erreicht haben, wie solche, die mit ernsthaften Krankheiten zu kämpfen haben; Christen, die NCD bereits seit Jahren anwenden, wie solche, für die das alles etwas absolut Neues, Ungewohntes ist.

> **Denken Sie einen Moment lang nach – und machen Sie dann einen mutigen nächsten Schritt.**

Ihr persönlicher Ausgangspunkt

In gewissem Maße glaube ich, dass der trinitarische Kompass mir geholfen hat, dieses Kommunikationsproblem anzugehen, da er mich in die Lage versetzt, höchst unterschiedliche Ausgangspunkte mit denselben Worten anzusprechen. Aber ich sage bewusst „in gewissem Maße". Wenn ich jetzt Ihnen gegenübersäße, hätten wir ganz sicher eine andere Form von Kommunikation als diejenige, die momentan zwischen uns stattfindet.

Am Ende eines Buches, das so viel von langfristigen Prozessen gesprochen hat, würde ich Ihnen jetzt gerne einen ganz konkreten Schritt nennen, der für Sie hilfreich ist. Nach allem, was Sie bisher gelesen haben, werden Sie jedoch verstehen, dass ich Ihnen diesen Schritt nicht nennen kann – und Sie würden sich wahrscheinlich auch nicht sonderlich ernst genommen fühlen, wenn ich Ihnen jetzt aus meinem Büro im nordfriesischen Emmelsbüll mitteilen würde, was Sie als Nächstes zu tun haben. Sie müssen das selbst herausfinden. Im Lichte Ihres Farbprofils bin ich allerdings davon überzeugt, dass eine Antwort auf diese Frage nicht zu schwierig sein wird.

Was Sie erwarten können

Ich kenne zwar die Situation Ihrer Gemeinde nicht, aber was ich aus unserer Forschung weiß, ist Folgendes: Diejenigen Gemeinden, die sich auf den NCD-Prozess eingelassen und bereits drei oder mehr Profile erhoben haben, sind innerhalb von 31 Monaten qualitativ um 6 Punkte gewachsen und haben ihre Wachstumsrate um 51 Prozent gesteigert (siehe Seite 12). Mit anderen Worten: Derartige Ergebnisse zu erwarten ist nichts Außergewöhnliches, sondern absolut realistisch. Nehmen Sie sich einen Moment Zeit, darüber nachzudenken, wo Sie in 31 Monaten stehen könnten, wenn Sie jetzt die richtigen Entscheidungen treffen und die richtigen Schritte gehen.

In diesem Buch war von Wachstum und Schrumpfen die Rede, von Krisen und Erweckungen, von Verfolgung und Expansion. Fakt jedoch ist, dass für viele Gemeinden keine dieser Kategorien zutrifft. Da wächst nichts und da schrumpft nichts, da erlebt man weder Krisen noch Erweckung, weder Verfolgung noch Expansion. Da ist einzig Stagnation. Nicht-Bewegung. Stillstand. Sowohl im Blick auf Qualität wie auf Quantität, jedes Jahr genau das gleiche Bild. Die Menschen hassen diese Gemeinden nicht wirklich. Sie finden sie schlicht langweilig, irrelevant, öde.

Mich beunruhigen keineswegs Gemeinden, die schrumpfen und eine niedrige Qualität haben. Das lässt sich ändern. Nach 31 Monaten

Meine Erfahrungen:

Kürzlich sprach ich auf einer NCD-Konferenz über die Prinzipien, von denen auch in diesem Buch die Rede ist: trinitarischer Kompass, acht Qualitätsmerkmale, sechs Wachstumskräfte, Minimumfaktor. Gegen Ende der Konferenz kam ein Rundfunk-Journalist auf mich zu, um ein Interview aufzuzeichnen. Ich spürte, dass er sich auf der Konferenz nicht wirklich wohl fühlte. Er hatte offensichtlich den Eindruck gewonnen, unsere Themen seien derartig esoterisch und insiderhaft, dass sie keinerlei Einfluss auf das Anliegen hatten, das ihn zutiefst bewegte: die Veränderung der Gesellschaft. Er fragte mich leicht ironisch: „Herr Schwarz, glauben Sie wirklich, dass Sie mit Ihren NCD-Aktivitäten die Welt verändern werden?" Meine Antwort war kurz und bündig: „Ja."

kann die Situation bereits vollkommen anders aussehen. Wenn es jedoch überhaupt keine Bewegung gibt, wenn es niemanden gibt, der die Notwendigkeit zur Veränderung sieht, wenn es noch nicht einmal ein Bewusstsein dafür gibt, dass diese Form von Stillstand die größte Form von Krise ist – dann ist das eine Situation, die mich zutiefst beunruhigt. Seit ich mit eigenen Augen gesehen habe, was in 31 Monaten erreicht werden kann; seit ich erlebt habe, wie Gemeinden mit dem denkbar schlechtesten Ausgangspunkt ungeheure Fortschritte gemacht haben; seit ich gesehen habe, wie mitten in der *NCD Community* Erweckungen ausgebrochen sind, bin ich nicht bereit, diesen absoluten Stillstand zu akzeptieren.

Eine heilige Ungeduld

Verstehen Sie mich nicht falsch. Wenn ich mit einer Gemeinde zu tun habe, die an ihrer derzeitigen Situation leidet und Veränderung sehen möchte, sich aber vielen Schwierigkeiten gegenübersieht und nur extrem langsame Fortschritte macht, dann bin ich in aller Regel geduldig, tolerant und verständnisvoll. Wenn ich allerdings mit einer Gemeinde der oben genannten Kategorie zu tun habe, die sich noch nicht einmal irgendeines Problemes bewusst ist, dann werde ich sofort ungeduldig, intolerant und fordernd, und ich glaube, dass dieser Wechsel im Verhalten geistliche Ursachen hat.

Wenn Sie einer solchen Situation gegenüberstehen, möchte ich Sie ausdrücklich ermutigen, ebenfalls ungeduldig, intolerant und fordernd aufzutreten – im Namen des dreieinigen Gottes. Finden Sie sich mit einer solchen Situation niemals ab. Machen Sie Ihren Leitern deutlich, dass es Alternativen gibt und dass es ihre Verantwortung ist, die geeigneten Maßnahmen zu ergreifen, um Veränderungsprozesse einzuleiten. Die Fakten liegen klar auf dem Tisch. Die Prinzipien gesunder Gemeinden sind kein Geheimwissen. Wir könnten wissen, was wir wissen müssen, wenn wir wissen wollten.

Wenn Tausende von Christen, die Mitglieder dieser Gemeinden sind, diese Form von heiliger Ungeduld an den Tag legten, glauben Sie nicht, dass das etwas bewirken würde? Natürlich würde es das. Es ist ganz sicher nicht angenehm, in der Gegenwart von ungeduldigen, intoleranten und fordernden Menschen zu sein. Aber in einer derartig hoffnungslosen Situation kann unsere Aufgabe nicht darin bestehen, „nett" zu sein. Viele von uns spielen diese Rolle schon seit Jahrzehnten. Es war keine überwältigend erfolgreiche Strategie. Jetzt ist die Zeit gekommen, es mit einem anderen Ansatz zu versuchen.

Gott hat Sie berufen

Wenn Sie allerdings Mitglied einer Gemeinde sind, die sich danach sehnt, qualitativ und quantitativ zu wachsen und die Sie in Ihren eigenen Bemühungen, mehr Balance in Ihr Leben zu bringen, unterstützt, dann danken Sie Gott für Ihre Gemeinde. Danken Sie Gott für Ihren Pastor. Beten Sie jeden Tag für ihn. Lassen Sie sich nicht entmutigen, wenn Sie Problemen begegnen. Werden Sie nicht ungeduldig, wenn mancher Mitchrist nur langsam lernt. Ärgern Sie sich nicht über die, die Angst vor Veränderung haben. All das ist normal. Danken Sie Gott, dass er Sie dazu auserkoren hat, das zu sein, was Sie sind: ein wichtiger Teil seines Plans, seine Liebe Millionen von Menschen zu offenbaren.

> **Es gibt keine „schlechten" Ausgangspunkte. Die einzige hoffnungslose Situation ist eine, die gar nicht als Problem wahrgenommen wird.**

Mehr im Internet:

Im Internet (siehe Seite 162) finden Sie Antworten auf folgende Fragen:

- *Was könnte mein persönlicher „nächster Schritt" sein, wenn meine eigene Gemeinde nicht offen für NCD ist?*

- *Was könnte mein persönlicher „nächster Schritt" sein, wenn meine Gemeinde noch nie von NCD gehört hat?*

Was wäre im Lichte dessen, was Sie in diesem Buch gelernt haben, der wichtigste nächste Schritt für Sie?

Vorschläge für das Studium des Buches in einer NCD-Aktion

Wie auf den Seiten 164-165 erläutert, ist dieses Buch so konzipiert, dass es sich in gemeindeweiten NCD-Aktionen einsetzen lässt. Diese Aktionen werden zeitgleich in verschiedenen Ländern aller Kontinente durchgeführt, so dass die Teilnehmer den geistlichen Nutzen des interkulturellen Ansatzes selbst erleben können.

Beachten Sie bitte, dass es für Gemeinden, die sich für die Aktion anmelden, eine nicht im Buchhandel erhältliche Sonderausgabe dieses Buches zu einem Sonderpreis gibt. Außerdem erhalten sie Zugang zu einer Website, von der sie Arbeitsmaterialien für die Aktion herunterladen können.

Wenn Sie daran interessiert sind, mit Ihrer Gemeinde an so einer Aktion teilzunehmen, besuchen Sie *www.ncd-international.org/campaign.*

Motto der Aktion:
„Farbe bekennen mit Gottes Liebe"

Im Laufe der Aktion werden alle teilnehmenden Gemeindemitglieder das Buch *Farbe bekennen mit Natürlicher Gemeindeentwicklung* lesen, jeden Tag einen kurzen Abschnitt. Das Ziel dieses Prozesses ist, alle drei Ebenen des Lernens – Information, Anwendung, Transformation – zu integrieren (siehe Seiten 41-43). In ihren wöchentlichen Kleingruppen werden die Teilnehmer sich über ihre persönlichen Erfahrungen austauschen. Die Gottesdienste werden sich auf die Themen der Woche konzentrieren:

Erste Woche: Von der gesamten Familie Gottes lernen

Wir sind durch einen Geist alle zu einem Leib getauft, wir seien Juden oder Griechen, Sklaven oder Freie, und sind alle mit einem Geist getränkt. Denn auch der Leib ist nicht ein Glied, sondern viele. — 1. Kor. 12,13-14

Zweite Woche: Alle Farben der Liebe Gottes widerspiegeln

Nun aber schauen wir alle mit aufgedecktem Angesicht die Herrlichkeit des Herrn wie in einem Spiegel, und wir werden verklärt in sein Bild von einer Herrlichkeit zur andern. — 2. Kor. 3,18

Dritte Woche: „Von-selbst-Wachstum" erleben

Ich habe gepflanzt, Apollos hat begossen; aber Gott hat das Wachstum gegeben. — 1. Kor. 3,6

Vierte Woche: Eine gesunde Gemeinde entwickeln

Ein Glied hängt am anderen durch alle Gelenke, wodurch jedes Glied das andere unterstützt nach dem Maß seiner Kraft und macht, dass der Leib wächst und sich selbst aufbaut in der Liebe. —Eph. 4,16

Fünfte Woche: Praktische Schritte gehen

Wir sind Gottes Mitarbeiter; ihr seid Gottes Ackerfeld und Gottes Bau. — 1. Kor. 3,9

Während der Aktion liegt das Augenmerk nicht so sehr auf der natürlichen Gemeindeentwicklung, sondern auf der Verbreitung von *Gottes Liebe*. In diesem Prozess dient *Farbe bekennen mit Natürlicher Gemeindeentwicklung* als Werkzeug, das zu diesem Zweck entwickelt wurde.

Erste Woche

Thema der Woche:
Von der gesamten Familie Gottes lernen
(Kapitel 1)

Die erste Woche konzentriert sich darauf, was es bedeutet, Teil einer weltweiten Familie mit Christen aus unterschiedlichen Kulturen und Konfessionen zu sein. Sie zeigt, was es praktisch bedeutet, wenn Christen mit unterschiedlichen Hintergründen voneinander lernen.

1. Tag

Ihr Traum von Gemeinde • Erstaunliche Zahlen aus 70 Ländern (Seiten 10-13)

> *Dem, der überschwänglich tun kann über alles hinaus, was wir bitten oder verstehen, nach der Kraft, die in uns wirkt, dem sei Ehre in der Gemeinde und in Christus Jesus zu aller Zeit. — Eph. 3,20-21*

2. Tag

Die NCD-Story • „Ich habe NCD gemacht" (Seiten 14-18)

> *Auf diesen Felsen will ich meine Gemeinde bauen, und die Pforten der Hölle sollen sie nicht überwältigen. — Mt. 16,18*

3. Tag

Gemeindewachstum – welches Denkmuster hat Sie geprägt? (Seiten 19-22)

> *Wer diese meine Rede hört und tut sie, der gleicht einem klugen Mann, der sein Haus auf Fels baute. Als nun ein Platzregen fiel und die Wasser kamen und die Winde wehten und stießen an das Haus, fiel es doch nicht ein; denn es war auf Fels gegründet. — Mt. 7,24-25*

4. Tag

Natürliche Gemeindeentwicklung und geistliche Einheit • Der qualitative Ansatz – häufig kritisiert, selten verstanden (Seiten 23-27)

> *Seid darauf bedacht, zu wahren die Einigkeit im Geist durch das Band des Friedens. — Eph. 4,3*

5. Tag

Warum wir von anderen Kulturen lernen sollten (Seiten 28-32)

> *In aller Welt bringt das Evangelium Frucht und auch bei euch wächst es von Tag zu Tag. — Kol. 1,6*

6. Tag

NCD im Zeitalter des Medienrummels • Wer ist Ihr Vorbild: David oder Goliath? (Seiten 33-38)

> *Wer sein Leben findet, der wird's verlieren; und wer sein Leben verliert um meinetwillen, der wird's finden. — Mt. 10,39*

7. Tag

Warum wir unsere „geistliche Brille" überprüfen sollten • Information, Anwendung, Transformation (Seiten 39-43)

> *Stellt euch nicht dieser Welt gleich, sondern ändert euch durch Erneuerung eures Sinnes. — Röm. 12,2*

Zweite Woche

Thema der Woche:
Alle Farben der Liebe Gottes widerspiegeln
(Kapitel 2)

Die zweite Woche lenkt das Augenmerk auf die zentrale Rolle der geistlichen Balance. Deshalb stellt sie den trinitarischen Kompass in den Mittelpunkt. Die Teilnehmer werden die Gesetzmäßigkeiten des trinitarischen Kompasses auf ihr eigenes Leben beziehen und die Resultate des Farbprofils auswerten, sowohl auf persönlicher als auch auf gemeindlicher Ebene.

1. Tag

Meine eigene „trinitarische Reise" • Das Zentrum der Theologie (Seiten 46-48)

> *Du sollst den Herrn, deinen Gott, lieben von ganzem Herzen, von ganzer Seele und von ganzem Gemüt. — Mt. 22,37*

2. Tag

Wir können Gottes Licht widerspiegeln • Wie Gott mit uns kommuniziert (Seiten 49-53)

> *Gott ist Licht, und in ihm ist keine Finsternis. — 1. Joh. 1,5*

3. Tag

Das Ziel: geistliche Balance • Wie das neue Jerusalem vom Himmel auf die Erde kommt • Warum das Christentum so wenig Kraft hat (Seiten 54-59)

> *Er maß die Stadt mit dem Rohr: zwölfhundert Stadien. Die Länge und die Breite und die Höhe der Stadt sind gleich. — Offb. 21,16.*

4. Tag

Was wir von grünen Gemeinden lernen können • Was wir von roten Gemeinden lernen können • Was wir von blauen Gemeinden lernen können (Seiten 60-65)

> *Prüft alles, und das Gute behaltet. Meidet das Böse in jeder Gestalt. — 1. Thess. 5,21-22*

5. Tag

Die fünf Regeln des trinitarischen Kompasses (Seiten 66-68)

> *Für mich selbst will ich mich nicht rühmen, außer meiner Schwachheit. — 2. Kor. 12,5*

6. Tag

Der trinitarische Kompass und die Trinitätslehre (Seiten 69-71)

> *Es sind verschiedene Gaben; aber es ist ein Geist. Und es sind verschiedene Dienste; aber es ist ein Herr. Und es sind verschiedene Kräfte, aber es ist ein Gott. — 1. Kor. 12,4-6.*

7. Tag

Das NCD-Farbprofil • Ihr Weg zu geistlicher Balance (Seiten 72-79)

> *Ihr seid das Licht der Welt. Es kann die Stadt, die auf einem Berge liegt, nicht verborgen sein. — Mt. 5,14*

Dritte Woche

Thema der Woche:
„Von-selbst-Wachstum" erleben
(erster Teil von Kapitel 3)

In der dritten Woche werden die Teilnehmer erleben, worum es bei „Von-selbst-Wachstum" geht. Während der erste Tag dieses Konzept im Zusammenhang erklärt, behandelt jeder der folgenden Tage eine der sechs Wachstumskräfte. An diesen Tagen geht es nicht so sehr um intellektuelles Lernen, sondern darum, nach Wegen zu suchen, wie jedes der sechs Prinzipien im eigenen Leben zur Anwendung kommen kann.

1. Tag

Prinzipien – Inflation eines Begriffs • Was ist „Von-selbst-Wachstum" • Zwei verschiedene Arten von Prinzipien • Sechs Wachstumskräfte (Seiten 82-91)

> *Mit dem Reich Gottes ist es so, wie wenn ein Mensch Samen aufs Land wirft und schläft und aufsteht, Nacht und Tag; und der Same geht auf und wächst – er weiß nicht, wie. Denn von selbst bringt die Erde Frucht. — Mk. 4,26-28*

2. Tag

Wachstumskraft 1: Vernetzung (Seiten 92-93)

> *Die Himmel erzählen die Ehre Gottes, und die Feste verkündigt seiner Hände Werk. — Ps. 19,2*

3. Tag

Wachstumskraft 2: Multiplikation (Seiten 94-95)

> *Was du von mir gehört hast vor vieler Zeugen, das befiehl treuen Menschen an, die tüchtig sind auch andere zu lehren. — 2. Tim. 2,2*

4. Tag

Wachstumskraft 3: Energieumwandlung (Seiten 96-97)

> *Wir wissen, dass denen, die Gott lieben, alle Dinge zum Besten dienen. — Röm. 8,28*

5. Tag

Wachstumskraft 4: Nachhaltigkeit (Seiten 98-99)

> *Wenn das Weizenkorn nicht in die Erde fällt und erstirbt, bleibt es allein; wenn es aber erstirbt, bringt es viel Frucht. — Joh. 12,24.*

6. Tag

Wachstumskraft 5: Symbiose (Seiten 100-101)

> *Das ganze Gesetz ist in einem Wort erfüllt, in dem: „Liebe deinen Nächsten wie dich selbst." — Gal. 5,14*

7. Tag

Wachstumskraft 6: Fruchtbarkeit (Seiten 102-103)

> *Jeder gute Baum bringt gute Früchte; aber ein fauler Baum bringt schlechte Früchte. — Mt. 7,17*

Vierte Woche

Thema der Woche:
Eine gesunde Gemeinde entwickeln
(zweiter Teil von Kapitel 3 und erster Teil von Kapitel 4)

In der vierten Woche geht es um die acht Qualitätsmerkmale und die Minimumfaktor-Strategie. Bei der Behandlung der acht Qualitätsmerkmale steht immer noch der trinitarische Kompass und seine praktische Anwendung im eigenen Leben im Vordergrund. Gleichzeitig rückt zunehmend die Gesamtgemeinde in den Blick. Sollte Ihre Gemeinde das NCD-Gemeindeprofil erhoben haben, wäre diese Woche ein idealer Zeitpunkt, die Ergebnisse vorzustellen.

1. Tag

Acht Qualitätsmerkmale • Qualitätsmerkmal 1: Bevollmächtigende Leitung • Qualitätsmerkmal 2: Gabenorientierte Mitarbeiterschaft (Seiten 104-109)

> *Dient einander, ein jeder mit der Gabe, die er empfangen hat, als die guten Haushalter der mancherlei Gnade Gottes. — 1. Petr. 4,10*

2. Tag

Qualitätsmerkmal 3: Leidenschaftliche Spiritualität • Qualitätsmerkmal 4: Zweckmäßige Strukturen (Seiten 110-113)

> *Der Sabbat ist um des Menschen willen gemacht und nicht der Mensch um des Sabbats willen. — Mk. 2,27*

3. Tag

Qualitätsmerkmal 5: Inspirierender Gottesdienst • Qualitätsmerkmal 6: Ganzheitliche Kleingruppen (Seiten 114-117)

> *Wo zwei oder drei versammelt sind in meinem Namen, da bin ich mitten unter ihnen. — Mt. 18,20*

4. Tag

Qualitätsmerkmal 7: Bedürfnisorientierte Evangelisation • Qualitätsmerkmal 8: Liebevolle Beziehungen (Seiten 118-121)

> *Die Liebe Gottes ist ausgegossen in unsre Herzen durch den Heiligen Geist, der uns gegeben ist. — Röm. 5,5*

5. Tag

Die Prinzipien anwenden • Wo der Minimumfaktor gilt – und wo nicht (Seiten 122-127)

> *Nun fordert man nicht mehr von den Haushaltern, als dass sie für treu befunden werden. — 1. Kor 4,2*

6. Tag

Was wir von einer Topfpflanze lernen können • Das Bild von der Minimumtonne (Seiten 128-131)

> *Schaut die Lilien auf dem Feld an, wie sie wachsen. — Mt. 6,28*

7. Tag

Anwendung 1: Qualitätsmerkmale • Anwendung 2: Trinitarischer Kompass (Seiten 132-137)

> *Erforscht euch selbst, ob ihr im Glauben steht; prüft euch selbst! Oder erkennt ihr euch selbst nicht, dass Jesus Christus in euch ist? — 2. Kor. 13,5*

Fünfte Woche

Thema der Woche:
Praktische Schritte gehen
(Kapitel 6 und einige Seiten aus den Kapiteln 4 und 5)

Während schon in den vorangegangenen vier Wochen immer wieder die Frage der praktischen Anwendung angesprochen wurde, geht es in der fünften Woche ausschließlich um praktische Schritte. Ziel ist es nicht, neue Informationen zu vermitteln, sondern die Informationen, die im bisherigen Prozess gesammelt wurden, in konkrete Entscheidungen umzusetzen.

1. Tag

Den Ausgangspunkt herausfinden (Seiten 168-172)

Niemand soll mehr von sich halten, als sich's gebührt zu halten, ein jeder soll maßvoll von sich halten. — Röm. 12,3

2. Tag

Balance ins eigene Leben bringen (Seiten 173-175)

Wer meint, er stehe, mag zusehen, dass er nicht falle. — 1. Kor. 10,12

3. Tag

In eine ausgewogenere Gemeinde investieren (Seiten 176-181)

Lasst uns dem nachstreben, was zum Frieden dient und zur Erbauung untereinander. — Röm. 14,19

4. Tag

Das größere Bild: Die Texte dieses Tages – alle aus Kapitel 4 – sprechen von den Ergebnissen, die erwartet werden können, wenn die NCD-Prinzipien in ganzen Gemeinden, Denominationen, Ländern und Kontinenten angewandt werden. (Seiten 138-145)

Gehet hin in alle Welt und predigt das Evangelium aller Kreatur. — Mk. 16,15

5. Tag

Die verfügbaren Hilfsmittel: An diesem Tag blättern die Teilnehmer durch die Seiten von Kapitel 5, das die praktischen Werkzeuge der natürlichen Gemeindeentwicklung vorstellt. Ziel ist zu prüfen, ob sich darunter etwas befindet, das ihnen bei der Erreichung der zuvor gesetzten Ziele hilft. Es ist nicht notwendig, dieses Kapitel in der gleichen Tiefe wie die vorangegangenen zu studieren. (Seiten 146-165)

Gebt euch selbst Gott hin, als solche, die tot waren und nun lebendig sind, und eure Glieder als Werkzeuge der Gerechtigkeit. — Röm. 6,13

6. Tag

Der nächste Schritt (Seiten 182-183)

Ich schätze mich selbst noch nicht so ein, dass ich's ergriffen habe. Eins aber sage ich: Ich vergesse, was dahinten ist, und strecke mich aus nach dem, was da vorne ist. — Phil. 3,13

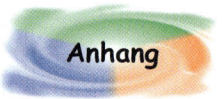
Anhang

Was Sie von NCD erwarten können

Wenn Sie darüber nachdenken, ob die Teilnahme an einer NCD-Aktion für Ihre Gemeinde in Frage kommt ist, kann es hilfreich sein, sich die bisherigen Resultate von NCD zu vergegenwärtigen. Gemeinden, die bislang drei Profile erhoben haben, erlebten in den durchschnittlich 31 Monaten zwischen erstem und drittem Profil die folgenden messbaren Veränderungen:

- Die **Qualität** der Gemeinde (bezogen auf alle Bereiche des gemeindlichen Lebens) wuchs um durchschnittlich 6 Punkte.

  Übersetzt heißt das u.a.: mehr Gebet, wachsende Weltverantwortung, beständigeres Engagement, lebendigere Kleingruppen, liebevollere Beziehungen, inspirierende Gottesdienste, größere Ausstrahlungskraft etc.

- Die **Wachstumsrate** stieg um durchschnittlich 51 Prozent.

  Übersetzt heißt dies, dass sich als direkte Folge des NCD-Prozesses bisher rund 1,3 Millionen Menschen zusätzlich den beteiligten Gemeinden angeschlossen haben. Dies ist insofern interessant, als der Prozess an sich keine spezifisch evangelistische Zuspitzung hat, d.h. das zusätzliche Wachstum kam als natürliche Begleiterscheinung der Konzentration auf die gemeindliche Gesundheit zustande.

- Der Anteil des „Transferwachstums" (Zugänge aus anderen Gemeinden) verringerte sich, der des **Bekehrungswachstums** erhöhte sich.

  Gemeinden, die in den NCD-Prozess einsteigen, haben zu Beginn die gleiche Ausgangssituation wie andere Gemeinden auch: Sollten sie bereits Wachstum erleben, ist der Anteil des Transferwachstums in der Regel zu hoch, der des Bekehrungswachstums zu gering. Nach dem Einstieg in den NCD-Prozess ändert sich diese Verteilung jedoch erstaunlich schnell zugunsten des Bekehrungswachstums.

- Die **Arbeitsbelastung** der beteiligten Mitarbeiter verringerte sich signifikant.

  Interessanterweise ist dies von 170 überprüften Items der Bereich mit der zweitstärksten positiven Veränderung. Die Zustimmung zur Aussage „Ich habe – trotz meines gemeindlichen Engagements – genügend Zeit für Hobbys" stieg in den 31 Monaten zwischen erstem und drittem Profil um 9,3 Prozent. Dies korrespondiert mit einer messbar größeren Zufriedenheit sowohl mit der Gemeinde als auch mit dem eigenen Engagement.

Die fünfwöchige Aktion *Farbe bekennen mit Gottes Liebe* ...

- bietet Gemeinden, die sich auf NCD einlassen wollen, eine konzentrierte Einführung in den Prozess;
- sorgt in Gemeinden, die bereits mit NCD arbeiten, für einen neuen „Energieschub" bei den Mitarbeitern und bezieht bisher noch Unbeteiligte ein;
- kann als eine Art „Schnupperkurs" für diejenigen dienen, die sich noch nicht sicher sind, ob sie sich auf einen langfristigen Prozess einlassen wollen.

Nähere Informationen unter:

www.ncd-international.org/campaign

Wie Sie ein Gemeindeprofil erheben

Anhang

Ist Ihre Gemeinde an einem Gemeindeprofil interessiert? Dann können Sie es über den Nationalen NCD-Partner in Ihrem Land erhalten. Der Preis lag zum Zeitpunkt der Veröffentlichung dieses Buches – je nach Ausführung des Profils – bei ca. 200 Euro bzw. 400 Schweizer Franken.

Wenn Sie ein Gemeindeprofil erheben wollen oder Fragen zur natürlichen Gemeindeentwicklung haben, setzen Sie sich bitte direkt mit dem NCD-Partner in Ihrem Land in Verbindung:

Deutschland:

Institut für natürliche Gemeindeentwicklung Deutschland
Oliver Schippers
Bärner Str. 12
35394 Gießen

Tel. 0641-49410013
Fax 0641-49410014
www.nge-deutschland.de
institut@nge-deutschland.de

Österreich:

Umkehr – Verein zur Erneuerung christlichen Lebens
Harald Schatz
Mittelstrasse 18
1140 Wien

Tel. 01 9112020
Fax 01 9112020
www.uzh.cc
harald.schatz@kordon.cc

Schweiz:

Institut Koinonia
Hüeblistr. 34
8165 Oberweningen

Tel. 044 857 13 13
Fax 044 857 13 11

www.koinonia.ch
info@koinonia.ch